Diccionario
Viajero

Multilingüe

© Copyright 2000
Editar Ltda.
Transversal 54 No. 112-63
Tel.: 2 26 75 80
Fax: 6 13 54 42
Santafé de Bogotá, D.C., Colombia

Director General
Jorge Monroy Valencia

Traductores:

Inglés
Susan Linda Horn y Zorayda Monroy

Francés
Amparo Huertas y Ximena Marín

Italiano
Helena Pozzi

Portugués
María Piedad Rangel y Ricardo Ramos

Alemán
Luz Arriaga Herber

Japonés
Nobu de Hayakawa

Fotos carátula:
© Digitalvisión - Digital stock
Revista
Brasil Olympic

Diseño y Diagramación
Coloquio Ltda

ISBN 958 - 9422 - 14 - 4
Impreso por:

Printer Colombiana S.A.
Impreso en Colombia — Printed in Colombia

INDICE GENERAL

(CADA IDIOMA CONTIENE
SU PROPIO INDICE).

INGLES

ÍNDICE

PRESENTACIÓN

Este manual se ha diseñado para que le sirva de ayuda durante sus viajes por el mundo, especialmente el angloparlante. Por eso, además de ofrecer las oraciones básicas del idioma, presenta información esencial para el viajero latinoamericano en los Estados Unidos y el Reino Unido, o en cualquier lugar del mundo donde el inglés lo pueda sacar de apuros.

Se ha supuesto que usted desconoce el idioma inglés. Por eso adjuntamos tanto las frases como los datos más importantes que pueda necesitar en diversas situaciones del turismo. Nuestro objetivo es dotarle con la más actualizada información sobre las actuales condiciones de viaje, algunas de las cuales hemos vivido en carne propia.

¡Mantenga a mano su **Inglés Viajero** y láncese al mundo!

GUÍA DE PRONUNCIACIÓN

En esta obra se utiliza un sencillo sistema de transcripción fonética que permite, a quien no conoce el idioma, pronunciar de la manera más correcta posible. Con este método, usted logrará hacerse entender por completo.

Cada palabra y expresión en castellano está seguida por su traducción al inglés y luego por su transcripción fonética. Simplemente lea esta transcripción tal como lo haría si fuera un texto en español; es decir, tal y como está escrito. Suponemos que usted desconoce la fonética inglesa. De no ser así, le servirá para guiarse en los casos de difícil pronunciación.

He aquí algunas indicaciones:

ii : En inglés, la letra *e* seguida por otra vocal, o a veces, sola, suena como una *i* alargada y más abierta. Hemos representado este sonido duplicando la vocal.

w : Siempre representa el sonido de la *u*.

z : Se utiliza el símbolo *z* para representar la pronunciación de la "zeta española", producido con la lengua entre los dientes. Pero si se le dificulta dar con ese sonido, pronuncie una *d* muy suave.

(´): Se han tildado las palabras para indicar dónde se debe marcar el acento principal. Cuando no llevan tilde, marque el acento en la penúltima sílaba.

CÓMO ENCONTRAR LA FRASE QUE DESEA

Dentro de cada capítulo, las frases se han clasificado por ámbitos de uso y se han ordenado alfabéticamente. Hemos usado la frase más sencilla para cada caso; si no encuentra la forma exacta que usted utilizaría, piense en otras posibilidades para decir lo mismo, o en los otros ámbitos en los que pueda servir una frase igual o semejante. Tenga presente que son inevitables las divergencias en los criterios para clasificar ciertas oraciones y en el estilo de hacer ciertas preguntas.

PALABRAS Y FRASES BÁSICAS

Basic words and sentences
beisic uords an sentenses

A continuación, se relacionan algunos vocablos y oraciones de uso frecuente. Sería conveniente tratar de memorizarlos, pues se complementan en gran medida con otras frases utilizadas en el libro.

Recuerde que en inglés la cortesía impone el uso de **Please** *(pliis)* al terminar una pregunta o una solicitud. Para llamar la atención de su interlocutor, use **Excuse me** *(exkiúsmii).*

DÍAS DE LA SEMANA

Days of the week
deis of de uik

lunes
Monday
mondei

martes
Tuesday
tiusdei

miércoles
Wednesday
uensdei

jueves
Thursday
zersdei

viernes
Friday
fraidei

sábado
Saturday
saturdei

domingo
Sunday
sandei

MESES DEL AÑO

Months of the year
monds of de yiar

enero January *yanuari*	**julio** July *yulái*
febrero February *february*	**agosto** August *ogost*
marzo March *marsh*	**septiembre** September *septembr*
abril April *eipril*	**octubre** October *octobr*
mayo May *mei*	**noviembre** November *november*
junio June *yun*	**diciembre** December *disember*

ESTACIONES

Seasons
sisons

primavera Spring *sprin*	**otoño** Autumn/Fall *otom/fal*
verano Summer *somer*	**invierno** Winter *uinter*

PARTES DEL DÍA

Parts of the day
parts of di dei

amanecer
sunrise
sanrais

medianoche
midnight
midnait

mañana
morning
mornin

por la mañana
in the morning
in di mornin

mediodía
noon
nun

por la tarde
in the afternoon
in di afternun

tarde
afternoon
afternún

ayer
yesterday
yésterdei

atardecer
evening
ivnin

hoy
today
tudei

noche
evening/night
ívnin/nait

mañana
tomorrow
tumorrou

¿Qué hora es?
What time is it?
juat time is it?

Son las... en punto.
It's... o'clock.
its... oklok

Son las... y media.
It's half past...
its jalf past...

Son las... y cuarto.
It's quarter past...
its a kuarter past...

Son las... menos cuarto.
It's quarter to...
its a kuarter tu...

NÚMEROS

Numbers
nambers

uno/primero
one/first
uan/first

dos/segundo
two/second
tu/second

tres/tercero
three/third
zri/zerd

cuatro/cuarto
four/fourth
for/forz

cinco/quinto
five/fifth
faif/fifz

seis/sexto
six/sixth
six/sixz

siete/séptimo
seven/seventh
seven/sevenz

ocho/octavo
eight/eighth
eit/eiz

nueve/noveno
nine/nineth
nain/nainz

diez/décimo
ten/tenth
ten/tenz

once
eleven
ileven

doce
twelve
tuelf

trece
thirteen
zertín

catorce
fourteen
fortín

quince
fifteen
fiftín

dieciseis
sixteen
sixtín

diecisiete
seventeen
seventín

dieciocho
eighteen
eitín

diecinueve
nineteen
naintín

veinte
twenty
tuenti

PARTES DEL DÍA

Parts of the day
parts of di dei

amanecer
sunrise
sanrais

mañana
morning
mornin

mediodía
noon
nun

tarde
afternoon
afternún

atardecer
evening
ivnin

noche
evening/night
ívnin/nait

medianoche
midnight
midnait

por la mañana
in the morning
in di mornin

por la tarde
in the afternoon
in di afternun

ayer
yesterday
yésterdei

hoy
today
tudei

mañana
tomorrow
tumorrou

¿Qué hora es?
What time is it?
juat time is it?

Son las... en punto.
It's... o'clock.
its... oklok

Son las... y media.
It's half past...
its jalf past...

Son las... y cuarto.
It's quarter past...
its a kuarter past...

Son las... menos cuarto.
It's quarter to...
its a kuarter tu...

NÚMEROS

Numbers
nambers

uno/primero	**once**
one/first	eleven
uan/first	*ileven*
dos/segundo	**doce**
two/second	twelve
tu/second	*tuelf*
tres/tercero	**trece**
three/third	thirteen
zri/erd	*zertín*
cuatro/cuarto	**catorce**
four/fourth	fourteen
or/forz	*fortín*
cinco/quinto	**quince**
five/fifth	fifteen
faif/fifz	*fiftín*
seis/sexto	**dieciseis**
six/sixth	sixteen
six/sixz	*sixtín*
siete/séptimo	**diecisiete**
seven/seventh	seventeen
seven/sevenz	*seventín*
ocho/octavo	**dieciocho**
eight/eighth	eighteen
eit/eiz	*eitín*
nueve/noveno	**diecinueve**
nine/nineth	nineteen
nain/nainz	*naintín*
diez/décimo	**veinte**
ten/tenth	twenty
ten/tenz	*tuenti*

veintiuno
twenty-one
tuenti uan

veintidós
twenty-two
tuentitu

treinta
thirty
zirti

cuarenta
fourty
forti

cincuenta
fifty
fifti

sesenta
sixty
sixti

setenta
seventy
seventi

ochenta
eighty
eiti

noventa
ninety
nainty

cien
one hundred
uan jandred

doscientos
two hundred
tu jandred

trescientos
three hundred
zre jandred

mil
one thousand
uan tausand

mil uno
one thousand and one
uan tausand and uan

dosmil
two thousand
tu tausand

un millón
one million
uan milion

PRONOMBRES

Pronouns
pronauns

yo/mí
l/me
ai/mi

tú/ti (usted)
you/you
yu/yu

él/el
he/him
ji/jim

ella/ella
she/her
shi/jer

11

(eso/esa)	**vosotros-as (ustedes)**
it/it	you/you
it/it	*yu/yu*
nosotros-as	**ellos-as**
we/us	they/them
ui/as	*dei/dem*

OTRAS PALABRAS

Other words
oder uords

esto(a)	**sí**
this	yes
dis	*ies*
estos(as)	**no**
these	no
diis	*nou*
eso(a)	**por favor**
that	please
dat	*plis*
esos(as)	**gracias**
those	thanks
dous	*zanks*
Señor	**de nada**
Mister (Mr)	you are welcome
mister	*yur uelcom*
Señora	**perdón**
Mistress (Mrs)	excuse me
misis	*exkiusmi*
Señorita	**auxilio**
Miss	help
mis	*jelp*
Doctor	**emergencia**
Doctor (Dr)	emergency
doktor	*emeryensi*

12

bien
well
uel

bueno
good
gud

mal
bad
bad

malo
wrong
ruon

temprano
early
erli

tarde
late
leit

pronto
soon
sun

arriba
up
ap

abajo
down
daun

aquí/acá
here
jiar

allí/allá
there
der

entrada
way in/entry
uei in/entri

salida
way out/exit
uei aut/exit

subida
way up
uei ap

bajada
way down
uei daun

cerca
close/near
clous/niar

lejos
far
far

prohibido
forbidden/No…
forbidn/no…

permitido
allowed
aloued

izquierda
left
left

derecha
right
rait

abierto
open
open

cerrado
closed
cloust

libre
free
fri

adelante
forward/ahead
fouard/ajed

ocupado
occupied/busy
ocupaid/bisi

atrás
back/behind
bak/bijaind

gratis
free
fri

afuera
out
aut

No sé.
I don't know.
ai dont now

No entiendo.
I don't understand.
ai dont anderstand

Yo no entiendo inglés.
I don't understand English.
ai dont anderstand english

FRASES BÁSICAS

Basic sentences
beisic sentences

Buenas días.
Good morning.
gud mórnin

Buenas noches. (saludo)
Good evening.
gud ívfnin

Buenas tardes.
Good afternoon.
gud afternún

**Buenas noches.
(despedida)**
Good night.
gud nait

¿Cómo se dice esto en inglés?
How do you say this in English?
jaw du yu sei dis in ínglish?

Disculpe.
Excuse me.
exkiús mii

¿Dónde está el baño?
Where is the restroom (EE.UU.)/public toilet (G.B.)?
wer is di réstrum/páblic tóilet?

¿Dónde puedo beber/comer algo?
Where can I get something to drink/eat?
wer kan ai get sámzin tu drink/it?

¿Donde puedo encontrar un policía?
Where can I find a policeman?
we kan ai faind a poulísman?

Es un placer conocerlo.
It's nice to meet you.
its nais tu miit yu

¿Puedo fumar aquí?
Can I smoke here?
kan ai smóuk jiir?

Escríbalo, por favor.
Write it, please.
rúait it pliis

¿Dónde puedo fumar?
Where can I smoke?
wer can ai smóuk?

¿Está cerca?
Is it near here?
is it niir jiir?

Tengo hambre/sed/sueño.
I'm hungry/thirsty/sleepy.
aim jángri/zérsti/slipi

Gracias.
Thank you/Thanks.
zenk yu/zenks

Yo no hablo inglés.
I don't speak English.
ai dont spiik inglish

Hable más despacio.
Speak slower, please.
spiik slouer pliis

Yo soy de.../Yo vengo de...
I'm from.../I come from…
aim from.../ai com from…

Me robaron el bolso/la billetera/el reloj.
Someone stole my purse/wallet/watch.
sámuan stoul mai pers/walat/wach

¿Puede ayudarme?
Could you help me?
kud yu jelp mii?

AEROPUERTO

Airport
erport

Los aeropuertos de los países desarrollados suelen estar bien señalizados y es más fácil seguir las señales que preguntar. Al principio, el latinoamericano tiene algunas dificultades para entender estas indicaciones, que norte-americanos e ingleses conocen a la perfección. Concéntrese en el sencillo lenguaje y la "lógica" de estas señales y las entenderá sin problemas.

SALIDA DEL AEROPUERTO

Getting out of the airport
guetin aut of de erport

Al aeropuerto, por favor.
To the airport, please.
tu di éirport, pliis

¿A qué hora aterrizaremos?
What time do we land?
wat taim du wi land?

¿A qué hora despegamos?
What time do we take off?
wat táim du wii teik of?

¿A qué horas hay vuelos hacia...?
What time is there a flight to...?
wat táim is deir a fláit tu...?

Clase turista.
Tourist class.
túrist klas

Clase negocios.
Business class.
bísnes klas

Confirme mi siguiente vuelo, por favor.
Please confirm my next flight.
pliis kanférm mai next flait

¿Cuál es la forma más barata para volar desde aquí hacia...?
What is the cheapest way to fly from here to...?
wat is di chiípest wei tu flai fram jir tu...?

¿Cuántas libras de equipaje puedo registrar?
What is the weight allowance for my luggage?
wat is di weit alówans for mai lágach?

¿Cuántas maletas puedo llevar en la mano?
How many carry-on bags am I allowed?
jau meni kári an bags am ai aláud?

¿Cuántas maletas puedo registrar?
How many bags can I take?
jau meni bags kan ai teik?

¿Cuánto cuesta el tiquete en clase turista y cuánto en primera clase?
How much does the ticket cost in tourist class and how much in first class?
jau mach das de tiket cost in túrist clas an jau mach in férst klas?

¿Cuánto cuesta un tiquete de aquí a...?
How much does a ticket to... cost?
jau mach das a tíket tu... cost?

¿Cuánto dura el viaje?
How long is the flight?
jau lóng is di fláit?

¿Cuándo expira este tiquete?
When does this ticket expire?
wen das dis tíket expáir?

Déme un asiento adelante, por favor.
Give me a seat in the front, please.
gif mi a siit in di frant, pliis

Déme un asiento atrás, por favor.
Give me a seat in the back, please.
gif mi a siit in di bak, pliis

Déme un asiento cerca de la puerta, por favor.
Give me a seat near the exit, please.
gif mi a siit niir di exit, pliis

Déme un asiento de corredor, por favor.
Give me an aisle seat, please.
gif mi an ail siit, pliis

Déme un asiento de ventana, por favor.
Give me a window seat, please.
gif mi a window siit, pliis

Déme un asiento en la sección de fumadores, por favor.
(Give me a seat in the) smoking section, please.
(gif mi a siit in di) smóukin sékshon, pliis

Déme un asiento en la sección de no fumadores, por favor.
(Give me a seat in the) non-smoking section, please.
(gif mi a siit in di) nán-smóukin sékshan, pliis

¿Dónde puedo comprar un tiquete aéreo?
Where can I buy an airline ticket?
wer kan ai bai an érlain tíket?

¿Dónde queda la puerta de embarque?
Where is the gate?
wer is di geit?

Necesito que me ayude. Yo debo tomar ese vuelo.
Please, help me. I must take this plane.
plis, jelp me. ai mast teik dis plein

Por favor, lleve mi equipaje.
Please take my bags.
pliis teik mai bags

Primera clase.
First class.
férst klas

¿Puedo cambiar mi reservación libremente con este tiquete?
Can I make changes in my flight plans with this ticket?
kan ai meik chéinyes in mai fláit plans wiz dis tíket?

¿Qué aerolíneas viajan de aquí a...?
What airlines have flights from here to...?
wat érlains jaf flaits from jiir tu...?

¿Qué restricciones tiene este tiquete?
What are the restrictions on this ticket?
Wat ar di ristríkshans an dis tíket?

¿Qué distancia hay de aquí a...?
How far is it to...?
jau far is it tu...?

¿Quiere ponerme en lista de espera, por favor?
Can you put me on the waiting list, please?
kan yu put mii an di wéitin list, pliis?

Quiero un tiquete a...
I want a ticket to...
ai want a tíket tu...

Quiero un tiquete de ida y vuelta.
I want a round-trip ticket.
ai want a raún-trip tíket

Quiero un tiquete sencillo.
I want a one-way ticket.
ai want a wán-wei tíket

¿Tienen precios especiales para niños?
Is there a children's fare?
is der a chíldrens feir?

Usted debe tener mi reservación. Busque de nuevo, por favor.
You must have my reservation. Please look again.
yu mast jaf mai reservéishan. pliis luk eguén

Viajo a... por la aerolínea...
I'm flying to... on...
aim fláiin tu... an...

Yo hice las reservaciones con suficiente anticipación.
I made my reservation enough in advance.
ai méid mai reservéishan ináf in adbáns

EN EL AVIÓN

On the plane
an di pléin

En los vuelos internacionales los consumos son gratuitos; no así en algunos vuelos nacionales. Mejor cerciórese antes de pedir. Si usted desea comer más de lo que le han servido, tal vez encuentre cierta resistencia del auxiliar de vuelo, pues el número de platos extra disponibles suele ser muy pequeño. Por lo tanto, intente insistir y acepte de la mejor forma un posible rechazo o que su solicitud sea puesta a condición. Esto no suele suceder con las bebidas.

Tenga especial cuidado con la cantidad de alcohol que consuma. Por razones que desconocemos, el alcohol hace más rápido efecto dentro de un avión, especialmente en viajes largos. No se imagina lo mal que se sentirá si, por causa del licor, llega a indisponerse en pleno vuelo.

¿Cuánto cuesta un trago/una cerveza?
How much is a drink/a beer?
jau mach is a drink/a bíir?

¿Dónde están los baños?
Where are the restrooms (EE.UU.)/toilets/W.C. (G.B.)?
wer ar di réstrums/tóilets/dabliu-si?

¿En dónde queda mi asiento?
Where is my seat?
wer is mai siít?

Este es mi asiento, excúseme.
Excuse me, but you're in my seat.
exkiús mii, bat yur in mai siít

Me gustaría un poco más de esto.
I'd like some more of this, please.
aid laik sam mor of dis, pliis

¿Me puede prestar un periódico, por favor?
Can I borrow a newspaper?
kan ai bárrou a núspeiper?

¿Me puede prestar una almohada?
Can I have a pillow?
kan ai jaf a pílou?

¿Me puede prestar una cobija?
Can I have a blanket?
kan ai jaf a blánket?

¿Puedo mirar una revista?
Could I look at a magazine?
kud ai luk at a magasín?

¿Puedo comer más?
Could I have more food?
kud ai jaf mor fúd?

¿Puedo tomar otro trago?
Could I have another drink?
kud ai jaf anáder drink?

¿Quisiera cambiar de asiento conmigo?
Would you change seats with me?
wud yu cheinch siits wiz mii?

Quisiera tomar un refresco/café/jugo de frutas/una cerveza/agua.
I'd like some soda/coffee/juice/beer/water.
aid laik sam sóuda/cófi/yus/biir/wáter

LLEGADA AL AEROPUERTO

Arrival at the airport
arráibal at di eirport

Para entrar a muchos países es necesario llenar algún documento. No olvide hacerlo antes de aterrizar.

¿A qué hora sirven la comida?
What time is the meal?
wat táim is di miil?

Aduana.
Customs.
kástams

Autobuses.
Buses.
báses

¿Debo abrir todas las maletas?
Should I open all of the bags?
shud ai óupen ol of di bags?

¿Debo declarar los licores y cigarrillos?
Do I have to declare the liquor and cigarettes?
du ai jaf tu dikléir di líker an sígarets?

¿Debo declarar los obsequios?
Do I have to declare gifts?
du ai jaf tu dikláir guífts?

¿Debo pagar impuestos por esto?
Do I have to pay duty on this?
du ai jaf tu pei dúti an dis?

¿Dónde puedo encontrar un taxi?
Where can I get a taxi?
wer kan ai guet a táxi?

Entrega de equipajes.
Baggage claim.
bágach kléim

Este es mi equipaje. Son (1, 2, 3) piezas.
These are my bags. I have (one, two, three) pieces.
dis ar mai bags. ai jaf (wan, tu, zri) píses

Estoy en viaje de negocios/de vacaciones.
I'm traveling on business/on vacation (EE.UU.)/on holiday (G.B.).
aim trávelin an bísnis/an veikéishan/an jálidei

Mi pasaporte, por favor.
My passport, please.
mai pásport, pliis

Necesito información sobre hoteles.
I need information about hotels.
ai niid inferméishan abáut joutéls

Quiero alquilar un auto.
I want to rent a car (EE.UU.)/motorcar (G.B.)
ai want to rent a kar/móuterkar

Voy a hospedarme en el hotel...
I'm staying at the ...hotel.
aim stéiin at di ...joutél

Vuelo.
Flight.
flait

EN EL HOTEL

In the hotel
in di joutél

Es aconsejable que usted tenga reservaciones confirmadas a través de una agencia de viajes. Información adicional sobre alojamientos más económicos o con características especiales como ubicación o actividades ofrecidas, puede conseguirse en su país de origen, en el consulado correspondiente.

¿Cuál es el precio diario con impuestos y recargos?
How much is a night, including taxes and charges?
jau mach is a náit, inklúdin táxes an cháryes?

¿Cuál es la hora de salida? (hora en que cobran un nuevo día).
What's the checkout time?
wats di chéckaut taim?

¿Cuál es la tarifa de esa habitación?
How much is this room?
jau mach is dis ruum?

¿Esa tarifa incluye alguna comida?
Does this price include breakfast?
das dis prais inklúd brékfast?

24

¿Hay descuento para estudiantes?
Is there a student discount?
is der a stúdent dískaunt?

¿Hay recargos por el uso del teléfono o el televisor?
Are there charges for using the telephone or the television?
ar der cháryes for iúsin di télafoun or di telabíshun?

¿Hay servicio a las habitaciones de restaurante/de lavandería?
Is there room service/laundry service?
is der ruum sérbis/lóndri sérbis?

La habitación está muy...
The room is very...
di ruum is véri...

...costosa.	**...fría.**
...expensive.	...cold.
...expénsif	*...col*
...grande.	**...caliente.**
...big.	...hot.
...big	*...jat*
...pequeña.	**...ruidosa.**
...small.	...noisy.
...smol	*...nóisi*

¿Puedo ver la habitación?
May I see the room?
mei ai sii di ruum?

Por favor, escriba esa cifra.
Please write that amount for me.
pliis ruáit dat amáunt for mii

¿Puede darme folletos sobre las actividades del hotel?
Do you have any brochures on hotel activities?
du yu jaf éni broshúrs an joutél actívitiis?

¿Pueden poner una cama más en la habitación? ¿Cuánto sube la tarifa?
Could you put an additional bed in my room? How much is the extra charge?
kud yu put an adíshanal bed in mai ruum? jau mach is di extra charch?

¿Se podrían desconectar los canales privados de la T.V.?
Could you please disconnect the cable T.V.?
Kud yu pliis diskanékt di kéibal tii bíi?

Quiero una habitación con vista a la calle/a la playa/a la piscina/al interior del hotel.
I'd like a room with a view of the street/the beach/the pool/an interior room.
aid laik a ruum wiz a viu of di striit/di biich/di puul/aid laik an intírier ruum

Quiero una...
I'd like a...
aid laik a...

...habitación con baño privado.
...room with a private bath.
...ruum wiz a práivat baz

...habitación con cama doble.
...room with a double bed.
...ruum wiz a dábal bed

...habitación para dos personas.
...room for two.
...ruum for tuu

...habitación con camas separadas.
...room with separate beds.
...ruum wiz séprat beds

...habitación con desayuno incluido.
...room with a breakfast plan (EE.UU.)/bed and breakfast (G.B.)
...ruum wiz a brékfast plan/bed an brékfast

...habitación doble.
...double room.
...dábal ruum

...habitación que dé al patio.
...room that faces the patio.
...ruum dat feizis di pátiou

...habitación sencilla.
...single room.
...singal ruum

¿Tiene folletos sobre las actividades en la ciudad?
Do you have brochures about interesting things to do in the city?
du yu jaf broushúrs abaut íntresin zins tu duu in di siti?

¿Tiene televisión y teléfono?
Does the room have a T.V. and a phone?
das di rum hab a tibi an a foun?

¿Tiene una reservación a nombre de...?
Do you have a reservation for...?
du yu jaf a reserveishan for...?

¿Puede poner esto en una caja de seguridad, por favor?
Can you put this in a safe deposit box (EE.UU.)/ strongbox (G.B.), please?
kan yu pút dis in a séif dipásit bax/stronbax, pliis?

TRANSPORTE

Transport
transport

EN EL REINO UNIDO

AEROPUERTOS

A Londres se puede llegar por tres aeropuertos, todos con excelentes conexiones entre sí y con la ciudad.

Heathrow: el metro toma 45 minutos hasta el centro (£1,60), y el *Airbus* 50 minutos (£3), con paradas en las principales zonas hoteleras de la ciudad. El taxi cuesta cerca de £20 más el 15% de propina.

Gatwick: se comunica con *Victoria Station* en media hora por el *Gatwick Express* (£4,60), y con el aeropuerto de *Heathrow* por medio de varios servicios frecuentes.

Stansted: está bien comunicado con la ciudad por autobuses y taxis, pero no por trenes, cuyas conexiones son difíciles.

TRANSPORTE URBANO

El valor del viaje en metro -al que llaman "tube" (*tiub*) en Londres- depende de las distancias por recorrer, indicadas en las máquinas automáticas de las estaciones. Conserve el tiquete, pues deberá entregarlo en su lugar de destino.

Los autobuses también cobran según la distancia. En los de dos pisos se entrega el dinero a un cobrador. En los de uno, se debe pagar la cantidad exacta en la máquina de entrada.

Es recomendable averiguar los diferentes tipos de tiquetes que le permiten viajes ilimitados durante un período de tiempo. Algunos sólo se consiguen fuera del Reino Unido. En las estaciones encontrará información y mapas gratuitos.

Las bicicletas son una excelente opción para visitar la ciudad. Existen varias firmas de alquiler. Remítase al directorio telefónico.

EN LOS ESTADOS UNIDOS

AEROPUERTOS

En Nueva York, el **JFK** está conectado a la ciudad por el metro, cuya tarifa es de un "token" (U$ 1,15).

En Miami es necesario tomar autobús. Si usted va a un hotel, seguramente éste tiene su propio autobús especial para sus huéspedes. Pregunte por él, que suele ser llamado "Shuttle" (*shatl*).

También existen "shuttles" públicos que lo llevan a cualquier hotel o sector de la ciudad por U$8-U$15, según la distancia.

En ambas ciudades el taxi es una solución fácil pero costosa (de U$30 a U$50).

TRANSPORTE URBANO

Las principales ciudades tienen metro, cuyas tarifas pueden variar o ser fijas. Lo mismo sucede con los autobuses. Muchas ciudades pueden recorrerse fácilmente en bicicleta.

¿Cuál es el horario de esta ruta?
What's the schedule (EE.UU.)/timetable (B.G.) for this route?
wats di skédul|táimteibal for dis rut?

29

¿Cuáles son las tarifas de taxi?
How much does a taxi cost?
jau mach das a táxi cost?

¿Cuánto cuesta el tiquete?
How much is the fare?
jau mach is di féir?

¿Dónde puedo tomar el bus del hotel...(nombre de su hotel)?
Where can I take the shuttle to the ...hotel?
wer kan ai teik di shatl tu di ...joutél?

¿Dónde puedo conseguir un taxi?
Where can I get a taxi?
wer kan ai guét a táxi?

¿Dónde queda el paradero más próximo?
Where is the next stop?
wer is di next stap?

¿Dónde queda la estación más próxima?
Where is the nearest station?
wer is di nírest steishan?

¿Es seguro viajar de noche?
Is it safe to travel at night?
is it seif tu trábel at nait?

¿Existen buses del aeropuerto al centro de la ciudad?
Are there buses that go downtown (EE.UU.)/to the centre (G.B.) from the airport?
ar der báses dat gou dauntáun/tu di sénter fram di éirport?

Quiero rentar una bicicleta.
I want to rent a bicycle.
ai want tu rent a báisikal

¿Tiene un mapa del metro/bus/trenes?
Do you have a subway/metro/tube/bus/train map?
du yu jaf a sabwei/metrou/tub/bas/trein map?

COMPRANDO TIQUETES DE TREN O AUTOBÚS

Buying train or bus tickets
báin trein or bas tíkets

¿A qué hora sale el tren/el autobús?
What time does the train/bus leave?
wat táim das di tréin/bás liiv?

¿Con qué frecuencia salen trenes/auto-buses para...?
How often are there trains/buses to...?
jau ófen ar der tréins/báses tu...?

¿En qué estaciones se detendrá ese tren/autobús?
Where does this train/bus stop?
wer das dis tréin/bás stap?

¿En qué plataforma está el tren para...?
What platform is the train to...?
wat platform is di tréin to...?

¿Hay coches litera en ese tren?
Are there sleeper cars on this train?
ar der slíper kars an dis tréin?

¿Hay un vagón restaurante?
Is there a restaurant car?
is der a réstarant kar?

¿Qué debo hacer para ir a...?
How do I get to...?
jau du ai guét tu...?

HACIENDO AMIGOS

Making friends
méikin frens

El norteamericano promedio es muy informal y amigable, pero muy celoso de su privacidad e individualidad. Los británicos, más formales y distantes, son todavía más individualistas. Sin embargo, en ambos casos vale la pena tratar de entablar amistad con ellos.

Almorcemos/cenemos juntos.
Let's have lunch/dinner together.
lets jaf lanch/diner tugéder

Desayunemos juntos.
Let's have breakfast together.
lets jaf brékfast tugéder

¿En qué trabaja usted?
What do you do?
wát du yuu duu?

¿Es usted casado(a)/soltero(a)?
Are you married/single?
ar yuu mérid /síngal?

¡Hola! Mi nombre es...
Hello! My name is...
jélou! mai neim is...

Me encantaría que fuera a visitar mi país.
I'd like you to visit my country.
aid láik yuu tu visit tu mai cántri

¿Le molesta si me siento a su lado?
May I sit here?
mei ai sít jiir?

¿Me acompañaría a tomar algo?
Would you like to have a drink with me?
wud yu láik tu jaf a drínk uid mi?

No tengo amigos aquí.
I don't have friends here.
ai dóun jaf fréns jiir

¿Puede darme información acerca de...?
Could you give me some information about...?
kud yu giv mii sam informéishan abáut...?

¿Quiere acompañarme a visitar la ciudad?
Would you like to see the city with me?
wud yu láik tu sii di síti wiz mii?

¿Quisiera salir esta noche conmigo?
Would you like to go out with me tonight?
wud yu láik tu gou áut wiz mii tunáit?

Vamos a bailar.
Let's go dancing.
lets gou dánsin

Vamos a caminar.
Let's go for a walk.
lets gou for a wák

¿Vive Usted en la ciudad?
Do you live in this city?
Du yuu lív in dis síti?

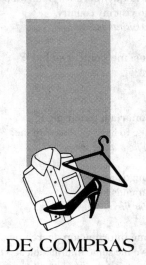

DE COMPRAS

Shopping
shápin

EN LONDRES

Normalmente los almacenes atienden de lunes a sábado, entre las 9:00 a.m. y las 5:30 p.m. Los principales lugares para compras son *Oxford Street*, *Regent Street*, *Bond Street*, *Picadilly* y *Jeremy Street*. También está la zona de *Covent Garden*.

En Europa, los viajeros que adquieran artículos por encima de ciertos valores, pueden obtener un rembolso del IVA (10% a 15% de PVP) al momento de salir del país o a través de su tarjeta de crédito. Para beneficiarse de esto, prefiera los grandes almacenes y haga sus compras en conjunto, de manera que la factura alcance el valor necesario y facilite el reembolso. Investigue en el almacén el valor mínimo necesario.

EN LOS ESTADOS UNIDOS

Los Estados Unidos son famosos por sus grandes tiendas de departamentos y sus inmensos centros comerciales (*Shopping Centers* o *Malls*).

Para comprar aparatos electrónicos puede encontrar calles enteras de almacenes especializados. No tema pedir descuentos de hasta el 50%, al mejor estilo latinoamericano. Para hacer una oferta diga "I can afford it…" (*ai can aford. it.* = Puedo adquirirlo...), y para regatear "I can't afford it" (*ai cánt aford it* = No puedo adquirirlo). Difícilmente dejarán de hacerle una rebaja. Nunca compre en el primer almacén que entre, averigüe en varios lugares antes de decidirse. En otro tipo de almacenes, los precios son inmodificables, salvo que se trate del "mercado de las pulgas".

CLASES DE ALMACÉN

Kinds of stores
kainds of stórs

Quiero ir a...
I'd like to go to...
aid laik tu gou tu...

...una agencia de viajes.
...a travel agency.
...a travel ayenci

...un anticuario.
...an antique shop.
...an antík shap

...un almacen de calzado.
...a shoestore.
...a shustour

...un almacén por departamentos.
...a department store.
...a dipártmen stóur

...un banco.
...a bank.
...a bank

...una barbería.
...the barber shop.
di bárber shap

35

…una boutique.
…a boutique.
…*a butík*

…una droguería (farmacia).
…a drugstore or pharmacy (EE.UU.)/the chemist's. (G.B.)
…*a drágstour or fármasi/di kémists*

…una floristería.
…a flower shop.
…*a fláuer shap*

…una galería de arte.
…an art gallery.
…*an árt gálari*

…una joyería.
…a jewellery store.
…*a yúelri stor*

…una juguetería.
…a toy store.
…*a tói stour*

…una librería.
…a bookstore.
…*a búkstor*

…una óptica.
…an optics.
…*an optics*

…una oficina de correos.
…a post office.
…*a poust ófis*

…una peluquería/salón de belleza
…the hairdressing shop/the beauty salon.
…*de jerdresin shop/di biúti salón*

…una perfumería.
…the perfumer's shop.
…*de perfiumers shop*

…una tabaquería.
…a cigar shop.
…*a cigar shop*

...una tienda de ropa.
...a clothing store.
...a clózing stor

...una tienda fotográfica.
...a camera shop.
...a kámra shap

...una venta de periódicos.
...a newsstand.
...a níustand

ARTÍCULOS DE USO PERSONAL

Personal things
personal zings

Necesito...
I need...
ai niid...

...aspirinas.
...some aspirin.
...sam áspirin

...un cepillo de dientes.
...a toothbrush.
...a tuuzbrash

...champú.
...some shampoo.
...sam shampúu

...crema bronceadora.
...a sun-tan lotion.
...a sán-tan lóushan

...crema bloqueadora.
...a sun-block lotion.
...a sán-blak lóushan

...crema de afeitar.
...some shaving cream.
...sam shéibin kriim

...crema dental.
...some toothpaste.
...sam tuuzpeist

...hilo dental.
...some dental floss.
...sam déntal flas

...esparadrapo.
...some surgical tape/first-aid tape.
...sam sérgikal téip/ferst-éid téip.

...unas gafas de sol.
...a pair of sunglasses.
...a per of sánglases

...jabón.
...some soap.
...sam soup

...un laxante.
...a laxative.
...a láxatif

...pañuelos de papel.
...some kleenex/some facial tissues.
...sam kliinex/sam feéshal tíshuus

...repelente de insectos.
...some insect repellent/bug spray.
...sam ínsect repélent/bág sprei

...toallas higiénicas (íntimas)/tampones.
...some sanitary napkins/some tampons.
...sam sánitarii nápkins/sam támpans

ROPA

Clothes
clouds

TALLAS Y MEDIDAS

Sizes and measures
sais an meshurs

Para saber su número o talla, use estas tablas:

Camisas para hombre
Shirts
shirts

G.B.	14 1/2-15	15 1/2-16	16 1/2	17
EE.UU.	14 1/2-15	15 1/2-16	16 1/2	17
Francia	37-38	39-40	41-42	43
Japón	S	M	L	XL

Sacos (de tejido) para hombre
Pullovers, sweaters
pulovers, sueters

G.B.	S	M	L	XL
EE.UU.	S	M	L	XL
Francia	Homme=2	Demi Pat.=3	Patron=4	Grand=5
Japón	S	M	L	XL

Vestidos para hombre
Suits
suts

G.B.	32	34	36	38
EE.UU.	32	34	36	38
Francia	42	44	46	48
Japón	S	M	L	X

Zapatos para hombre
Men shoes
men shus

G.B.	6	7	$7^{1/2}$	8	9	10
EE.UU.	$6^{1/2}$	7	$7^{1/2}$	8	9	10
Francia	39	40	41	42	43	44
Japón	25	$25^{1/2}$	26	$26^{1/2}$	27	28

Batas, sastres, abrigos y suéteres para dama
Women clothes
uimen clozs

G.B.	10	12	14	16	18	20
EE.UU.	10	12	14	16	18	20
Francia	38	40	42	44	46	48
Japón	9	9	11	13	15	-

Zapatos para dama
Women shoes
uimen shus

G.B.	3	4	5	6	7	8
EE.UU.	5	6	7	8	9	10
Francia	36	37	38	39	40	41
Japón	22	23	24	25	$25^{1/2}$	26

¿Cuál es la cantidad mínima para obtener el reembolso de impuestos?
What's the amount in order to get a tax refund (EE.UU.)/rebate (G.B.)?
wats de amaunt in órder tu guét a táks rifaund/ribéit?

¿Cuál es la ropa en promoción?
Which clothes are on sale?
wich clóus ar on séil?

¿Cuál es la última moda en esto?
What's the latest style (EE.UU.)/fashion (G.B.) in this?
wats de léitest stáil/fáshan in dis?

¿Cuáles son los mejores almacenes para comprar ropa?
Which are the best clothing stores around here?
wich ar de bést clóuding stors aráund jiir?

¿Dónde está la ropa para niños?
Where's the children's department?
wers di chíldrens dipártment?

¿Dónde están los juguetes para niños?
Where's the toy department?
wers di tói dipártment?

Necesito ropa (juguetes) para un niño/niña de ... años de edad.
I need clothes (toys) for a...-year-old boy/girl.
ai níid clous (tois) for a...-yir-ould boi/gerl

¿Quiere escribir el precio?
Could you please write the price for me?
kud yu pliis rúait de práis for mii?

Quisiera ver ropa deportiva para damas/caballeros.
I'd like to see sportswear for women/men.
aid láik tu si spórtswer for wímen/men

Quisiera ver vestidos de calle para damas/caballeros.
I'd like to see women's clothes/men's clothes.
aid láik tu si wímens clouths/méns clouths

Quisiera ver vestidos de noche para damas/caballeros.
I'd like to see evening dress for women/men.
aid láik tu si ívinin dres for wímen/men

Ropa para caballero.
Men's clothes.
mens clóus

Ropa para dama.
Women's clothes.
uimens clous

Ropa para niños.
Children's clothes.
chíldrens clous

¿Tiene algo...
Do you have anything...
du yu jaf énizin...

...**más abrigado?**
...heavier?
...jévier?

...**más grande?**
...bigger?
...bíguer?

...**más barato?**
...cheaper?
...chiiper?

...**más informal?**
...more informal?
...mor infórmal?

...**más claro?**
...in a lighter color?
...in a láiter kaler?

...**más largo?**
...longer?
...lónguer?

...**más corto?**
...shorter?
...shórter?

...**más oscuro?**
...in a darker color?
...in a dárker káler?

...**más elegante?**
...more elegant?
...mor élegant?

...**más pequeño?**
...smaller?
...smóler?

...**más fresco?**
...lighter?
...láiter?

..**de rayas?**
...striped?
...stráiped?

¿Tiene promociones de fin de estación?
Do you have any off-season styles on sale?
du yu jaf éni óf-siisan stáils an séil?

ZAPATOS

Shoes
shuus

¿Dónde encuentro los zapatos?
Where's the shoe department?
wers di shuu dipártment?

Muéstreme otros colores.
Can I see this in other colors/shades?
kan ai si dis in áder kálers/shéids?

No conozco mi número. ¿Puede medirlo?
I don't know my shoe size. Could you fit me?
ai doun nóu mai shúu sáis; kud yu fít mii?

Permítame ver los modelos.
Can I see some different styles?
kan ai sii sam dífrent stails?

Quiero unos de este estilo.   **¿Puedo probármelos?**
I'd like a pair in this style.   Can I try these on?
aid láik a péir in dís stail   *kan ai trai dús an?*

Quiero un par de zapatos...
I'd like a pair of...
aid láik a péir of...

...de atar con cordón.   **...muy cómodos.**
...lace-up shoes.   ...very comfortable shoes.
...léis-ap shuus   *...véri kámfterbal shuus*

...de tacón alto.   **...para hombre.**
...high-heels.   ...men's shoes.
...jai-jíils   *...mens shuus*

...deportivos.   **...para mujer.**
...sports shoes.   ...women's shoes.
...sports shuus   *...uimens shuus*

...más baratos.   **...para niño.**
...cheaper shoes.   ...boys' shoes.
...chíiper shuus   *...bois shuus*

VESTUARIO MASCULINO

Men's dressing
mens dresin

vestido completo (1)
suit
suut

corbata (2)
tie
tai

pañuelo (3)
handkerchief
jankerchif

mancuernas (4)
cuilink
kéflink

medias (5)
socks
saks

calzoncillos (6)
underpants
ánderpants

camiseta interior (7)
undershirts
ándersherts

pipa (8)
pipe
paip

sombrero (9)
hat
jat

boina (10)
beret
beret

gorra (11)
cap
kap

camiseta deportiva (12)
t-shirt
tii-shert

chaqueta (13)
jacket
yáket

cinturón (14)
belt
belt

pantaloneta (15)
shorts
charts

corbatín (16)
bow tie
bóu tai

chaleco (17)
waistcoat
uéscout

camisa (18)
shirt
shert

gabardina (19)
raincoat/trenchcoat
réincout/trénchcout

pantalones (20)
pants
pants

zapatos (21)
shoes
shuus

45

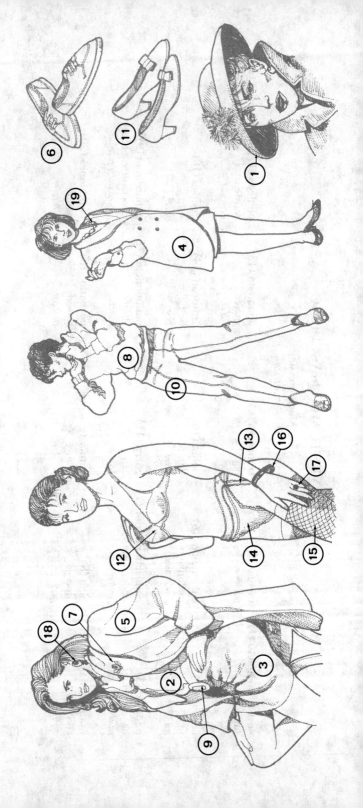

VESTUARIO FEMENINO

Women's dressing
umens dresin

sombrero (1)
hat
jat

blusa (2)
blouse
blaus

falda (3)
skirt
skert

vestido (4)
dress
dres

abrigo (5)
coat
cout

zapatos bajos/cómodos (6)
low shoes/comfortable shoes
lou shus/kámfterbal shus

prendedor (7)
pin
pin

saco tejido(8)
sweater
sueter

cinturón(9)
belt
belt

pantalones (10)
pants/jeans
pants/yins

zapatos (11)
shoes/high-heels (de tacón)
shuus/jai-jiils

sostén (12)
bra/brassiere
bra/brasfir

liguero (13)
garter
garter

pantalón interior (14)
panties/underpants
pantis/ánderpants

medias veladas pantalón y tobilleras (15)
stockings/knee-highs
stákins/nfi-jais

pulsera (16)
bracelet
breislet

anillo (17)
ring
rin

aretes (18)
earrings
firrins

collar (19)
necklace
neklas

47

RESTAURANTES

Restaurants
réstorans

En los Estados Unidos y Gran Bretaña encontrará restaurantes de todo tipo, que suelen exhibir la carta o menú a la entrada. Infórmese allí si los precios y platos son los que desea. Nunca olvide dejar propina (15%) y sentarse en la sección de fumadores si desea fumar. No se usa de ningún modo llamar la atención del mesero por medio de ruidos (ya sean hechos con las manos o la boca). Hay que decir "Sir" (*sir*) o "Miss" (*mis*) para solicitarles algo.

¿Aceptan... (su tarjeta de crédito)?
Do you take... (nombre de la tarjeta)?
du yu téik...?

¿Aceptan cheques viajeros?
Do you take traveler's checks (EE.UU.)/travellers' cheques (G.B.)?
du yu teik travlers cheks?

¿Aceptan tarjetas de crédito?
Do you take credit cards?
du yu teik krédit kards?

Aún no hemos decidido.
We need a little more time.
wi niid a lítal mor táim

¿Qué recomienda el chef?
What does the chef recommend today?
wat das di shéf recoménd tudéi?

¿Cuál es el plato del día?
What's the daily special?
wats di déili spéshal?

¿Cuál es el precio del cubierto?
What's the cover charge?/Is there a cover charge?
wats di cóver charch?/is der a cóver charch?

¿Cuál es la especialidad de la casa?
What's the specialty of the house?
wats di spéshalti of di háus?

¿Es picante?/¿Es muy condimentado?
Is it hot?/Is it very spicy?
is it hat?/Is it béri spáisi?

¿Está incluido el servicio?
Is the tip included?
is di tip inklúded?

Esto está muy cocido.
This is over cooked.
dis is over kukt

Esto está muy poco cocido.
This is underdone/This is too rare.
dis is ánder dan/dis is tuu réir

Esto no fue lo que pedí.
This isn't what I ordered.
dis isent wat ai órderd

Felicite al chef de mi parte.
My congratulations to the chef.
mai kangratchuléishans tu di shef

Hay un error en la cuenta.
There's a mistake in the bill/the check.
ders a mistéik in di bil/di chek

La carta.
The menu.
di méniu

La carta de vinos.
The wine list.
di wain list

La cuenta, por favor.
The check, please.
di chek, pliis

La lista de precios.
The price list.
di práis list

Lo mismo para mí.
I'll have the same.
ail jaf di séim

Permítame estudiar la carta.
I need a few more minutes to look at the menu.
ai niid a fiu mor minuts tu luk at di ményu

Queremos una mesa para dos en la sección de (no) fumadores.
We'd like a table for two in the (non) smoking section.
wid laik a téibal for tuu in di (nan) smoukin sékshan

Quiero algo sencillo.
I'd like something simple.
aid laik sámzin símpal

Quiero cambiar mi pedido.
I'd like to change my order.
aid laik tu cheinch mai órder

Quiero hablar con el administrador.
I want to speak to the manager.
ai want tu spiik tu di mánacher

Tenemos prisa; ¿qué nos recomienda?
We're in a hurry; what do you recommend?
wir in a jári; wat du yuu recaménd?

DESAYUNO

Breakfast
brékfas

Quiero...
I'd like...
aid laik...

...café (con crema).
...coffee (with cream).
...cofi (uiz crim)

...cereal.
...cereal.
...siirial

...chocolate.
...hot chocolat.
...jot choclit

...huevos con tocineta.
...bacon and eggs.
...béikan an egs

...huevos en tortilla rellena de queso/jamón y queso/queso y champiñones.
...a cheese/ham and cheese/cheese and mushroom omelette.
...a chiis/jam an chiis/chiis an mashrum ámlet

...huevos fritos blandos.
...eggs over easy.
...egs over ísi

...huevos fritos duros.
...eggs over hard.
...egs over járd

...huevos tibios blandos/duros.
...soft-boiled eggs/hard-boiled eggs.
...sáft-boild egs/járd-boild egs

...jugo de fruta.
...fruit juice.
...frut yuus

51

...jugo de naranja.
...orange juice.
...orany yuus

...jugo de toronja.
...grapefruit juice.
...gréipfrut chuus

...jugo de zanahoria.
...carrot juice.
...kárat chuus

...mantequilla
...butter.
...báter

...mermelada.
...jelly (muy líquida)/jam (con mucha fruta)/marmelade
(sólo de naranja).
...yéli/yam/mármaleid

...miel.
...honey
..jáni

...té (en leche/con limón).
...tea (with milk/with lemon).
...tii (wiz milk/wiz léman)

...pan.
...bread.
...bred

...tostadas.
...toast.
...toust

...tostadas francesas.
...French toast.
...french toust

ALMUERZO Y CENA

Lunch and dinner
lonch an díner

Quiero comer...
I'd like...
aid laik...

...**arroz.**
...rice.
...rais

...**papas al vapor.**
...boiled potatoes.
...boild poteitous

...**carne.**
...meat.
...miit

...**papas fritas.**
...fried potatoes.
...fraid poutéitous

...**ensalada.**
...salad.
...salad

...**pollo.**
...chicken.
...chíken

...**mariscos.**
...shellfish.
...shelfish

...**un emparedado.**
...a sandwich.
...a sanduich

Quiero tomar...
I'd like...
aid laik..

...**agua mineral.**
...mineral water/bottled water/perrier.
...míneral wáter/bátald wáter/perié.

...**agua natural.**
...tap water.
...tap wáter

...**agua soda.**
...club soda.
...clab sóuda

...**cola (dietética).**
...(diet) cola.
...(daiet) cola

...**jugo de fruta.**
...fruit juice.
...frut chuus

...**limonada.**
...lemonade.
...limaneid

...**una cerveza.**
...a beer.
...a biir

...vino tinto/blanco/rosé, de la casa.
...the house red wine/white wine/rose.
...di háus red wain/wait wain/rouséi

PARTES DEL MENÚ O CARTA

Parts of the menu
parts of de meniu

Aves.
Poultry dishes.
póultri díshes

Bebidas.
Beverages.
béberays

Cocteles.
Cocktails.
kákteils

Licores.
Drinks.
drinks

Carnes.
Meats.
miits

Ensaladas.
Salads.
salads

Entradas.
Appetizers.
ápataisers

Pasta.
Pasta.
pasta

Pescados.
Fish.
fish

Postres.
Desserts.
desert

Quesos.
Cheeses.
chiises

Sopas.
Soups.
suups

Tapas o picadas.
Hors d'oeuvres.
or dérvs.

Vinos.
Wines.
uains

NOMBRES DE LOS ALIMENTOS BASICOS

Descifrar un menú o carta en un idioma extranjero no es cosa fácil. Aquí hemos incluido algunos alimentos básicos. Con ellas logrará salir adelante en sus incursiones gastronómicas.

Albaricoque
Apricot
áprikat

Coliflor
Cauliflower
káliflaur

Alverjas (arvejas)
Peas
piis

Conejo
Rabbit
rábit

Biscochos (pasteles)
Cakes/pastries
keiks/péistris

Cordero
Lamb
lam

Camarones
Shrimp
shrimp

Champiñones
Mushrooms
máshrums

Carne (res/cerdo/ternera)
meat (beef/pork/veal)
miit (biif/pork/viil)

Chorizo
Sausage
sósach

Cangrejo
Crab
krab

Chuleta de cerdo
Pork chop
pórk chap

Cebolla cabezona
Onion
anyan

Durazno
Peach
piich

Cebolla verde
Green onion/scallion
griin ányan/skályan

Espárragos
Asparagus
aspáragas

Cerezas
Cherries
chéris

Espinacas
Spinach
spínach

Frambuesa
Raspberry
rásberi

Fresa
Strawberry
stróberi

Garbanzos
Chick peas
chik piis

Helado
Ice cream
ais kriim

Hielo
Ice
ais

Hígado
Liver
líver

Huevos
Eggs
egs

Jamón de York
Ham
jam

Langosta
Lobster
lábster

Langostinos
Jumbo shrimp
yámbou shrimp

Leche
Milk
milk

Lechuga
Lettuce
létis

Lentejas
Lentils
léntils

Lima
Lime
laim

Limón
Lemon
léman

Maíz/mazorca
Corn/corn on the cob
korn/korn an di káb

Manzana
Apple
apl

Mejillones
Mussels
másels

Mostaza
Mustard
másterd

Naranja
Orange
áranch

Nueces
Nuts
nats

Olivas/aceitunas
Olives
álibs

Ostras
Oysters
óisters

Salsa
Sauce (caliente)/dressing (fría)
sos/drésin

Papas (patatas)
Potatoes
poutéitous

Sandía (patilla)
Watermelon
watermélan

Pera
Pear
peir

Sardina
Sardine/herring
sardíin/jérin

Pescado
Fish
fish

Sopa
Soup
suup

Pimienta
Pepper
péper

Tocineta
Bacon
béikan

Piña
Pineapple
páinapal

Toronja (pomelo)
Grapefruit
gréipfrut

Pollo
Chicken
chíken

Torta
Pie
pai

Postre
Dessert
desért

Tortilla
Omelette
ámlet

Pulpo
Squid
skwid

Trucha
Trout
traut

Queso
Cheese
chiis

Uvas
Grapes
greips

Salmón
Salmon
sáman

Uvas pasas
Raisins
réisans

Verduras
Vegetables
véchtabals

Zanahorias
Carrots
károts

FORMAS DE PREPARACIÓN

aderezo
dressing
drésin

ahumado
smoked
smoukt

a la menta
mint
mint

al natural
without dressing/au naturel
wizáut drésin/o naturél

a la parrilla
broiled
broild

a la pimienta
pepper
peper

a la plancha
grilled
grild

a la vinagreta
vinaigrette
vínagret

al ajillo
in garlic sauce
in garlik sos

al gratín (gratinados)
au gratin
o gratin

al horno
baked
beikt

al vino
in wine sauce
in wain sos

apanado
breaded
breded

cocinado
boiled
boild

con queso
in cheese sauce
in chiis sos

en aceite
in oil
in oil

en finas hierbas
in an herb sauce
in an erb sos

en mantequilla
in butter
in báter

en salsa bechamel
with bechamel sauce
wiz bekamél sos

en salsa de manzana
with applesauce
wiz ápalsos

en salsa de naranja
with orange sauce
wiz áranch sos

en salsa de tomate
in tomato sauce
in touméitou sos

en salsa picante
in hot/spicy sauce
in jat/spáisi sos

frito
fried
fraid

bien asado
well done
wel dan

casi crudo
rare
reir

muy bien asado
very well done
véri wel dan

poco asado
medium-rare
mídiam-reir

término medio
medium
mídiam

tres cuartos
medium-well
mídiam wel

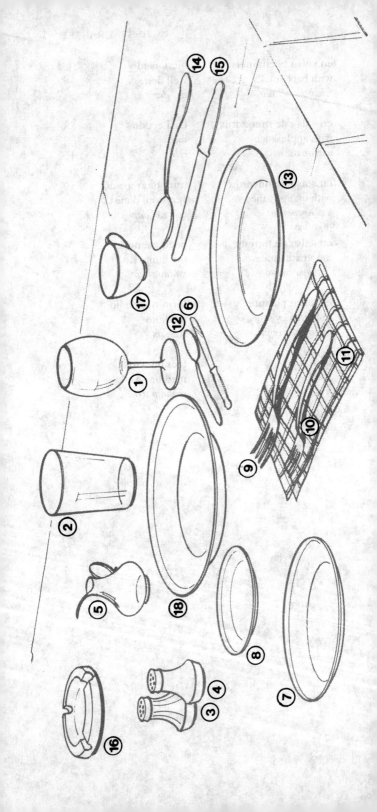

ELEMENTOS DE LA MESA

Table's elements
teibols elements

copa (1)
wine glass/goblet
wain glas/gablet

vaso (2)
glass
glas

sal (3)
salt
salt

pimienta (4)
pepper
peper

vinagre (5)
vinegar
viniguer

cuchillo de mantequilla (6)
butter knife
báter naif

plato mediano (7)
salad/dessert plate
sálad/desért pleit

plato pequeño (8)
saucer/bread plate
sóser/bred pleit

tenedor (9)
fork
fork

tenedor de postre (10)
dessert fork
desért fork

servilleta (11)
napkin (U.S.)/servillete (G.B.)
nápkin/serviét

cucharita (12)
teaspoon
tíispuan

plato grande (13)
dinner plate
díner pleit

cuchara (14)
soup spoon
suup spun

cuchillo (15)
knife
naif

cenicero (16)
ashtray
áshtrei

tasa/pocillo (17)
cup
cap

plato hondo (18)
soup dish/bowl
suup dish/boul/ndice

61

CENTROS NOCTURNOS

Night spots
nait spats

Ciudades como Londres, New York, Boston, Washington y Los Angeles, para mencionar sólo unas pocas, ofrecen la más amplia variedad de actividades nocturnas.

Para espectáculos culturales como conciertos y ópera, o para las revistas musicales, guíese por la información siempre disponible en hoteles y centros de información turística. Jamás pretenda conseguir boletas a última hora, pues además es muy fácil hacer reservaciones con anterioridad Londres y New York, entre otras ciudades, ofrecen ventas de boletas a bajo precio en lugares especiales Infórmese al respecto en su hotel o con conocidos. Tendrá que hacer algunas colas, pero podrá economizar mucho dinero.

¿A qué hora se inicia el espectáculo?
What time does the show begin?
wat taim das di shóu biguín?

¿Aceptan tarjetas de crédito/cheques viajeros?
Do you take credit cards/travelers' checks (EE.UU.)/
travellers' cheques (G.B.)?
du yu teik krédit kards/tráflers cheks?

¿Cuál es el coctel especialidad de la casa?
Which cocktail is the specialty of the house?
wich kakteil is di spéshalti of di haus?

¿Cuánto dura el espectáculo?
How long is the show?
jau lón is di shóu?

¿Cuánto pueden costar las bebidas?
How much do drinks (probably) cost?
jau mach du drinks (prábabli) cost?

¿Existe un consumo mínimo/un cover?
Is there a minimum charge/a cover charge?
is der a mínimam chary/a káber charch?

¿Hay que consumir bebidas o alimentos en ese espectáculo?
Do we have to eat or drink at the show?
du wi haf tu iit er drink at di shóu?

Necesito información sobre los espectáculos nocturnos de la ciudad.
I'd like some information about the city's night life.
aid laik sam inferméishan abaut di sítis nait laif

¿Puede reservarme dos asientos?
Could you reserve two seats for me?
kud yu risérv tuu siits for mii?

¿Qué diferencias de precios hay entre la barra y las mesas?/¿Hay algún recargo por el servicio a la mesa?
Are the prices the same at the bar and at tables?/Is there a charge for table service?
ar di práises di seim at di bár an at téibals?/is der a charch for táibal sérvis?

¿Qué precio tiene cada tiquete?
How much is each ticket?
jau mach is aich tíket?

¿Qué precio tienen las diferentes localidades?
How much does each section cost?
jau mach das ich sékshan cost?

Queremos una mesa cerca de la pista de baile.
We'd like a table near the dance floor.
wid laik a téibal nir di dans flor

Queremos una mesa cerca del escenario.
We'd like a table near the stage.
wid láik a téibal nir di steish

Quiero algo suave de beber.
I'd like something light to drink.
aid láik sámzin lait tu drink

¿Tiene asientos para esta noche/para mañana?
Are there seats for tonights's show/tomorrow's show?
ar der siits for tunáits shou/tumórrous shou?

¿Tiene una carta de bebidas?
Do you have a cocktail/drink menu?
du yu jaf a kákteil/drink méniu?

Ubíquenos en un lugar íntimo/privado.
We'd like an intimate/private table.
wid laik an íntimeit/práivat téibal

VISITANDO LA CIUDAD

Visiting the city
vísitin di sítii

Siempre encontrará un tour que satisfaga sus deseos. Pero si no desea unirse a uno, podrá optar por las bicicletas, el alquiler de un automóvil (con los inconvenientes de atascos, parqueaderos y costos de la gasolina). Para los de temperamento más solitario, tal vez sea preferible caminar o tomar transporte público libremente por la ciudad para recorresrla a su propio ritmo y gusto. Los sitios de interés suelen ofrecer, a veces gratis, la información que pueda interesar sobre el lugar y sus colecciones.

¿A qué hora regresaremos al hotel?
What time will we return to the hotel?
wat taim wil wii ritérn tu da joutél?

¿A qué hora sale el tour?
What time does the tour start?
wat taim das di tuur start?

¿Cuál es el precio de este tour?
How much does the tour cost?
jau mach das di tuur cost?

¿Cuánto tiempo toma este tour?
How long is the tour?
jau lón is di tuur?

65

¿Hay visitas guiadas en español?
Are there guided tours in Spanish?
ar der gáided tuurs in spánish?

¿Incluye el valor de las entradas?
Is the admission fee included in the price of the tour?
is di admíshan fii inklúded in di prais of di tuur?

¿Puede hacerme una reservación para ese tour?
I'd like a reservation for this tour
aid laik a reservéishan for dis tuur

¿Qué otros toures me puede ofrecer?
What other tours are there?
wat áder tuurs ar der?

Quiero rentar una bicicleta.
I'd like to rent a bicycle.
aid laik tu rent a báisikal

¿Tiene folletos explicativos?
Do you have brochures?
du yu jaf broushúrs?

MUSEOS

Museums
myusíams

¿Algún día es gratis la entrada?
Is admission free any day?
is admíshan frii eni dei?

¿A qué hora abren el museo?
When is the museum open?
wen is di myusíam óupen?

¿Dónde están los servicios sanitarios?
Where is the restroom (EE.UU.)/public toilet (G.B.)?
wer is di réstruum/páblik toilet?

¿En qué dirección debo caminar para llegar aquí?
(Señalando en el mapa)
How do I get to this place on the map?
jau du ai guet tu dís pleis an di map?

¿Existe una biblioteca en el museo?
Is there a library in the museum?
is der a láibreri in di myusíam?

¿Existen cafeterías o restaurantes dentro del museo?
Are there cafeterias or restaurants in the museum?
ar der kafatírias er réstarants in di myusíam?

¿Existen visitas guiadas en español?
Are there guided tours in Spanish?
ar der gáided tuurs in spánish?

¿Existen visitas guiadas por casete?
Are there guided tours on cassette?
ar der gáided tuurs an kasét?

¿Hay una tienda de recuerdos?
Is there a souvenir shop?
is der a suvenír shap?

¿Hay tarifas reducidas para estudiantes?
Is there a student discount?
is der a stúdent dískaunt?

He perdido mi tiquete de entrada. ¿Puedo pasar sin él?
I've lost my admission stub. Can I go in without it?
aif lost mai admíshan stab. Kan ai gou in wizáut it?

No encuentro esta obra. ¿Puede indicarme dónde está?
I can't find (nombre de la obra). How do I get there?
ai kant faind jau du ai guét der?

¿Pueden prestarme una silla de ruedas?
Could you lend me a wheelchair?
kud yu lend mi a wílcheir?

¿Puede prestarme un coche para bebe?
Could you lend me a stroller?
kud yu lend mi a stróler?

¿Puedo salir y regresar al museo hoy mismo con un solo tiquete?
May I go in and out of the museum today with this same ticket?
mei ai gou ín an áut of di myusíam tudéi wiz dis seim tíket?

¿Se pueden hacer filmaciones?
Is filming permitted?
is fílmin permíted?

¿Se pueden tomar fotografías?
May I take photos?
mei ai teik fóutous?

¿Tiene libros explicativos en español?
Do you have guidebooks in Spanish?
du yu jaf gáidbuks in spánish?

¿Tiene un mapa del museo?
Do you have a map of the museum?
du yu jaf a a map of di myusíam?

EL BANCO

The bank
di bank

Una vez se haya informado de los horarios bancarios, no olvide llevar su pasaporte. Probablemente se lo soliciten si desea cambiar cheques viajeros o divisas, lo cual también puede hacer en casas de cambio.

¿Cuál es el cambio?
What is the exchange rate?
wat is di ekschéinch reit?

¿Cuál es el horario bancario?
What are the banking hours?
wat ar di bánkin aurs?

¿Dónde está el banco más cercano?
Where is the nearest bank?
wer is di niirest bank?

Escríbame esa cifra, por favor.
Please write that amount for me.
pliis rúait dat amáunt for mii

¿Hasta qué valor puede darme adelantos en efectivo?
How much can you give me as a cash advance?
jau mach kan yu gif mi as a kash adváns?

¿Hasta qué valor puedo cambiar cheques viajeros?
What's the maximum I can cash in travelers's checks?
wats di máximam ai kan kash in tráflers cheks?

Necesito un adelanto en efectivo sobre mi tarjeta de crédito.
I need a cash advance on my credit card.
ai nid a kash adbáns an mai krédit kard

Necesito un recibo.
I need a receipt.
ai nid a risiit

¿Puede cambiarme estos dólares por… (nombre de la moneda deseada)?
Can I exchange these dollars for… (nombre de la moneda)?
kan ai eschéinch dis dálars for… ?

¿Puede darme sencillo?
Can you break/change this bill for me?
kan yu bréik/chéinch dis bíl for mii?

¿Qué comisión cobran por cambiar moneda extranjera o cheques viajeros?
How much is the commission for cashing travelers' checks or exchanging foreign currency?
jau mach is di kamíshan for káshin tráflers cheks or eschéinchin fórin kárensi?

Quiero cambiar cheques viajeros.
I'd like to cash some travelers' checks.
aid laik tu kash sam tráflers cheks

¿Tiene servicio de cajero automático?
Do you have a twenty-four hour teller?
du yu jaf a tweni-for áur téler?

MEDICINAS Y
ENFERMEDADES

Medicine and illness
médisin an ílnes

Es recomendable que lleve en su equipaje las drogas que pueda llegar a necesitar para casos de indigestión, dolores de cabeza, gripe o catarro, diarrea y demás circunstacias a lo que se sepa propenso. Pero si un malestar lo coge de improviso, recurra a las farmacias del hotel o al centro de salud más cercano.

Necesito un doctor.
I need a doctor.
ai niid a dakter

Necesito una droguería.
I need a drugstore (EE.UU.)/chemist's (G.B.).
ai niid a drágstour/fármasi/kémists

Necesito…
I need…
ai niid…

…un jarabe para la tos.
…cough syrup.
…kof sírap

...desinfectante.
...disinfectant/peroxide.
...disinféktant/peróksaid.

...un medicamento para la diarrea.
...a medicine for diarrhea.
...a médisin for diaría

...algo para el dolor de cabeza.
...something for a headache.
...sámzin for a jédeik

...algo para el dolor de estómago.
...something for a stomach ache/an upset stomach.
...sámzin for a stámakeik/an ápset stámak

...algo para el dolor de garganta.
...something for a sore throat.
...sámzin for a sour zróut

...algo para el dolor de huesos.
...something for body aches.
...sámzin for bádi eiks

...algo para el dolor de muelas.
...something for a toothache.
...sámzin for a tuuzeik

...algo para el dolor de oído.
...something for an earache.
...sámzin for an iireik

...algo para el dolor muscular.
...a muscle balm/cream.
...a másal bam/kriim

...algo para el escalofrío.
...something for the chills.
...sámzin for di chils

...algo para el insomnio.
...something to help me sleep/insomnia medicine.
...sámzin tu jelp mii sliip/insámnia médisin

...algo para el mareo.
...something for dizziness/motion sickness.
...sámzin for dísines/móushan síknes

...algo para el vómito.
...something to stop vomiting.
...sámzing to stop vómitin

...la congestión nasal.
...a decongestant.
...a dikanchéstant

...la deshidratación infantil.
...medicine for infantile dehydration.
...médisin for infantáil dijaidréishan

...algo para la fiebre.
...something for a fever.
...sámzin for a fiiver

...una crema para las quemaduras de la piel.
...burn cream.
...bérn kriim

DIRECCIONES Y ORIENTACIONES EN CALLES Y LUGARES

Addresses and directions for streets and places
ádresis an dairécshiáns for striits an pléises

Nada mejor que un mapa para encontrar su camino. Los hoteles suelen disponer de mapas generales. Para algo más detallado, acuda a las estaciones de servicio automotriz o a las papelerías y tiendas miscelaneas. Calles y avenidas suelen estar excelentemente identificadas. Al desconocer el idioma, será siempre mejor que encuentre su camino por sí mismo, pues las orientaciones de los transeúntes pueden no resultarle muy comprensibles.

¿Es ésta la dirección correcta para ir hacia...?
Am I going the right way to get to...?
am ai góuin di rúait wei tu guet tu...?

¿Puede indicarme en este mapa dónde estoy?
Can you show me where I am on this map?
kan yu shou mii wér ai am an dis máp?

¿Puede indicarme en este mapa dónde queda...?
Can you show me where ... is on the map?
kan yu shou mii wér ... is an dis máp?

PELUQUERIA Y BARBERÍA

Hair stylist and Barber shop
jéir stailist an bárber shap

¿Cuánto cuesta arreglar la barba?
How much is it to fix my beard?
jau mach is it tu fix mai bíird?

¿Cuánto cuesta un corte de cabello?
How much is a haircut?
jau mach is a jéirkat?

Por favor, arrégleme la barba.
Please, fix/trim my beard.
pliis fix/trim mai biird

Por favor, córteme el cabello.
Please, cut my hair.
pliis kat mai jéir

¿Puede hacerme el manicure?
Can I have a manicure?
kan ai jaf a manikiúr?

Corte poco...
trim...
trim...

Corte bastante...
Cut....
cat...

Corte un poco más...
Cut a little more...
cat a lítal mor...

a los lados.	**abajo.**
on the sides.	at the bottom.
an di saids	*at di bátam*
atrás.	**arriba.**
in the back	on the top.
in di bak	*an di tap*

Déjeme destapadas las orejas.
Cut it short around the ears.
cat it short aráund di iirs

Las patillas...
Sideburns...
sáidberns...

cortas.	**largas.**
short sideburns.	long sideburns.
short saidberns	*lon sáidberns*

El bigote...
Mustache...
mástash...

Afile las puntas.	**Acorte las puntas.**
Make the ends pointy.	Cut the ends.
meik di ens póinti	*cat da ens*

Descubra el labio un poquito.
Trim a little to show my upper lip.
trim a lítal tu shou mai áper lip

Quítele un poco de volumen.
Trim a little all around/thin it out.
trim a lítal ol aráund/zin it aut

Apenas arréglelo.
Just trim it a little.
yast trim it a lítal

PARA MUJER

For women
for uimen

Déjelo más corto/largo de este lado.
Cut it a little shorter/leave it a little longer on this side.
cat it a lítal shorter/liiv it a lítal lónger an dis said

Necesito arreglarme la uñas.
I need a manicure.
ai niid a manikyúr

Necesito un peinado para fiesta de gala.
I need a fancy hairstyle.
ai niid a fansi jéirstail

Mi pelo está limpio; no es necesario lavarlo.
My hair is clean, I don't want a shampoo.
mai jeir is klin, ai dount wánt a shampúu

¿Quiere mostrarme la última moda en peinados?
Could you show me some of the latest hair styles.
kud yu shou mii sam of di léitist heir stails

Quiero pintarme el pelo. ¿Puede mostrarme algunos colores?
I want to dye my hair. Can you show me a color chart?
ai want tu dai mai jeir. kan yuu shou mii a káler chart?

Quiero ver otros colores de esmalte.
I'd like to see some other colors of nail polish.
aid laik tu si sam áder kálers of neil pálish.

¿Tiene fotografías donde yo pueda escojer un estilo?
Do you have magazines or pictures to help me choose a style?
Du yu jaf magasín er píkchers tu help mi chuus a stail?

78

FRANCÉS
ÍNDICE

PRESENTACIÓN

Este manual se ha diseñado para que le sirva de ayuda indispensable durante sus viajes por el mundo, en particular el francoparlante. Por eso, en nuestro interés de hacerle más fácil y ameno su desplazamiento, además de ofrecerle las oraciones básicas del idioma, le presentamos información esencial para el viajero latinoamericano por el mundo, especialmente en Francia.

Se ha supuesto que usted desconoce por completo el idioma francés. Por eso, adjuntamos las frases y los datos más importantes que pueda necesitar en diversos campos de acción- el aeropuerto, el hotel, por la ciudad, etc.-. Nuestra mayor preocupación ha sido dotarle de la más actualizada información sobre las presentes condiciones de viaje, algunas de las cuales hemos vivido en carne propia.

¡Mantenga a la mano su **Francés Viajero** y láncese al mundo!

CÓMO USAR ESTE LIBRO

Aquí encontrará prácticamente todas las frases que se puedan necesitar cuando se está de viaje en un lugar extranjero, además de la información sobre muchos de los aspectos que se deben tener en cuenta al salir del país.

Todas las frases se han clasificado por ámbitos en los distintos capítulos, y allí se han ordenado alfabéticamente. Primero encontrará la frase en español, luego su traducción al francés y debajo la transcripción fonética de esta traducción. Se presenta siempre la forma más sencilla de decir las cosas.

Cuando necesite decir algo en francés, busque dentro del capítulo pertinente donde lo pueda encontrar, y piense en la forma más sencilla de expresarlo en castellano, y así encontrará la frase adecuada. Si no la halla, piense en qué otro ámbito podría decir algo semejante o en qué otro contexto la podría necesitar, y busque allí. Tenga en cuenta que los criterios de clasificación pueden ser divergentes.

GUÍA DE PRONUNCIACIÓN

Usted podrá lograr una pronunciación bastante entendible para un francoparlante con sólo leer la transcripción fonética haciendo de cuenta que está en español. Dicho en otras palabras, pronuncie la transcripción tal como la lee. Se ha hecho algún esfuerzo por posibilitar que usted tenga la mejor pronunciación posible. A tal efecto, se han creado ciertos símbolos y convenciones con los cuales representamos dos sonidos muy peculiares: las vocales nasalizadas y la *u* francesa.

Un pequeño esfuerzo de su parte en este aspecto le permitirá una pronunciación más acertada y comprensible. En cualquier caso, si no logra pronunciar esos sonidos, no dude que la transcripción fonética le permitirá hacerse entender, si bien su interlocutor tendrá que ser un poco más tolerante y comprensivo.

Nota especial: *todas* las palabras francesas se acentúan en la última sílaba, independientemente de que lleven una o varias tildes o en qué sílaba las tengan.

CÓDIGOS FONÉTICOS UTILIZADOS

Aunque cada vocal nasalizada francesa tiene un sonido propio, hemos creído más práctico reunirlas en sólo dos: õ y ã. No intentamos «explicar» los sonidos de las combinaciones œ, æ, del diptongo ue y el de la letra e, pues carecen de similar en español y presentan dificultades para su pronunciación.

ã : se pronuncia como una *a* nasalizada. Si le resulta imposible, simplemente pronuncie la sílaba *an*.

õ : es una *o* nasalizada, que se pronuncia como si se tuviera congestión nasal. Si le resulta difícil, pronuncie la sílaba *on*.

μ : se logra pronunciando una *i*, pero con los labios dispuestos en forma circular, casi como en una *u*.

sh : se pronuncia como el sonido que se hace para pedir silencio, pero no tan largo: «¡*sh!*»

v : se pronuncia apoyando el labio inferior en los dientes, como se hacía originalmente en español; se diferencia así de la *b*, que se pronuncia uniendo los dos labios.

y : equivale al sonido de la *y* en la palabra «*yema*», nunca al que tiene en «*hay*».

z : se pronuncia como el sonido de una fresa de dentistería o el zumbido de una abeja.

(-): En francés, cuando una palabra termina en consonante y la siguiente empieza en vocal, se pronuncian unidas. Esto se indica con una línea (-) entre las dos palabras indicadas.

CONSTRUCCIÓN DE FRASES INTERROGATIVAS

Usted puede construir sus propias frases a partir de las que aquí se presentan, teniendo en cuenta que:

• La construcción afirmativa de una frase puede también utilizarse para formular preguntas, con tan sólo hacer, como en español, la correspondiente inflexión de la voz.

• Además, puede usar la misma forma afirmativa, anteponiéndole la partícula **Est-ce que** (*es que*) para convertirla en interrogativa.

Ej: **Tu sais...** (*ʈµ se...* = Tú sabes...). **Est-ce-que tu sais...?** (*es que ʈµ se...?* = ¿Sabes...?)

• También se puede construir la frase interrogativa inviertiendo el orden del verbo y el sujeto.

Ej: **Vous avez...** (*vuz-avé ...* = Usted tiene...) por **Avez-vous...** (*avé-vu...?* = ¿Tiene usted...?)

CONSTRUCCIÓN DE FRASES NEGATIVAS

Para construir una frase negativa en francés, sólo se debe encerrar el verbo entre **ne** y **pas**:

Ej: **Je vois...** (*ye vua...* = Yo veo...)

Je ne vois pas (*ye ne vua pa* = No veo).

• El **pas** se puede cambiar por **rien** (nada):

Je ne vois rien (*ye ne vua riã* = No veo nada).

• Por **personne** (nadie):

Je ne vois personne (*ye ne vua person* = No veo a nadie).

• O por **plus** (más):

Je ne vois plus (*ye ne vua plµ* = No veo más; ya no veo).

INFORMACIÓN GENERAL
SOBRE FRANCIA

Francia adelanta el horario una hora en invierno y dos en verano. En invierno hay poca luz solar.

El clima de París tiende a ser sofocante en verano, fresco y posiblemente frío en primavera, aunque con días despejados, y cálido en otoño.

La temperatura media anual alcanza 11°C; oscilando de 0°C a 8°C en enero y de 16°C a 24°C en julio.

INGRESO AL PAÍS

Es indispenasble presentar el pasaporte vigente, y en ocasiones se debe demostrar que se saldrá de nuevo del país en un tiempo determinado.

El viajero latinoamericano debe presentar visa de entrada, que habrá de obtener antes de llegar al país, preferiblemente en el lugar de origen, si no quiere verse devuelto en la frontera o en el aeropuerto.

SERVICIO TELEFÓNICO

Las cabinas telefónicas públicas son accesibles permanentemente y funcionan con monedas especiales o con una tarjeta magnética, la *télé-carte*, que se puede comprar en la oficina de correos (*la poste*), en las tiendas de cigarrillos (*bureaux de tabac*) y en distribuidores automáticos. Para utilizar estas tarjetas se deben seguir las instrucciones que aparecen en la parte superior derecha de las cabinas telefónicas, que suelen ser: introducir la tarjeta (*introduire…*), crédito (*crédit*), marcar (*numérotez*), colgar (*raccrochez*). Tenga en cuenta que en Francia el teléfono sólo da tono cuando ya se ha introducido la moneda o la telecarta.

Desde estas cabinas se pueden hacer llamadas urbanas, interurbanas e internacionales. Las cartas magnéticas vienen de 50 y 120 unidades, con un valor de 40 F y 95 F aprox. El costo de la llamada varía según el horario, como se explica al reverso de la telecarta.

SERVICIOS SANITARIOS

Los servicios sanitarios están disponibles al transeúnte en parques públicos y en las estaciones del metro. Igualmente, en casi todos los cafés. Para su utilización se debe pagar una pequeña suma, en la registradora o al guardia.

• Evite fumar en lugares públicos, ya que podrá ser multado si no respeta las indicaciones de este tipo.

• Siempre que solicite algo, termine su frase con la frase **s'il vous plaît** (pronun.: *sil vu ple* = por favor), pues los franceses son muy rigurosos en todo lo que tiene que ver con la cortesía.

PALABRAS Y FRASES BÁSICAS

Mots et phrases de base
mõ e fras de baz

DÍAS DE LA SEMANA

Les jours de la semaine
le yur de la semen

Lunes
Lundi
lãdí

Martes
Mardi
mardí

Miércoles
Mercredi
mercredí

Jueves
Jeudi
yedí

Viernes
Vendredi
vãdredí

Sábado
Samedi
samdí

Domingo
Dimanche
dimãsh

MESES DEL AÑO

Les mois de l'année
le mua de lane

Enero
Janvier
yãvié

Julio
Juillet
jμiyé

Febrero
Février
fevrié

Agosto
Août
ut

Marzo
Mars
mar

Septiembre
Septembre
septãbr

Abril
Avril
avril

Octubre
Octobre
octobr

Mayo
Mai
me

Noviembre
Novembre
novãbr

Junio
Juin
juã

Diciembre
Décembre
desãbr

LAS ESTACIONES

Saisons
sesõ

Primavera
Printemps
prãtã

Otoño
Automne
otom

Verano
Été
eté

Invierno
Hiver
iver

PARTES DEL DÍA

Les parties de la journée
le partí de la yurné

amanecer
aube
ob

por la mañana
dans la matinée
dã la matiné

mañana
matin
matã

por la tarde
dans l'après-midi
dã lapremidí

mediodía
midi
midí

hoy
aujourd'hui
oyurduí

tarde
après-midi
apremidí

mañana
demain
demã

atardecer
soir
suar

ayer
hier
ier

noche
nuit
nui

temprano
tôt
to

medianoche
minuit
minuí

tarde
tard, en retard
tar, ã retar

¿Qué hora es?
Quelle heure est-il?
kel er e til?

Son las... en punto.
Il est... heures.
il e... er

Son las... y media.
Il est... heures et demie.
il e... er demí

Son las... y cuarto.
Il est... heures et quart.
il e... er car

Son las... menos cuarto.
Il est...heures moins le quart.
il e... er muã le car

NÚMEROS

Nombres
nombr

uno/primero(a)	**once**
un/premier(ère)	onze
ã/premier	*õz*
dos/segundo	**doce**
deux/second, deuxième	douze
de/ secõ, deziem	*duz*
tres/tercero	**trece**
trois/troisième	treize
trua/truaziem	*trez*
cuatro/cuarto	**catorce**
quatre/quatrième	quatorze
catr/catriem	*catorz*
cinco/quinto	**quince**
cinq/cinquième	quinze
sãc/sãkiem	*cãz*
seis/sexto	**dieciséis**
six/sixième	seize
si/siziem	*sez*
siete/séptimo	**diecisiete**
sept/septième	dix-sept
set/setiem	*dizet*
ocho/octavo	**dieciocho**
huit/huitième	dix-huit
uit/uitiém	*diz-uit*
nueve/noveno	**diecinueve**
neuf/neuvième	dix-neuf
nef/neviem	*diz-nef*
diez/décimo	**veinte**
dix/dixième	vingt
diz/diziem	*vã*

ventiuno
vingt et un
vãté ã

ventidós
vingt-deux
vã-de

ventitrés
vingt-trois
vã-trua

treinta
trente
trãt

cuarenta
quarante
carãt

cincuenta
cinquante
sãcãt

sesenta
soixante
suaxant

setenta
soixante-dix
suaxãt-diz

setenta y uno
soixante et onze
suaxãt-õz

setenta y dos
soixante-douze
suaxant duz

setenta y tres
soixante-treize
suazãt- trez

ochenta
quatre-vingt
catr vã

ochenta y uno
quatre-vingt-un
catr vã ã

noventa
quatre-vingt-dix
catr vã diz

noventa y uno
quatre-vingt-onze
catr vãt-oz

cien
cent
sã

doscientos
deux cent
de sã

trescientos
trois cent
trua sã

mil
mille
mil

mil uno
mille et un
mil e ã

dosmil
deux mille
de mil

un millón
un million
ã miyõ

PRONOMBRES

Pronoms
pronõ

yo/mí	**nosotros(as)**
Je/moi	nous/nous
ye/mua	*nu/nu*
tú/ti	**ustedes (vosotros/as)**
tu/toi	vous/vous
t̶u/tua	*vu/vu*
usted/usted	**ellos**
vous/vous	ils/leur
vu/vu	*il/ler*
él/él	**ellas**
il/lui	elles/leur
il/l̶ui	*el/ler*
ella/ella	
elle/elle	
el/el	

EXPRESIONES DE CORTESÍA

Expressions de politesse
expresiõ de polités

Señor	**Señores**
Monsieur (Mr)	Messieurs (Mrs)
mesié	*mesié*
Señora	**Señoras**
Madame (Mme)	Mesdames (Mms)
madam	*medam*
Señorita	**Doctor**
Mademoiselle (Mlle)	Docteur (Dr)
madmuasel	*docter*

Perdón
Pardon
pardō

Gracias
Merci
mersí

Por favor
S'il vous plaît
sil vu ple

De nada
De rien
de riā

EXPRESIONES DE LUGAR

Expressions de lieu
expresiō de lie

esto
ceci
sesí

éstas
celles-ci
sel-si

eso
cela
sela

ése
celui-là
selμí-la

este/ese
ce
se

ésa
celle-là
sel-la

esta/esa
cette
set

ésos
ceux-là
se-la

estos/esos
ces
se

ésas
celles-là
cel-la

éste
celui-ci
selμí-si

aquí
ici
isí

ésta
celle-ci
sel-si

allá
là-bas
la ba

éstos
ceux-ci
se-si

arriba
au-dessus/en haut
o desμ/an ot

abajo
en dessous/en bas
ã desu/ã ba

lejos
loin
luã

afuera
dehors
deor

adelante
avant
avã

adentro
dedans
dedã

atrás
en arrière/derrière
ã arrié/derrié

entrada
entrée
ãtré

izquierda
gauche
gosh

salida
sortie
sortí

derecha
droit
druat

subida
montée
mõté

abierto
ouvert
uver

bajada
descente
desãt

cerrado
fermé
fermé

cerca
près
pre

OTRAS EXPRESIONES

Autres expressions
otres espresiõ

sí
oui
ui

prohibido
interdit/défendu de …
ãterdi/defãdμ de…

no
non
nõ

permitido
permis
permí

libre
libre
libr

mal
mal
mal

ocupado
occupé
ocupé

malo
méchant/mauvais
meshã/mové

gratis
gratis
gratis

emergencia
urgence
μyãs

bien
bien
biã

auxilio
secours
secur

bueno
bon
bõ

ayuda
aide
ed

FRASES BASICAS

Phrases de base
fraz de baz

Buenos días.
Bonjour.
bõyur

Buenas tardes o noches. (saludo)
Bonsoir.
bõsuar

Buenas noches. (despedida)
Bonne nuit.
bon nui

Busco una estación de policía.
Je cherche le commissariat.
ye shersh le comisaria

¿Cómo se dice esto en francés?
Comment on dit ça en français?
comã õ di sa ã frãsé?

Disculpe... (para llamar la atención de alguien y/o iniciar una pregunta)
Pardon...
pardõ...

¿Dónde está el baño?
Où sont les toilettes?
u sõ le tualet?

¿Dónde puedo beber/comer algo?
Oú est-ce que je peux boire/manger quelque chose?
u es ke ye pe buar/mãyé kelk shos?

Es un placer conocerlo.
Enchanté(e) de faire votre connaissance.
ãshãté de fer votr conesãs

¿Está cerca?
C'est près?
se pre?

¿Está lejos?
C'est loin?
se loã?

Estoy perdido (a).
Je suis perdu(e).
ye sui perdµ

Hable más despacio, por favor.
Parlez moins vite/doucement, s'il vous plaît.
parlé muã vit/dusmã, sil vu ple

¡Hola!
Salut!/Allo!
salµ!/aló!

Me robaron.
On m'a volé.
õ ma volé

No entiendo.
Je ne comprends pas.
ye ne comprã pa

No sé.
Je ne sais pas.
ye n-se pa

¿Puede ayudarme, por favor?
Vous pouvez m'aider, s'il vous plaît?
vu puvé medé, sil vu ple?

¿Puede escribirlo, por favor?
Vous pouvez l'écrire, s'il vous plaît?
vu puvé lecrir, sil vu ple?

Tengo hambre/sed/sueño.
J'ai faim/soif/sommeil.
ye fã/suaf/somei

Vengo de…
Je viens de…
ye viã de…

Yo no entiendo francés.
Je ne comprends pas le français.
ye ne comprã pa le frãsé

Yo no hablo francés.
Je ne parle pas français.
ye ne parl pa frãsé

AEROPUERTO

L'aéroport
leropor

EQUIPAJES

Les bagages
le bagay

Puede dejar su equipaje guardado en el aeropuerto, en *les bureaux de consigne* o en *les consignes automatiques*. No olvide el recibo de consignación (*bulletin de consigne*) o la llave (*clé*), si quiere recuperarlo fácilmente.

Para transportar maletas pesadas y numerosas puede utilizar los carritos portaequipajes (*chariots*), para lo cual posiblemente necesitará una moneda de 10 francos, que recuperará al devolverlo.

DINERO

De l'argent
de laryã

Podrá cambiar las principales divisas extranjeras en las oficinas de cambio de los aeropuertos. Tenga cuidado con los horarios, aunque cada cada vez son más frecuentes en toda Europa los cajeros automáticos de cambio de divisas, disponibles las 24 horas.

Si va a entrar o salir del país con cantidades superiores a los 50.000 francos franceses (*FF*), debe informarlo por escrito a los servicios de aduana.

Si quiere estar al corriente de las disposiciones en vigor, consulte en el Consulado o en la Embajada de Francia de su país.

SALIDA DEL AEROPUERTO

Sortie de l'aéroport
sorti de leropor

¿A qué hora aterrizamos?
A quelle heure on arrive?
akel er õ arriv?

¿A qué hora salimos?
A quelle heure on part?
akel er õ par?

¿A qué hora tiene vuelos hacia…?
A quelle heure y-a-t-il un vol pour…?
a kel er i-a-til ã vol pur…?

¿Con este tiquete, puedo cambiar mi reservación?
Avec ce billet, je peux changer ma réservation?
avec se biyé, ye pe shãyé ma reservasiõ?

Confirme mi siguiente vuelo, por favor.
Vérifiez mon prochain départ, s'il vous plaît.
verifié mõ proshã depar, sil vu ple

¿Cuáles son los vuelos más económicos hacia…?
Quels sont les vols les plus économiques pour…?
kel sõ le vol le plμz economic pur…?

¿Cuántos kilos de equipaje tengo derecho de llevar?
A combien de kilos j'ai droit?
a cõbiã de kilo ye drua?

¿Cuántas maletas puedo llevar en la mano?
Combien de valises puis-je garder avec moi dans l'avion?
cõbiã de valiz pμi ye gardé avec mua dã laviõ?

¿Cuántos kilos puedo llevar?
Combien de kilos est-ce que je peux registrer?
combiã de kilós es que ye pe reyistré ?

¿Qué diferencia de precios hay entre clase turista y primera clase?
Quelle est la différence de prix entre la classe économique et la classe affaire?
kel e la diferãs de pri ãtr la clas economic e la clas afer?

¿Cuánto cuesta un tiquete a...?
Combien coûte un billet pour...?
conbiã cut ã biyé pur... ?

¿Cuánto dura el viaje?
Combien dure le voyage?
conbiã dųr le vuayash?

¿Cuánto tiempo de validez tiene este tiquete?
Combien de temps ce billet est-il valide?
combiã de tã se billé etil valid?

Déme un asiento adelante.
Donnez-moi un siège à l'avant.
doné mua ã siey a lavã

Déme un asiento atrás.
Donnez-moi un siège à l'arrière.
doné mua ã siey a larrier

Déme un asiento que dé al corredor.
Donnez-moi un siège côté couloir
doné mua ã siey coté culuar

Déme un asiento de fumadores.
Donnez-moi un siège fumeurs.
doné mua ã siey fųmer

Déme un asiento de no fumadores.
Donnez-moi un siège non-fumeurs.
doné mua ã siey nõ fųmer

Déme un asiento de ventana, por favor.
Donnez-moi un siège côté hublot, s'il vous plaît.
doné mua ã siey coté ublo, sil vu ple

¿Dónde encuentro los coches porta-equipajes?
Où sont les chariots?
u sõ le shario?

¿Dónde puedo comprar un tiquete aéreo?
Où est-ce que je peux acheter un billet d'avion?
u es ke ye pe asheté ã biyé daviõ?

¿Dónde queda la puerta de embarque?
Où se trouve la porte d'embarquement?
u se truv la port dãbarkemã?

¿Este tiquete tiene condiciones especiales?
Ce billet a-t-il des conditions spéciales?
se biyé a-til de cõdisiõ special?

Necesito que me ayude. Debo viajar en ese vuelo.
Aidez-moi, s'il vous plaît. Je dois prendre ce vol.
edé mua, sil vu ple; ye dua prãdr se vol

Primera clase.
Classe affaire.
clas afer

¿Qué aerolínea viaja a…?
Quelle compagnie dessert…?
kel compañí deser… ?

¿Qué distancia hay de aquí a…?
Combien y-a-t-il de kilomètres jusqu'à…?
combiã i-a-til de kilometr yusc a…?

¿Quiere ponerme en lista de espera?
Vous pouvez m'inscrire sur la liste d'attente?
vu puvé mãscrir sur la list datãt?

Quiero un tiquete a…
Je voudrais un billet pour…
ye vudré ã biyé pur…

Quiero un tiquete de ida y vuelta.
Je voudrais un billet aller-retour.
ye vudré ã biyé alé retur

Quiero un tiquete sencillo.
Je voudrais un aller simple.
ye vudré ã alé sãmpl

Segunda clase.
Classe touriste/Classe économique.
clas turist/clas economic

¿Sirven alimentos en ese vuelo?
On sert un repas sur ce vol?
on ser ã repá sụr se vol?

¿Tienen tarifas especiales para niños?
Il y a des réductions pour enfants?
il-i-a de reducsiõ pur ãfã?

Usted debe tener mi reservación. Busque de nuevo, por favor.
Vous devez avoir ma réservation. Cherchez à nouveau, s'il vous plaît.
vu devé avuar ma reservasiõ; shershé a nuvo, sil vu ple

Viajo a... por la aerolínea...
Je voyage au... avec ...
ye vuayash o... avec...

Yo hice las reservaciones con suficiente anticipación.
J'ai réservé en temps voulu.
ye reservé ã tã vulụ

EN EL AVIÓN

Dans l'avion
dã laviõ

¿Cuánto cuesta un whisky/un vodka/una cerveza?
Combien coûte un whisky/une vodka/une bière?
combiã cut ã uiskí/ụn vodcá/ụn bier?

¿Dónde están los baños?
Où sont les toilettes?
u son le tualet?

¿Dónde puedo guardar mi abrigo?
Où est-ce que je peux ranger mon manteau?
u eské ye pe rãyé mõ mãtó?

¿A qué hora comemos?
A quelle heure on mange?
a kel er ō mãy?

¿En dónde queda mi asiento?
Où est ma place?
u e ma plas?

Ese es mi asiento, excúseme.
Excusez-moi, c'est ma place.
excusé mua, se ma plas

¿Podría ver el periódico?
Je pourrais avoir le journal, s'il vous plaît?
ye purré ævuar le yurnal, sil vu ple?

¿Podría conseguir una almohada?
Je pourrais avoir un oreiller, s'il vous plaît?
ye purré avuar ã oreié, sil vu ple?

¿Podría conseguir una cobija?
Je pourrais avoir une couverture?
ye purré avuar ɥn cuvertɥr?

¿Podría ver una revista?
Je pourrais avoir une revue?
ye purré ævuar ɥn revɥ?

¿Queda algo de comer/de beber?
Il reste encore à manger/à boire?
il rest ãcoré a mãgé/a buar?

¿Quisiera cambiar de asiento conmigo?
Ça vous ennuierait de changer de place?
sa vuz-anɥiré de shãyé de plas?

Quisiera tomar...
Je voudrais boire...
ye vudré buar...

...jugo de frutas.
...un jus de fruits.
...ã yɥ de frɥí

...agua.
...de l'eau.
...de lo

...una cerveza.
...une bière.
...ɥn bier

...café.
...du café.
...dɥ café

...un refresco.
...une boisson fraîche.
...ɥn buasõ fresh

LLEGADA AL AEROPUERTO

Arrivée à l'aéroport
arrivé a leropor

AUTOBUSES

Servicios facilitados por *Air France* a todo viajero:

• **Orly-sud** y **Orly-ouest:** parten todos los días, cada 12 minutos, entre las 5:30 a.m. y las 11:00 p.m. con estación final en *Les Invalides* y parada intermedia en *Montparnasse*. Salida por la puerta *L* (*Orly-sud*) y *E* (*Orly-ouest*). El tiquete individual tiene un valor de 29F, el tiquete para tres personas, 75F, y el de cuatro, 91F. El recorrido toma 30 minutos.

• **Charles de Gaulle (CDG), Roissy:** parten cada 12 minutos y todos los días. *De Roissi I* (puerta 34 nivel de llegada) a la terminal del Palacio de Congresos (*Palais des Congrès-Porte Maillot*) con una parada en la *Place Charles de Gaulle* (llamada también *Étoile*). El tiquete para una persona vale 35F, para tres personas, 80F, y para cuatro, 98F, con una duración de 30 a 40 minutos.

• **Roissy-Orly:** diario, entre las 6:00 a.m. y las 11:00 p.m., cada 20 minutos; conectan *Roissy* con *Orly* (puerta 36 nivel de llegada). Valor: 60F.

Otro servicio disponible es el sistema público de transporte:

• *Roissy I* (nivel de las tiendas) y *II* (puertas *A5* y *B6*) es el autobús **350,** que finaliza recorrido en *Gare de l'Est* y el 351 que finaliza en *Nation*.

• *De Orly* es el autobús **183A**, puerta *D*, cuyo final de línea está en la *Porte de Choisy*.

• *Orly-bus*, número **19F** por la puerta *F*, cuyo final de línea es *Denfert-Rochereau*.

TREN-METRO

El **R.E.R.** (*Réseau Express Régional* , la red expresa regional), tiene características de metro y de tren. Lo puede llevar rápidamente a París y le permitirá conectarse con todas las líneas del metro parisino.

103

De Roissy (puerta *30* en *Roissy I*, puertas *A5* y *B6* en *Roissy II*) podrá tomar la línea *B* del *R.E.R.* y descender en las diferentes estaciones. Tiene un valor de 28F. El tiquete debe comprarse en las ventanillas del aeropuerto. Busque la señalización correspondiente: *Roissy Rail* u *Orly Rail* según el caso.

En *De Orly* podrá tomar la línea *C* del *R.E.R.* (cuya parada final es *Versalles*).

La **R.A.T.P.** (*Régie Autonome des Transport Parisiens*, compañía autónoma de transporte de París) tiene el monopolio de los transportes colectivos de la ciudad y de las afueras: metros, autobús y *R.E.R.*

Aduana.
La douane.
la duan

Autobús.
Bus.
bµs

¿Debo abrir todas las maletas?
Est-ce que je dois ouvrir toutes les valises?
eské ye dua uvrir tut le valiz?

¿Debo declarar los licores y cigarrillos?
Est-ce que je dois déclarer les boissons et les cigarettes?
eské ye dua declaré le buasõ e le sigarret?

¿Debo declarar los obsequios?
Est-ce que je dois déclarer les cadeaux?
eské ye dua declaré le cadó?

¿Debo pagar los impuestos por esto?
Est-ce que je dois payer des taxes pour ceci?
eské ye dua peyé de taxés pur sesí?

¿Dónde puedo encontrar un taxi/un autobús/el metro?
Où est-ce que je peux trouver un taxi/l'autobus/le métro?
u eské ye pe truvé ã taxí/l'otobús/le metró?

Equipaje.
Bagage.
bagay

Este es mi equipaje, son... piezas.
Ce sont mes bagages,(1, 2, 3, 4) en tout.
se sõ me bagay (ã, de, trua, catr) ã tu

Estoy en viaje de negocios.
Je fais un voyage d'affaires.
ye fe ã vuayay dafer

Estoy en viaje de vacaciones.
Je suis en vacances.
ye suiz-ã vacãs

Mi pasaporte, por favor.
Mon passeport, s'il vous plaît.
mõ paspor, sil vu ple

Necesito información sobre hoteles.
Je voudrais des renseignements sur les hôtels.
ye vudré de rãseñemã sʮr lez-otel

Quiero rentar un vehículo/una bicicleta/una motoneta.
Je veux louer une voiture/un vélo/un vélomoteur.
ye ve lue ʮn vuatʮr/ã veló/ã velomoter

Vengo como turista.
Je suis ici comme touriste.
ye sui isí com turist

Voy a hospedarme en el hotel...
Je serai logé(e) à l'hôtel...
ye seré loyé a lotel...

Vuelo.
Vol.
vol

EN EL HOTEL

A l'hôtel
a lotel

En París existen desde los mejores hoteles del mundo hasta los más sencillos, que sólo ofrecen los servicios básicos. La ciudad carece de suficientes camas, por lo cual es aconsejable hacer la reservación por anticipado. Los precios varían según los servicios y la ubicación. Esta última, sin embargo, es de menor importancia por el tamaño manejable de la ciudad, cuyo centro de interés se puede atravesar caminando en hora y media, y por el excelente sistema de transporte público. En los hoteles pequeños, además de ahorro, puede encontrar el auténtico espíritu francés y de la ciudad, además de una atención más familiar y cálida. Los precios suelen incluir todos los servicios, impuestos y propinas: *TTC (tout compris)*.

Algunos precios aproximados que puede encontrar son: una estrella 160F (120F en provincia); dos estrellas, 400F (300F en provincia); tres estrellas, 600F (500F en provincia). Para hoteles de mejor categoría, consulte a su agencia de viajes. Recuerde que es indispensable una reservación.

La mayoría de los hoteles de turismo sirven desayuno, incluido en el precio de la habitación (*demi-pensión* o *petit-déjeuner compris*). No cambie dinero en los hoteles, pues la tasa suele ser menos favorable.

Información más detallada se puede encontrar en *Le Guide Gault-Millau*, en *L'Auto Journal*, *Le Guide du Routard* y *Logis de France*. Las oficinas de turismo ofrecen también excelente y detallada información.

¿Cuál es el precio diario total?
Quel est le prix avec les impôts?
kel e le pri avec les āmpó?

¿Cuál es la hora de salida? (hora en que cobran un nuevo día)
A quelle heure doit-on libérer la chambre?
a kel er duat-ō liberé la shambr?

¿Cuál es la tarifa?
Quel est le tarif?
kel e le tarif?

¿Dónde están los hoteles para jóvenes?
Où sont les auberges de jeunesse?
u sō les obery de jenés?

¿Hay cuartos con teléfono y televisión?
Est-ce qu'il y a des chambres avec téléphone et télévision?
es kil-i-a de shambr avec de telefō e de televisiō?

¿Hay servicio de comedor a las habitaciones?
Est-ce qu'il y a service aux chambres?
es kil-i-a servis o shambr?

La habitación está muy...
La chambre est très...
la shanbr e tre...

...caliente.	**...grande.**
...chaude.	...grande.
...shod	*...grand*
...costosa.	**...pequeña.**
...chère.	...petite.
...sher	*...petit*
...fría.	**...ruidosa.**
...froide.	...bruyante.
...fruad	*...brɥyant*

¿Podría escribirme esa cifra?
Ce chiffre, pourriez-vous me l'écrire?
se shifr, purrié vu me lecrir?

¿Puede darme folletos en español sobre los servicios que ofrece el hotel?
Pouvez vous me donnez des brochures dépliants en espagnol sur les services offerts par l'hôtel?
puvé vu me doné de broshur depliã ã español sur le servís ofer par lotel?

¿Pueden poner una cama más en la habitación?
Pouvez vous ajouter un lit dans la chambre?
puvé vu ayuté ã li dan la shambr?

¿Puedo ver la habitación?
Est-ce que je peux voir la chambre?
es ke ye pe vuar la shambr?

Quiero una habitación con vista a la calle/a la playa/a la piscina/al interior del hotel.
Je voudrais une chambre avec vue sur la rue/sur la plage/sur la piscine/côte cour.
ye vudré un shambr avec vu sur la ru/sur la plash/sur la pisin/cot cur

Quiero una habitación...
Je voudrais une chambre...
ye vudré un shambr...

...con baño privado/ducha/W.C.
...avec salle de bains/douche/cabine de toilette.
...avec sal de bã/dush/cabín de tualet

...con cama doble.
...à un grand lit double.
...a ã grã lit dubl

...con camas separadas.
...à deux lits.
...a de lit

...que dé a la calle.
...qui donne sur la rue.
...ki don sur la ru

...que dé al interior.
...qui donne à l'intérieur.
...ki don a lãterier

...que dé al mar.
...qui donne sur la mer.
...ki dõ sur la mer

...que dé al patio.
...qui donne sur le jardin.
...ki dõ sur le yardã

...sencilla.
...à un lit pour une personne.
...a ã lit pur un persón

¿Tiene folletos en español sobre las actividades de la ciudad?
Vous avez des brochures dépliants en espagnol sur les activités de la ville?
vu avé de broshur ã español sur le activité de la vil?

¿Tiene televisión y teléfono?
Il y a la télévision et le téléphone?
il-i-a la televisiõ e le telefón?

¿Tiene una caja de seguridad, por favor?
Il y a un coffre fort, s'il vous plaît?
il-i-a ã cofr for, sil vu ple?

¿Tiene una reservación a nombre de...?
Vous avez une réservation au nom de...?
vu avé ã reservasiõ o nom de...?

TRANSPORTE

Le transport
le transpor

LOS FERROCARRILES

Francia posee un excelente sistema de trenes, cada vez más rápidos y confortables. En todos hay primera y segunda clase. Información más detallada encontrará en la *Guide practique du voyageur* (Guía práctica del viajero), de venta en las oficinas de información.

TARIFAS

Los precios varían en tres periodos, cuya información está fácilmente disponible en las estaciones:

Periodo azul: es el más barato y cubre del sábado al medio día hasta el domingo a las 3:00 p.m., y del lunes al medio día al viernes al medio día.

Periodo blanco: con precios normales, cubre del medio día del viernes al del sábado, y de las 3:00 p.m. del domingo al medio día del lunes

Periodo rojo: de precios más altos, que corresponde a unos pocos días al año en que se presentan enormes desplazamientos de pasajeros.

Descuentos: existen diferentes tiquetes de descuentos según el tipo de pasajero.

La *carte jeune* para menores de 26 años, y el *inter-rail* que permite viajes ilimitados durante un mes por veinte países europeos, con un 50% de descuento en Francia. Además se tiene la *carte vermeil* para las personas de edad, la *carte couple* para parejas, el *billet de group* para los grupos y el *billet d'excursion* para excursiones de cualquier composición.

Algunos de estos tiquetes no se pueden adquirir -o sólo a precios mucho mayores- en Francia. Por eso, es mejor conseguirlos en su agencia de viajes antes de abandonar su país. En 1992 se pagaban 62F por cada 100 km. en segunda clase, y 96F en primera.

LAS ESTACIONES DE TREN

En París hay seis grandes estaciones (*gares*) según el lugar a donde quiera ir. Algunas son inmensas, pues allí confluyen trenes, metros y la R.E.R. Por eso no se extrañe si tiene que hacer grandes caminatas para ir del metro o R.E.R. al tren. Es aconsejable que obtenga previamente en el consulado o embajada francesa de su país la información sobre rutas, horarios y estaciones, si planea viajar por sí solo, desde París.

COMODIDADES

Además de las tradicionales primera y segunda clase, existen otras diferencias en cuanto al uso de los trenes:

• Puede hacer una reserva para asegurar que viajará sentado. En el *Train de Grande Vitesse - TGV* (tren de gran velocidad) es obligatoria. Según la distancia, la hora y el destino, la reservación puede costar de 14F a 96F aprox.

• Para viajar de noche se puede disponer de una cama sencilla (*placé couchée*) en los compartimentos con camarote (*compartiment couchette*). Su costo está por el orden de los 75F en viajes nacionales, y 85F en los internacionales, adicionales al valor del tiquete.

• Mayor comodidad se puede encontrar en los coche cama (*voiture lit*), donde tendrá que pagar de 250F a 850F.

111

Comidas: según el tren, se puede disponer de *voiture restaurant* (vagones-restaurante) costosos y con variedad de platos; *grill-express*, con servicio de comidas frías y calientes; *voiture bar*, con servicio de carnes frías, bebidas y emparedados; y *mini bar*, que es un servicio ambulante de refrescos, carnes frías y emparedados.

Antes de subir, no olvide validar su tiquete (*composter le billet*) a la entrada del andén, perforándolo en una máquina generalmente amarilla. Si no lo hace, se considera que viaja sin tiquete y deberá pagar una multa.

TRANSPORTE EN LA CIUDAD

Transport dans la ville
transpor dã la vil

Los taxis son un servicio costoso y los conductores no siempre son tan amables ni colaboradores como usted desearía. El viaje desde el aeropuerto hasta el centro es muy caro y tiene un recargo por cada pieza de equipaje. Es, además, innecesario en muchos casos, ya que existe la posibilidad de ir y venir en metro o autobús, casi tan rápidos como el taxi.

La zona central de París, donde se concentra el mayor interés del turista, es de escalas caminables. Eventualmente puede ser interesante recorrerla en bicicleta o en moto, ambas de amplio uso en la ciudad y de fácil alquiler.

TARIFAS DE METRO Y AUTOBÚS

El sistema metro-bus (*R.A.T.P.*) funciona con los mismos tiquetes. Las tarifas se cobran por la distancia del recorrido. París ha sido dividida en cinco secciones para calcular las tarifas. Para el metro sólo se necesita un tiquete, sin importar la distancia; para el autobús, uno o dos, cuando se recore más de dos secciones.

Los tiquetes se pueden comprar por unidades, que es lo más costoso; por semanas (*coupon jaune*) y por meses (*coupon orange*). Si va a estar una semana en París, lleve una foto, pida una tarjeta naranja (*tickete orange - 2 zones*, válida para la ciudad y sus suburbios) y pida un tiquete amarillo (*coupon jaune*). Pórtelos juntos y escriba el número de la tarjeta en el tiquete. Sólo es válido para la semana en que se adquiere, así que cómprelo al inicio de ésta.

Para menos tiempo, se pueden adquirir tiquetes de tres y cinco días, con cubrimiento de dos o cuatro zonas, con un recargo si necesita también ir al aeropuerto.

Tenga en cuenta:

• En el metro debe conservar su tiquete, pues las inspecciones son frecuentes. Funciona de 5:30 a.m. a 1:15 a.m.

• En el autobús funciona de las 6:30 a.m. a las 9:00 p.m. El tiquete debe ser picado (*composté*) en la máquina que está detrás del conductor.

• Evite el transporte público entre las 7:00 y las 9:00 a.m. y entre las 5:00 y las 7:00 p.m., pues se presentan enormes congestiones por el desplazamiento de trabajadores, al igual que durante las salidas y entradas de la ciudad los viernes y domingos por la tarde.

EL TRANSPORTE EN BÉLGICA

Se puede utilizar metro, autobús y tranvía con el mismo tipo de tiquete. Un abono para diez viajes cuesta 220FB, y uno de 24 horas, 140FB. (*FB* = francos belgas).

Se puede pedir taxis por teléfono, pararlos en la calle o en las estaciones. En el techo llevan dos luces; si están encendidas ambas, significa libre; una, ocupado; y ninguna, fuera de servicio. La tarifa se cobra por contador con un recargo entre la media noche y las 6:30 a.m., y los domingos. También hay recargo por más de tres personas, objetos voluminosos o pesados, y por tomarlo en la estación. El taxista esperará una propina del 12% al 15%. Cuídese de los taxis clandestinos pues son costosos e inseguros.

¿A qué hora parte el tren/el autobús?
A quelle heure part le train/le bus?
akel er par le trã/le bμs?

¿Cada cuánto pasa este bus?
Ce bus, il passe tous les combien?
se bμs, il pas tu le combiã?

¿Cuál es la ruta que me sirve para ir a...?
Quel est le bus pour aller à...?
kelé le bμs pur alé a...?

¿Cuáles son las tarifas de taxi?
Combien ça coûte le taxi?
combiã sa cut le taxí?

¿Cuánto cuesta el tiquete?
Quel est le prix du ticket?
kel e le pri dμ tiké?

¿Dónde puedo comprar los tiquetes?
Où est-ce que je peux acheter les tickets?
u eské ye pe asheté le tiké?

¿Dónde puedo conseguir un taxi?
Où est-ce que je peux trouver un taxi?
u eské ye pe truvé ã taxí?

¿Dónde puedo fumar?
Oú est-ce que je peux fumer?
u eské ye pe fμmé?

¿Dónde queda el paradero más cercano?
Où est l'arrêt de bus le plus proche?
u e larret de bμs le plμ prosh?

¿Dónde queda la estación más cercana?
Où est la station la plus proche?
u e la stasiõ la plμ prosh?

¿En qué estación se detendrá ese tren?
Quelles gares dessert ce train?
kel gar deser se trã?

¿En qué estación se detendrá ese autobús?
Quelles arrêts dessert ce bus?
kel arret deser se bμs?

¿En qué plataforma está el tren para...?
De quel quai part le train pour...?
de kel ke par le trã pur...?

¿Hay coches litera en ese tren?
Il y a des couchettes lit dans ce train?
il-i-a de cushet li dan se trã?

¿Hay un vagón restaurante?
Il y a un wagon-restaurant?
il-i-a ã vagõ restorã?

¿Puede apagar su cigarrillo, por favor?
Vous pouvez éteindre votre cigarrette, s'il vous plaît?
vu puvé etãdr votr sigarret, sil vu ple?

¿Se puede viajar de noche sin peligro?
Est-ce qu'on peut voyager la nuit sans danger?
eskõ pe vuaiayé la nui san dãyé?

¿Tiene una ruta nocturna?
Il y a un train de nuit?
il-i-a ã trã de nμi?

¿Tiene un mapa de rutas?
Vous avez un plan avec les lignes de bus?
vuz-avé ã plã avec le liñ de bμs?

Un pasaje ida y vuelta a…
Un billet aller-retour…
ã biyé alé retur…

Un pasaje sencillo a…
Un aller simple.
ã alé sãpl

HACIENDO AMIGOS

Se faire des amis
se fer dezami

No espere demasiada afabilidad por parte de los franceses, especialmente si son parisinos o del norte. Hacia el sur
es un poco diferente. En general, el francés es distante,
apenas cordial y poco amigo de intimar con los extranjeros.
Sin embargo, en cuanto se tiene un contacto más cercano
con ellos, dejan aflorar su gran sentido de la amistad.

¡Hola!, mi nombre es...
Bonjour! (o Salut!), je m'appelle...
bonyur! (salu!), ye mapel...

¿Almorzamos juntos?
On déjeune ensemble?
õ deyen ãsãmbl?

¿Cenamos juntos?
On dîne ensemble?
õ din ãsambl?

¿Desayunamos juntos?
On prend le petit déjeuner ensemble?
õ prã le petí deyené ãsambl?

¿En qué trabaja usted?
Qu'est-ce que vous faîtes?
keske vu fet?

¿Está usted libre esta noche?
Vous êtes libre ce soir?
vuz-et libr se suar?

Lo invito a visitar mi ciudad.
Je vous invite à connaître ma ville.
ye vuz-anvit a conetr ma vil

¿Me acompañaría a tomar algo?
On va prendre un pot?
õ va prãdr ã po?

Me gustaría conocer gente de esta ciudad.
J'aimerais rencontrer des habitants de cette ville.
yamere de rãcõtre dez-abitã de cet vil

¿Me puedo sentar aquí?
Je peux m'asseoir ici?
ye pe masuar isi?

¿Podemos conversar?
Nous pouvons bavarder?
nu puvõ bavardé?

¿Puede darme información acerca de…?
Vous pouvez me donner des renseignements sur…?
vu puvé me doné de rãseñemã sµr…?

¿Vamos a bailar?
On va danser?
õ va dãsé?

¿Vamos a dar un paseo?
On va se promener?
õ va se promené?

¿Vive usted en la ciudad?
Vous habitez dans cette ville?
vuz-abite dã cet vil?

Voy a visitar la ciudad. ¿Quiere acompañarme?
Je vais visiter la ville. Vous pouvez m'accompagner?
ye ve visité la vil; vu puve macompañé?

Yo trabajo como…/Yo soy…
Je suis…
ye sui…

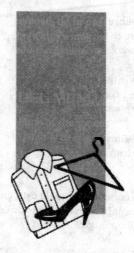

DE COMPRAS

Les achats
lez-achat

Horarios: las grandes tiendas parisinas abren de 9:30 a.m. a 6:30 p.m., y algunos días hasta las 8:00 p.m. Las tiendas pequeñas abren de 10:00 a.m. a 6:00 p.m., y cierran una hora al almuerzo. Muchas cierran los lunes.

Compras libres de impuestos: al salir del país, con las compras se puede solicitar el *detaxé* o devolución de los impuestos cobrados sobre artículos nacionales gravados. Sobre facturas de 1.200F o más, realizadas en los seis meses anteriores a la fecha de salida, usted puede recuperar el IVA pagado (*T.V.A.* o *Taxe à la valeur ajoutée*). Prefiera hacer estas compras en grandes almacenes o firmas reconocidas, y aun mejor, con tarjeta de crédito, para facilitar la recuperación de su dinero.

ALGUNAS RECOMENDACIONES

• Los mejores precios los encontrará en la *Rue St-Plascide* (*6° arrondissement*), donde varios almacenes ofrecen, a mitad de precio, los saldos de fin de estación de las grandes casas de modas.

• En *C & A* encontrará colecciones de *prête à porter*. Los mismos modelos de los grandes modistos a muy inferiores precios los encuentra en *Le Mouton à Cinq Pattes*.

• Ropa muy barata, de calidad popular, se puede encontrar en *Tatis*, lugar que también es visitable sólo por curiosidad.

• Algunos de los más famosos almacenes son: *Galeries Lafayette*, *Les Printemps*, *BHV*, *Le Bon Marché*, *La Samaritaine* y *C & A*. Muy interesantes son también los mercados de las pulgas (*Marchés aux Puces*). Dos muy conocidos son el de la *Porte de Clignancourt* y el de la *Porte de Saint-Ouen*.

• Los saldos de fin de temporada, con descuentos del 20%, 30% y 50%, se hacen en enero y a principios de junio. No hay cambios sobre estas compras.

COMPRAS EN BRUSELAS

Las principales zonas de compras están en la *Rue Neuve* (o *Nieuwstraat*) y en el centro comercial *City 2*. También vale la pena la *Chaussée d'Ixelles* (o *Elsene steenweg*), la *Avenue de Toison* (o *Gulden Vlieslaan*) y la *Avenue Louise* (o *Louisalaan*).

Horarios: las tiendas abren de 9:00 a.m. a 6:00 p.m., de lunes a sábado. Los viernes cierran a las 8:00 p.m. Los turistas pueden comprar sin pagar los impuestos y obtener su devolución al salir del país. Pregunte en las tiendas el mínimo de compra requerida para obtener este beneficio.

TIPOS DE ALMACÉN

Types de magasins
tip de magazã

Agencia de viajes.
Agence de voyages.
ayãs de vuayay

Almacén de calzado.
Magasin de chaussures.
magazã de shosμr

Almacenes por departamentos.
Grands magasins.
grã magazã

Anticuario.
Magasin d'antiquités.
magazã dantikités

Oficina de correos.
La poste.
la post

Banco.
Banque.
banc

Óptica.
Optique.
optic

Droguería.
Pharmacie.
farmací

Peluquería.
Salon de coiffure.
salõ de cuafᵿr

Floristería.
Fleuriste.
flerist

Perfumería.
Parfumerie.
parfumerí

Galería de Arte.
Galerie d'art.
galerí dart

Tabaquería.
Bureau de tabac.
bᵿro de tabac

Joyería.
Bijouterie/Horlogerie.
biyuteri/orlogerí

Tienda de ropa.
Boutique.
butic

Juguetería.
Magasin de jouets.
magazã de yuet

Tienda fotográfica.
Magasin photo.
magazã fotó

Librería.
Librairie.
librerí

Venta de periódicos.
Tabac-journaux.
tabac yurnó

ARTÍCULOS DE USO PERSONAL

Objets de toilette et autres
obye de tualet e otr

Necesito...
Je voudrais...
ye vudré...

...aspirina.
...de l'aspirine.
...de laspirín

...crema bronceadora.
...de la crème solaire.
...de la crem soler

...**crema de afetiar.**
...de la crème a raser.
...*de la crem a razé*

...**crema dental.**
...de dentifrice.
...*de dātifr*

...**champú.**
...du shampooing.
...*dµ shampuã*

...**esparadrapo.**
...des pansements.
...*de pãsmã*

...**pañuelos de papel.**
...des mouchoirs en papier (o Kleenex).
...*de mushuar ã papié (clinex)*

...**repelente de insectos.**
...crème/spray anti-moustiques.
...*crem/spaí ãtí-muskit*

...**toallas higiénicas (íntimas).**
...des serviettes.
...*des serviet*

...**gafas de sol.**
...des lunettes de soleil.
...*de lµnet de solei*

...**jabón.**
...un savon.
...*ã savõ*

....**laxante.**
...un laxatif.
...*ã laxãtif*

...**un cepillo de dientes.**
...une brosse à dents.
...*µn bros a dã*

Podrá encontrar las expresiones que pueda necesitar para comprar otro tipo de artículos en el capítulo siguiente: **Ropa.**

ROPA

Vêtements
vetmã

Sin ocuparse de la famosa alta costura, con precios excesivamente altos, se puede encontrar decenas de boutiques con ropa de línea y precios menos alejados del poder de compra del latinoamericano. No espere grandes gangas, especialmente al comparar con los precios de su país, pero sí calidades y diseños muy superiores, lo que amerita el esfuerzo.

Los grandes almacenes, en general muy buenos, son recursivos. Pero el verdadero espíritu de la moda y estilo franceses se encuentra en las pequeñas boutiques, muchas especializadas.

Tenga mucho cuidado: en la mayoría de los almacenes cobran por la atención aunque usted no realice ninguna compra, a menos que dé una explicación satisfactoria, como el precio o la inconveniencia del producto. Para evitarse esto, puede limitarse a aquellas que en su entrada exhiben el aviso de *Entrée libre* (entrada libre).

TALLAS Y MEDIDAS

Para saber su número o talla, use esta tabla:

Camisas para hombre
Chemises pour homme
shemís pur om

Francia	37-38	39-40	41-42	43
G.B.	14 1/2-15	15 1/2-16	16 1/2	17
EE.UU.	14 1/2-15	15 1/2-16	16 1/2	17
Japón	S	M	L	XL

Sacos (de tejido) para hombre
Pull pour hommes
pul pur om

Francia	Homme=2	Demi Pat.=3	Patron=4	Grand=5
G.B.	S	M	L	XL
EE.UU.	S	M	L	XL
Japón	S	M	L	XL

Vestidos para hombre
Costumes pour homme
costum pur om

Francia	42	44	46	48
G.B.	32	34	36	38
EE.UU.	32	34	36	38
Japón	S	M	L	X

Zapatos para hombre
Chaussures pour homme
shosur pur om

Francia	39	40	41	42	43	44
G.B.	6	7	7 1/2	8	9	10
EE.UU.	6 1/2	7	7 1/2	8	9	10
Japón	25	25 1/2	26	26 1/2	27	28

123

Batas, sastres , abrigos y suéteres para dama
Robes, tailleurs, manteaux, pull pour dammes
rob, teier, mantó, pul pur dam

Francia	38	40	42	44	46	48
G.B.	10	12	14	16	18	20
EE.UU.	10	12	14	16	18	20
Japón	9	9	11	13	15	-

Zapatos para dama
Chaussures pour damme
shosμr pur dam

Francia	36	37	38	39	40	41
G.B.	3	4	5	6	7	8
EE.UU.	5	6	7	8	9	10
Japón	22	23	24	25	25 $^{1/2}$	26

¿Cuál es la ropa que está en promoción?
Quels sont les vêtements en solde?
kel son le vetemã ã sold?

¿Cuál es la última moda?
Quelle est la dernière mode?
kel e la dernier mod?

¿Cuáles son los mejores almacenes para comprar ropa?
Quels sont les meilleurs magasins pour acheter des vêtements?
kel sõ les meiyer magazã pur asheté de vetemã?

¿Quiere escribir el nombre y la dirección?
Voulez vous écrire le nom et l'adresse?
vulé vu ecrir le nõ e ladrés?

Quiero ir a un (una)...
Je voudrais aller au (à)...
ye vudré alé o (a)...

Quiero comprar un (una)...
Je voudrais acheter un (une)...
ye vudré asheté ã (μn)...

Quisiera ver ropa deportiva para dama/caballero.
Je voudrais voir de vêtements de sport pour dame/
homme.
ye vudré vuar de vetmã de spor pur dam/om

Quisiera ver vestidos para dama/caballero.
Je voudrais voir des vêtements de ville pour dame/
homme
ye vudré vuar de vetmã de vil pur dam/om

Quisiera ver vestidos de noche para dama.
Je voudrais voir une robe de soirée.
ye vudré vuar ün rob de suaré

Quisiera ver vestidos de noche para caballero.
Je voudrais voir un costume de soirée.
ye vudré vuar ã cotüm de suaré

Ropa para caballeros
Vêtements pour homme
vetmã pur om

Ropa para damas
Vêtements pour dame
vetmã pur dam

Ropa para niños
Vêtements pour enfants
vetmã pur ãfã

Tiene algo más...
Avez-vous quelque chose de plus...
avé vu kelke shos de plü...

...abrigado.	**...corto.**
...épais.	...court.
...epé	*...cur*
...barato.	**...elegante.**
...meilleur marché.	...élégant.
...meier marshé	*...elegã*
...claro.	**...fino.**
...clair.	...de meilleure qualité.
...cler	*...de meier calité*

125

...fresco.
...léger.
...leyer

...largo.
...long.
...lõ

...grande.
...d'une taille au-dessus.
...d\un tail o des\u*

...oscuro.
...foncé.
...fõcé

...informal.
...simple.
...sãmpl

...pequeño.
...d'une taille en-dessous.
...d\un tail ã desú*

¿Tiene promociones de fin de estación?
Avez-vous des soldes de fin de saison?
avé vu de sold de fã de sesõ?

(Ver en las páginas siguientes ilustraciones y traducciones de vestuario masculino y femenino.)

¿Dónde está la ropa para niños?
Où sont les vêtements pour enfants?
u sõ le vetemã pur ãfã?

¿Dónde están los artículos para niños?
Où est le rayon enfant?
u e le rayõ ãfã?

¿Dónde están los juguetes para niños?
Où sont les jouets pour enfants?
u son le yue pur ãfã?

Necesito ropa (juguetes) para un niño/niña de... años de edad.
Je voudrais des vêtements (jouets) pour un petit garçon/une petite fille de... ans.
ye vudré de vetemã (yue) pur ã petí garsõ/\un petitefil de... ã

ZAPATOS

Chaussures
shos\ur

¿Dónde encuentro los zapatos?
Où sont les chaussures?
u sõ le shos\ur?

Muéstreme otros colores.
Montrez-moi d'autres couleurs.
mõtré mua dotr culer

Quiero un par de este estilo.
Je voudrais ces chaussures.
ye vudré se shosur

Quiero un par de zapatos...
Je voudrais une paire de chaussures...
ye vudré un per de shosur...

...azules.
...bleues.
...ble

...claros.
...claires.
...cler

...con cordón.
...avec lacets.
...avec lasé

...de tacón alto.
...à talon haut.
...a talõ ot

...deportivos.
...de sport.
...de spor

...de tacón bajo.
...sans talon.
...sã talõ

...marrones.
...marrons.
...marrõ

...más baratos.
...meilleur marché.
...meier marshé

...más finos.
...de meilleure qualité.
...de meier calité

...muy cómodos.
...confortables.
...cõfortabl

...negros.
...noires.
...nuar

...para hombre.
...pour homme.
...pur om

...para mujer.
...pour femme.
...pur fam

...para niña.
...pour une fillette (petite fille).
...pur ün fiyet (petit fil)

...para niño.
...pour un petit garçon.
...pur ã petit garsõ

...sin cordón.
...sans lacets.
...sã lacé

127

VESTUARIO MASCULINO

Pour hommes
pur om

vestido completo (1)
costume
costum

corbata (2)
cravate
cravat

pañuelo (3)
mouchoir
muchuar

mancuernas (4)
boutons de manchettes
butõ de mãshet

medias (5)
des chaussettes
de chozet

calzoncillo (6)
slip (sous-vêtements)
slip (su vetemã)

camiseta (7)
chemisette
shemizet

pipa (8)
pipe
pip

sombrero (9)
chapeau
chapó

boina (10)
béret
beré

gorra (11)
casquette
casket

camisa deportiva (12)
chemise sportive
shemiz esportif

chaqueta (13)
veste
vest

cinturón (14)
ceintre
sãtr

pantaloneta (15)
shorts
shorts

corbatín (16)
petite cravate
petit cravat

chaleco (17)
gilet
yilé

camisa (18)
chemise
shemiz

gabardina (19)
imperméable
impermeabl

pantalón (20)
pantalon
pãtalõ

zapatos (21)
des chaussures
de shosụr

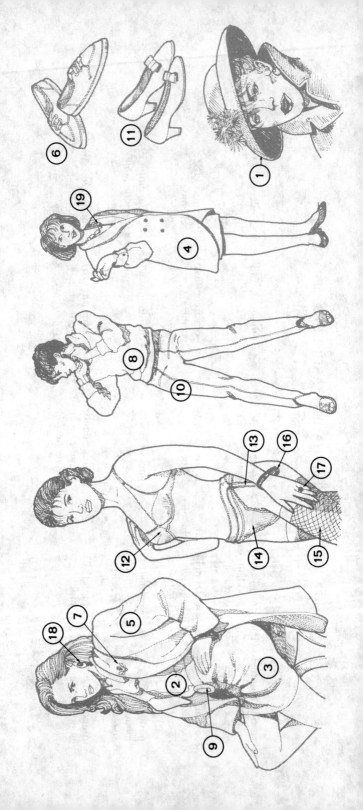

VESTUARIO FEMENINO

Pour dame
Pur dam

sombrero (1)
chapeau
shapó

blusa (2)
chemisier
chemisié

falda (3)
jupe
yµp

vestido (4)
robe
rob

abrigo (5)
manteau
mãtó

prendedor (7)
broche
brosh

saco de lana (8)
tricot
tricó

cinturón (9)
ceinture
sãntµr

pantalón (10)
pantalon
pãtaló

zapatos (11)
des chaussures
de chosur

sostén (12)
soutien-gorge
sutiã gory

liguero (13)
porte-jarretelles
port-yarreter

panties (14)
slip
slip

medias (15)
des bas
de bas

pulsera (16)
bracelet
bracelé

anillo (17)
anneau
anó

aretes (18)
boucles d'oreille
bucl dorei

collar (19)
collier
colié

131

RESTAURANTES

Restaurants
restorã

COMER EN FRANCIA

En Francia, la cocina se considera un arte, y sus grandes chefs han alcanzado la inmortalidad, o por lo menos la admiración de sus contemporáneos. Por eso, obtener alguna información precisa sobre restaurantes y platos exigiría consultar una extensa guía especializada.

Elegir un restaurante: el lugar a donde vaya dependerá de cuánto quiera pagar. Todo restaurante fija su carta en la entrada, por lo que se evitan sorpresas desagradables.

Prefiera los lugares frecuentados, con una variada carta y que no se concentren en los escalopes, filetes y chuletas, por lo general congelados. No olvide las reservaciones si desea comer en un restaurante famoso. No importa dónde vaya, puede hacerlo vestido corrientemente. En los pequeños pueblos es posible encontrar tabernas de excelente comida a inmejorables precios. La apariencia modesta del lugar no significa necesariamente bajos costos ni regular calidad; fácilmente usted puede estar ante un famoso *Bistró* de precios elevados. Difícilmente se puede comer por menos de 60F, sobre todo en las grandes ciudades.

Escoger la comida: Para los franceses el *menu* es una comida definida a precio fijo. Suele ser posible escoger entre dos o tres menús. La *carte* le ofrece una mayor variedad pero un precio superior. El *plat du jour* suele ser una excelente alternativa en precio y calidad. Las *specialités de la Maison* comprenden las recomendaciones del chef.

Los Cafés: una de las más grandes contribuciones francesas a la civilización de occidente ha sido sin duda *le café*. Los parisinos han presenciado por centurias reuniones de intelectuales, políticos, escritores, artistas y demás, que en las casi eternas divagaciones alrededor de cualquier tema han llegado a replantear los sistemas estéticos, de pensamiento y de gobierno, desde los tiempo de Voltaire y Rousseau hasta los más recientes de Hemingway y Sartre. Por eso, no se puede ir a París sin disfrutar de las múltiples opciones de placer que ofrece un *Café*. Excelentes lugares para pasar el tiempo o tomar un respiro en medio de las agotadoras jornadas turísticas, los hay con terrazas, inmejorables en cuanto a ubicación para ver pasar la gente por la Ciudad Luz.

Los más concurridos están sobre las calles principales, pero también se puede buscar uno sobre una calle secundaria, donde la atención será más reposada, el ambiente sereno y el precio menor.

En la mayoría de los cafés el precio varía según se consuma en la barra o en las mesas, pero sólo en los muy elegantes la variación es relevante. En cualquier caso, evítese sorpresas e infórmese antes de consumir, pues no es extraño encontrarse con diferencias o cuentas insospechadas para el extranjero. Tal vez pueda sentarse donde le plazca, pero es posible que se le indique una mesa de obligatoria aceptación. Podrá solicitar, gratis, una jarra de agua; al pedir la cuenta, el servicio aparecerá incluido. No obstante, es costumbre, aunque no obligatoria, dejar las monedas del vuelto.

Tarjeta de Crédito: a la entrada de los establecimientos suelen estar indicadas las tarjetas que se aceptan (*cartes de crédit acceptées*).

COMER EN BÉLGICA

Bruselas tiene fama de estar entre las ciudades del mundo donde mejor se puede comer. La riqueza y variedad de la comida belga es el resultado de un pueblo compuesto por flamencos y valones, que estuvo además bajo dominio español algunos siglos atrás.

Las cartas de los restaurantes, especialmente al norte, suelen estar en alemán y francés.

¿Aceptan tarjetas de crédito?
Vous acceptez les cartes de crédit?
vuz-accepté cart de credí?

¿Aceptan ...(su tarjeta de crédito)?
Vous acceptez ...(nombre de la tajeta)?
vuz-accepté ...?

¿Aceptan cheques viajeros?
Vous acceptez les chèques de voyage?
vuz-accepté traveler shecs?

Aún no hemos elegido.
Nous n'avons pas encore choisi.
nu navõ pa ãcor shuazí

¿Cuál es el plato del día?
Quel est le plat du jour?
kelé le pla dµ yur?

¿Cuál es la especialidad de la casa?
Quelle est la spécialité de la maison?
kelé la spesialité de la mezõ?

¿Está incluido el servicio?
Le service est compris?
le servis e comprí?

Esto está muy cocido.
C'est trop cuit.
se tro cµi

Esto está muy poco cocido.
C'est pas assez cuit.
se paz- asé cµi

Esto no fue lo que pedí.
Ce n'est pas ce que j'ai commandé.
se ne pa se ke ye comãdé

Felicite al chef de mi parte.
Mes félicitations au chef.
me felisitasiõ o shef

Hay un error en la cuenta.
Il y a une erreur dans l'addition.
il-i-a un errer dã ladisiõ

Indíqueme cuáles son...
Indiquez-moi quels (quelles) sont...
indiké mua kel son...

...las aves.
...les volailles.
...le volai

...los pescados.
...les poissons.
...le puasõ

...las carnes.
...les viandes.
...les viãd

...las sopas.
...les soupes.
...le sup

...las entradas.
...les hors d'oeuvres.
...le or devr

...las verduras.
...les légumes.
...le legum

LA CARTA

La carte
la car

Acompañamientos.
Garniture.
garnitur

Bebidas.
Boissons.
buasõ

Arroces.
Riz.
riz

Carnes.
Viandes.
viãd

Aves.
Volailles.
volai

Ensaladas.
Salades.
salad

135

Entradas.
Hors-d'oeuvre.
ordevr

Quesos.
Fromages.
fromay

Entremeces.
Entremets.
ãtremé

Sopas.
Soupes.
sup

Licores.
Liqueurs.
liker

Vinos.
Vins.
vã

Pastas.
Pâtes.
pat

La carta de vinos.
La carte des vins.
la car de vã

Pescados.
Poissons.
puasõ

La cuenta.
La note.
la not

Platos fríos.
Assietes anglaises.
asiet ãglés

La lista de precios.
La carte des prix.
la car de pri

Postres.
Desserts.
deser

Lo mismo para mí.
La même chose pour moi.
la mem shos pur mua

Permítame estudiar la carta.
Une minute, je regarde la carte.
ɥn minut, ye regard la cart

Quiero algo sencillo.
Je voudrais quelque chose de simple.
ye vudré kelke shoz de sãpl

Quiero hablar con el administrador.
Je veux parler au patron.
ye ve parlé o patrõ

¿Puede servirnos rápido, por favor? Tenemos prisa.
Vous pouvez nous servir vite, s'il vous plaît? On est pressé.
vu puvé nu servir vit, sil vu ple? oné presé

DESAYUNO

Petit déjeuner
peti deyené

Quiero...
Je voudrais...
ye vudré...

...café negro/con crema/express.
...café noir/café crème/expresso.
...café nuar/café crem/expresó

...chocolate.
...un chocolat.
...ã shocolá

...jugo de naranja.
...un jus d'orange.
...ã yµ dorãy

...huevos con tocineta.
...des oeufs au bacon.
...dez-ef o bacõ

...jugo de toronja.
...un jus de pamplemousse.
...ã yu de pamplemús

...huevos en tortilla.
...une omelette.
...µn omelet

...mantequilla.
...du beurre.
...dµ ber

...huevos fritos.
...des œufs au plat.
...dez e o pla

...mermelada.
...de la confiture.
...de la cõfitµr

...huevos revueltos.
...des oeufs brouillés.
...dez-ef bruiyé

...miel.
...du miel.
...dµ miel

...huevos tibios.
...des oeufs à la coque.
...dez-ef a la coc

...pan.
...une baguette.
...µn baguet

...jugo de fruta.
...un jus de fruit.
...ã yµ de frµi

...té en agua/con leche/con limón.
...un thé/avec un nuage de lait/au citron.
...ã te/avec ã nuay de le/o citrõ

137

ALMUERZO Y CENA

Dèjeuner et dîner
deyene e dine

Quiero comer...
Je voudrais...
ye vudré...

...carne.
...de la viande.
...de la viãd

...pescado.
...du poisson.
...du puasõ

...ensalada.
...de la salade.
...de la salad

...pollo.
...du poulet.
...dµ pulé

...papas al vapor.
...des pommes de terre à l'eau.
...de pom de ter a lo

...un emparedado.
...un sandwich.
...ã sãduish

...papas fritas.
...des frites.
...de frit

Quiero beber...
Comme boisson, Je prendrai...
com buasõ, ye prãdré...

...agua mineral con gas/sin gas.
...de l'eau minérale gazeuse/non-gazeuse.
...de lo mineral gazez/nõ-gazez

...agua soda.
...un perrier.
...ã perrié

...una jarra de agua.
...une carafe d'eau.
...µn caraf do

...cerveza.
...une bière.
...µn bier

...jugo de fruta.
...un jus de fruit.
...ã yu de frui

...vino tinto/blanco/de la casa.
...un vin rouge/blanc/de la maison.
...ã vã ruy/blã/de la mesõ

ALIMENTOS BÁSICOS

Nourritures de base
nurritṷr de baz

Albaricoque.
Abricot.
abricó

Cereza.
Cerise.
seriz

Alverjas.
Petits pois.
petí pua

Coliflor.
Chou-fleur.
shufler

Biscochos (pasteles).
De gâteaux.
de gató

Conejo/conejo salvaje.
Lapin/lapin de garenne.
lapã, lapã de garén

Camarones.
Crevettes.
crevet

Cordero.
Agneau.
añó

Cangrejo.
Crabe.
crab

Croissant.
Croissant.
cruasã

Carne.
Viande.
viãd

Champiñones.
Champignons.
shampiñõ

Cebolla.
Oignon.
uañõ

Chuleta de cerdo/de ternera/de cordero.
Côtelette de porc/de veau/d'agneau.
coteler de porc/de vo/de añó

Dátiles.
Dattes.
dat

Esparrágos.
Asperges.
aspery

Durazno.
Pêche.
pesh

Espinacas.
Épinards.
epinar

Filete.
Filet.
filé

Frambuesa.
Framboise.
frambuaz

Fresa.
Fraise.
frez

Garbanzos.
Pois chiche.
pua shish

Helado.
Glace.
glas

Hielo.
Glaçons.
glasō

Hígado.
Foie gras.
fua gra

Huevos.
Œufs.
ef

Jamón.
Jambon.
yambō

Langostinos.
Langoustines.
lāgustā

Leche.
Lait.
le

Lechuga.
De la salade.
de la salad

Lentejas.
Lentilles.
lātiy

Lima.
Limette.
limet

Limón.
Citron.
sitrō

Mandarina.
Mandarine.
mādarín

Manzana.
Pomme.
pom

Mejillones.
Moules.
mul

Mostaza.
Moutarde.
mutard

Naranja.
Orange.
orāy

Nueces.
Noix.
nua

Olivas.
Olives.
oliv

Ostras.
Huîtres.
μitr

Papas.
Pommes de terre.
pom de ter

Pera.
Poire.
puar

Perdiz.
Perdrix.
perdrí

Perejil.
Persil.
persil

Pescado.
Poisson.
puasõ

Pimienta.
Poivre.
puavr

Piña.
Ananas.
ananá

Pollo.
Poulet.
pulé

Postre.
Dessert.
deser

Pulpo.
Pieuvre.
pievr

Queso.
Fromage.
fromay

Repollo.
Chou.
shu

Salmón.
Saumon.
somõ

Sandía (Patilla).
Pastèque.
pastec

Sardina.
Sardine.
sardín

Sopa.
Soupe.
sup

Tocino.
Lard.
lar

Toronja.
Pamplemousse.
panplemús

Torta.
Gâteau.
gató

Tortilla.
Omelette.
omelet

Trucha.
Truite.
truit

Uvas.	**Verduras.**
Raisins.	Légumes.
resã	*legᵤms*
Uvas pasas.	**Zanahorias.**
Raisins secs.	Carottes.
resã sec	*carrot*

FORMAS DE PREPARACION

Formes de préparations
Form de preparasiõ

ahumado (a).	**al vino.**
fumé(e).	au vin.
fᵤmé	*o vã*
a la parrilla.	**apanado.**
grillé.	pané(e).
griyé	*pané*
a la pimienta.	**cocinado.**
au poivre.	cuit/bouilli.
o puavr	*cᵤi/buiyí*
a la vinagreta.	**con queso.**
à la vinaigrette.	au fromage.
a la vinagret	*o fromay*
al ajillo.	**en aceite.**
à l'ail.	frit.
a lai	*fri*
al gratín (gratinados).	**en finas hierbas.**
au gratin (gratinés).	aux fines herbes.
o gratã (gratiné)	*o finz-erb*
al horno.	**en mantequilla.**
au four.	au beurre.
o fur	*o ber*
al natural.	**en salsa bechamel.**
nature.	en béchamel.
natᵤr	*ã beshamel*

en salsa de tomate.
sauce tomate.
sos tomat

en salsa picante.
sauce picante.
sos picãt

frito.
frit.
fri

muy cocido.
bien cuit.
biã cui

sofrito.
sauté(e).
soté

término medio.
demi cuit.
demí cui

tres cuartos.
à point.
a puã

un cuarto.
bleu/saignant.
ble/señã

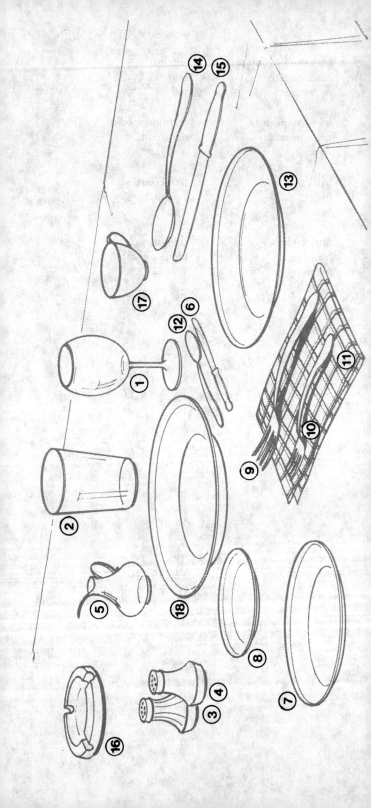

ELEMENTOS DE LA MESA

copa (1)
coupe
cup

vaso (2)
verre
ver

sal (3)
sel
sel

pimienta (4)
poivre
puavr

vinagre (5)
vinaigre
vinegr

cuchillo pequeño (6)
petit couteau
pett cutó

plato mediano (7)
à salade assiette
a salad asiet

plato pequeño (8)
à dessert assiette
a deser asiet

tenedor (9)
fourchette
furshet

tenedor pequeño (10)
petite fourchette
petit furshet

servilleta (11)
serviette
serviet

cucharita (12)
petite cuillère
petit cuiyer

plato grande (13)
assiette plate
asiet plat

cuchara (14)
cuillère
cuiyer

cuchillo (15)
couteau
cutó

cenicero (16)
cendrier
sãdrié

taza/pocillo (17)
tasse
tas

plato sopero (18)
assiette creuse
asiet crez

145

CENTROS NOCTURNOS

Nights clubs
Nit clebs

París es el mejor lugar del mundo para la diversión nocturna, fácilmente prolongable durante noches y noches. Sin embargo, las mejores veladas no las encontrará en los sitios tradicionalmente famosos, ahora convertidos en montajes especiales para turistas, sino en cualquier otro de los tantos lugares frecuentados por los parisinos, nativos e inmigrantes. ¿Información? Pregunte al recepcionista del hotel dónde iría esa noche si estuviera libre y contara con un presupuesto como el suyo. También puede comprar en cualquier venta de periódicos (*Journaux*) un ejemplar de *Pariscope* o la *Guide du spectacle* (sólo cuestan 3 francos aprox.). Allí encontrará toda la información sobre las actividades de París.

¿A dónde me aconseja ir esta noche?
Où me conseillez vous d'aller ce soir?
u me conseyé vu dalé se suar?

¿A qué hora empieza el espectáculo?
A quelle heure commence le spectacle?
a kel er comãs le spectacl?

Aceptan tarjetas de crédito/cheques viajeros?
Vous acceptez les cartes de crédit/chèques de voyages?
vuz-asepté le cart de credí/shec de vuayay?

¿Cuál es el coctel especialidad de la casa?
Quel-est le cocktail maison?
kel e le coctel mezõ?

¿Cuánto dura el espectáculo?
Combien de temps dure le spectacle?
combiã de tã dur le spectacl?

¿Cuánto pueden costar las bebidas?
Combien peuvent coûter les boissons?
combiã pev cuté le buasõ?

Necesito información sobre los espectáculos nocturnos de la ciudad.
J'ai voudrais de renseignements sur les spectacles nocturnes de la ville.
ye vudré de rãseñemã sur lez-espectacl nocturn de la vil

¿Puede reservarme dos asientos de platea/balcón?
Pouvez-vous me réserver deux places orchestre/balcon?
puvé vu me reservé de plas orkestr/balcõ?

¿Qué diferencia de precios hay entre la barra y la mesa?
Quelle est la différence des prix entre le comptoir et les tables?
kel e la diferãs de pri ãtr le comptuar e le tabl?

¿Qué precio tiene cada entrada?
Quel est le prix du billet?
kel e le pri du biyé?

¿Qué precio tienen las diferentes localidades?
Quel est le prix des différentes places?
kel e le pri de diferãt plas?

Queremos una mesa cerca de la pista de baile.
Nous voulons une table plus près de la piste de danse.
nu vulõ un tabl plu pre de la pist de dãs

Quiero beber algo sin alcohol.
Je voudrais un cocktail sans alcool.
ye vudré ã coctel sãz-alcol

¿Tiene asientos para esta noche/para mañana?
Il y a de la place pour ce soir/demain?
il-i-a de plas por ce suar/demã?

¿Tiene una carta de bebidas?
Vous avez une carte de boissons?
vuz-avé un cart de buasõ?

VISITANDO LA CIUDAD

Visitant la ville
Vizitã la vil.

¿A qué hora regresamos al hotel?
A quelle heure on rentre à l'hôtel?
akel er õ rãtr a lotel?

¿A qué hora sale el tour?
A quelle heure commence la visite?
akel er comãs la visit?

¿Cuál es el precio de este tour?
Quel est le prix de ce tour?
kel e le pri de se tur?

¿Cuánto tiempo toma este tour?
Combien de temps ça dure?
combiã de tã sa dүr?

¿Hay visitas guiadas en español?
Il y a des visites guidées en espagnol?
il-i-a de visit guidé an español?

¿Incluye el valor de las entradas?
Le prix des entrées est-il compris?
le pri dez-ãtré e til comprí?

¿Puede hacerme una reservación para ese tour?
Vous pouvez me réserver une place pour cette visite?
vu puvé me reservé ün plas pur cet visit?

¿Qué otros toures me puede ofrecer?
Quelles sont les autres possibilités d'excursions?
kel sõ lez-otr posibilité dexcursiõ?

Quiero hacer una visita guiada por la ciudad.
Je voudrais faire une visite guidée de la ville.
ye vudré fer ün visit guidé de la vil

¿Tiene folletos de información turística?
Vous avez des brochures touristiques?
vuz-avé de broshur turistics?

MUSEOS

Musées
Mμze

En muchos museos, para pasar de una galería a otra se debe mostrar el tiquete de entrada o un botón de identificación, que sirve también para regresar si se ha salido por algún motivo. Trate de no perderlo, pues su posibilidad de reponerlo o poder entrar sin él no es grande.

El museo del Louvre tiene entrada gratis los domingos. Funciona entre las 9:30 a.m. y las 5:15 p.m. Algunas galerías cierran algo más tarde. Consulte los folletos del museo a la entrada.

¿Algún día es gratis la entrada?
Quels jours l'entrée est gratuite?
kel yur lãtré e gratuit?

¿Cuál es el horario de atención?
Quel est l'horaire d'ouverture au public?
kel e lorer duvertur o public?

¿Dónde están los servicios sanitarios?
Où sont les toilettes?
u sõ le tualet?

¿Dónde queda este lugar? (señalando el mapa)
Où est ça?
u e sa?

¿Existe una biblioteca en el museo?
Il y a une bibliothèque au musée?
il-i-a ɱn bibliotec o mɥzé?

¿Hay cafetería en el museo?
Il y a un café dans le musée?
il-i-a ã café dã le mɥzé?

¿Existen visitas guiadas en español?
Il y a des visites guidées en espagnol?
il-i-a de visit guidé an español?

¿Existen visitas guiadas por cassette?
Il y a des acoustiguides?
il-i-a dez-acustiguid?

¿Hay en el museo una tienda de recuerdos?
Il y a un magasin (une boutique) de souvenirs?
il-i-a ã magazã (ɱn butic) de suvenir?

¿Hay tarifas reducidas para estudiantes?
Il y a des réductions étudiants?
il-i-a de reducsiõ pur etudiã?

He perdido mi tiquete de entrada. ¿Puedo pasar sin él?
J'ai perdu mon billet d'entrée. Est-ce que je peux entrer comme ça?
ye perdu mõ biyé dãtre; eské ye pe ãtré com sa?

¿La entrada tiene el mismo precio todos los días?
Le prix d'entrée est-il le même tous les jours?
le pri dãtré e til le mem tu le jur?

No encuentro esta obra. ¿Puede indicarme dónde está?
Je ne trouve pas cette oeuvre. Vous pouvez m'indiquer où elle se trouve?
ye ne truv pa set evr; vu puvé mãdiké u el se truv?

¿Puedo salir del museo y regresar hoy mismo con el mismo tiquete?
Est-ce que je peux sortir du musée et revenir aujourd'hui avec le même ticket?
eské ye pe sortir du mɥzé e revenir oyurduí avec le mem tiké?

¿Se pueden hacer filmaciones?
Est-ce qu'on peut filmer?
es cõ pe filmé?

¿Se pueden tomar fotografías?
Est-ce qu'on peut prendre des photos?
es cõ pe prãdr de fotó?

¿Tiene libros explicativos en español?
Vous avez un livre du musée en espagnol?
vuz-avé ã livr du muzé ã español?

¿Tiene un mapa del museo?
Vous avez un guide du musée?
vuz–avé ã guid du muzé?

EL BANCO

La Banque
la bãc

En Francia hay libertad para ingresar o sacar cualquier cantidad de dinero en efectivo o valores. Sin embargo, si esa cantidad es superior a 50.000FF (francos franceses) deben ser declarados a la aduana por escrito.

El franco se presenta fraccionado en céntimos. Se encuentran monedas de 5, 10, 20 y 50 céntimos; 1F, 2F, 5F y 10F. Billetes hay de 20F, 50F, 100F, 200F y 500F. La unidad monetaria es indicada por una **F** despúes de la cifra, aunque internacionalmente suelen escribirse dos (**FF**), para diferenciar los francos franceses de los belgas o los suizos, por ejemplo.

Es recomendable el uso de cheques viajeros, ampliamente aceptados, y cuyo cambio es mejor en los bancos que en los hoteles. Antes de pretender usar su tarjeta de crédito, cerciórese que sea aceptada por el establecimiento.

Los horarios bancarios no están igualados, pero por lo general van de 9:00 a.m. a 4:30 p.m. Hay bancos que cierran el lunes o el sábado.

En Bélgica tapoco existen restricciones para el transporte de dinero.Los bancos atienden de lunes a viernes, entre las 9:00 a.m. y las 4:00 p.m. La unidad monetaria en

Bélgica también se denomina franco, pero tiene otro valor; se suele escribir **FB** internacionalmente (franco belga).

¿Cobran comisión por cambiar dinero extranjero?

Est-ce qu'il y a une commission de change?

es kil-i-a un comisiõ de shãy?

¿Cuál es el cambio?

Quels sont les taux de change?

kel sõ le to de shãy?

¿Cuál es el horario bancario?

Quels sont les horaires d'ouverture?

kel son lez-orer duvertµr?

¿Dónde está el banco más cercano?

Où est la banque la plus proche?

u e la bãc la plu prosh?

Escriba esa cifra, por favor.

Ecrivez ce chiffre, s'il vous plaît.

ecrivé se shifr, sil vu ple

¿Hasta qué valor puede darme adelantos en efectivo?

Jusqu'à quelle somme vous pouvez m'avancer de l'argent?

yusca kel som vu puvé mavãsé de laryã?

¿Hasta qué valor puedo cambiar cheques viajeros?

Jusqu'à quelle somme je peux changer chèques de voyage?

yusca kel som ye pe shãyé shec de vuayay?

Necesito un recibo.

Je voudrais un reçu.

ye vudré ã resµ

¿Puede cambiarme estos dólares por…(otra divisa)?

Vous pouvez me changer ces dollars pour… (nombre de la moneda)?

vu puvé me shãyé se dolar pur…?

¿Puede darme cambio?
Vous pouvez me donner de la monnaie?
vu puvé me doné de la moné?

Quiero cambiar cheques viajeros.
Je voudrais changer des chèques de voyage.
ye vudré shãyé de shec de vuayay

¿Tiene servicio de cajero automático?
Est-ce qu'il y a un distributeur automatique?
es kil-i-a ã distribⱶter otomatic?

MEDICINAS Y ENFERMEDADES

Médicaments et maladies
medicamã e maladi

Existen dos tipos de servicio médico en Francia: el provisto por el seguro social (*médecins conventionnés*), de tarifas reducidas, y el particular, con tarifas más altas (*médecins non-conventionnés*) En el primero, la consulta médica general cuesta unos 90F, y la especializada, 130F, con recargos por domicilios y en domingos y noches.

Para las urgencias, llame al *Police secours*, al número 17, donde lo orientarán hacia un servicio hospitalario o le enviarán una ambulancia.

La mayor parte de los medicamentos sólo se venden con fórmula médica (*ordonnance*). Los farmaceutas son los únicos que pueden vender medicamentos; practican además análisis corrientes como los de azúcar, albúmina y acetona. Ofrecen también artículos dietéticos, de bebé y adultos, herboristería y perfumería.

Abren de 9:00 a.m. a 12:30 p.m. y de las 2:00 p.m. a las 7:30 p.m. En las grandes ciudades atienden en horario continuo. Cierran los domingos, los lunes por la mañana y en días de fiesta. La lista de las que están de turno se exhibe en la puerta de todas las farmacias.

Necesito un médico.
J'ai besoin d'un médecin.
ye bezuã dã medesã

¿Dónde puedo encontrar una droguería?
Où est-ce qu'il y a une pharmacie?
u eskil-i-a ͮn farmací?

Necesito una medicina para...
J'ai besoin d'un médicament pour...
ye bezuã dã medicamã pur...

...calmar la tos.
...calmer la toux.
...calmé la tu

...desinfectar una cortada.
...désinfecter une blessure.
...desãfecté ͮn blesͮr

...detener la diarrea.
...la diarrhée.
...la diarré

...el dolor de cabeza.
...le mal à la tête.
...le mal a la tet

... eldolor de estómago.
...des troubles intestinaux.
...de trubl ãtestinó

...el dolor de garganta.
...le mal à la gorge.
...le mal a la gory

...el dolor de huesos.
...le mal aux articulations.
...le mal oz-articulasiõ

...el dolor de muela.
...le mal aux dents.
...le mal o dã

157

...el dolor de oído.
...le mal aux oreilles.
...le mal oz-oreil

...el dolor muscular.
...des douleurs musculaires.
...de duler musculer

...el escalofrío.
...des frissons.
...de frisõ

... el guayabo (resaca).
...la gueule de bois.
...la guel de bua

...el mareo.
...la nausée.
...la nosé

...el vómito.
...le vomissement.
...le vomismã

...la congestión nasal.
...le nez bouché.
...le ne bushé

...la fiebre.
...la fièvre.
...la fievr

DIRECCIONES Y ORIENTACIONES EN CALLES Y LUGARES

Adresses et comment se repérer
adrés e comã se reparé

Las calles europeas tienen nombres, y a cada casa corresponde un número. Existe un libro guía de las calles de París y de las líneas del metro. Nunca salga sin un mapa, del metro, de las líneas de bus o de los sitios de interés de la ciudad; frecuentemente en los hoteles, estaciones de metro y oficinas de turismo se ofrecen gratuitamente. Antes de salir, pida al concierge que le indique en el mapa dónde está el hotel y otros sitios que le puedan interesar. Va a facilitarle las cosas, pues no todos somos muy hábiles para orientarnos sobre planos.

Como se llega a...
Comment on va à...
comã õ va a...

¿Es esta la dirección correcta para ir a...?
C'est la bonne direction pour aller à...?
se la bon direcciõ pur alé a...?

¿Qué dirección tomo para llegar a...?
Quelle direction je prends pour aller à...?
kel direcciõ je prã pur alé a...?

PARA ORIENTARSE...

a la derecha.
à droite.
a druat

a la izquierda.
à gauche.
a gosh

derecho.
tout droit.
tu drua

en la esquina.
au coin.
o cuã

al frente.
en face de vous.
en fas de vu

delante.
devant vous.
devã vu

detrás.
derrière-vous.
derrier vu

al lado.
à côté de vous.
a coté de vu

al otro lado.
de l'autre côté.
de lotr coté

un poco más lejos.
un peu plus loin.
ã pe plµ luã

ITALIANO
ÍNDICE

PRESENTACIÓN

Este manual se ha diseñado para que le sirva de ayuda durante sus viajes por Italia y cualquier lugar del mundo donde el italiano le pueda sacar de apuros. Para hacerle más fácil y ameno su desplazamiento, adjuntamos las palabras, oraciones e informaciones básicas que pueda necesitar en diversas situaciones -en el hotel, de compras, por la ciudad, etc-. Nuestra preocupación ha sido dotarle con los datos más actualizados sobre las condiciones de viaje por Italia.

¡Mantenga a la mano su **Italiano Viajero** y láncese al mundo!

CÓMO USAR ESTE LIBRO

Aquí encontrará practicamente todas las frases que se necesitan cuando se viaja un país extranjero, además de información sobre aspectos fundamentales que se deben tener en cuenta al salir del país. Aunque en algunos casos específicos consultar guías especializadas es necesario, **Italiano Viajero** le indicará muchas de las cosas que usted irá necesitando en su viaje a Italia y resolverá la mayoría de sus dudas.

CÓMO ENCONTRAR LA FRASE QUE NECESITA

Dentro de cada capítulo las frases se han clasificado por ámbitos de uso y se han ordenado alfabéticamente. Primero está la frase en español, seguida por su traducción al italiano y luego por la transcripción fonética de esta traducción. Se ha buscado siempre la frase más sencilla para decir las cosas. Cuando usted quiera decir algo en italiano, vaya al ámbito en el que se pueda encontrar, piense en la forma más simple de decirlo en castellano y así hallará la oración adecuada. Si no la encuentra, piense de qué otra forma se podría decir lo mismo o en que otro contexto se podría necesitar la misma frase. Tenga presente que son inevitables las divergencias en los criterios para clasificar ciertas oraciones y en el estilo de formular ciertas preguntas.

GUÍA DE PRONUNCIACIÓN

Cada palabra y expresión en castellano está seguida por su traducción al italiano y luego por su transcripción fonética. Simplemente lea esta transcripción como si fuera un texto en español y así podrá estar seguro de que si dice una frase en italiano tal como se le indica le entenderán.

Algunas aclaraciones complementarias:

•   En italiano casi todas las palabras se acentúan en la penúltima sílaba, es decir, son graves o llanas.

•   Cuando una palabra aparece acentuada en la transcripción fonética, esto indica que se debe hacer un mayor énfasis o que el acento recae en una sílaba distinta a la penúltima.

•   Cuando hay una consonante doble, debe pronunciarse más fuertemente y durante un tiempo más largo.

•   La letra y en la transcripción fonética se debe pronunciar como en la palabra *yuca*, nunca como en *hay*.

INFORMACIÓN GENERAL

Italia no se podría describir en unas pocas líneas. Su glorioso pasado y su maravilloso presente lo hacen uno de los países más visitados del mundo, por su versatilidad, su belleza, su particular encanto y la grata y espontánea personalidad de sus gentes. La "Bota" mediterránea le deparará sorpresas increíbles, pero hay varias cosas que deberá tener en cuenta desde antes de hacer las maletas y durante todo el recorrido.

En primavera y otoño encontrará el país en su mejor clima, pero probablemente estará atiborrado de turistas. El invierno puede resutar fastidiosamente frío y de escasa luz natural, imprescindible para la máxima apreciación de paisajes y ciudades. El verano, aunque sofocante y caluroso, depara los placeres de la sombra, las bebidas frías y las comidas y espectáculos nocturnos al fresco. Evite en lo posible ir durante el asfixiante mes de agosto, de ciudades vacías y comercios cerrados. En invierno, Venecia ofrece interesantes posibilidades en torno al Carnaval.

AGENCIAS DE INFORMACIÓN TURÍSTICA

Toda clase de información sobre la ubicación, tipología, disponibilidad y precios de los hoteles, pensiones, residencias y campings se puede obtener fácilmente por medio de una red de agencias públicas presentes en todo territorio nacional. El estado italiano asegura este servicio por medio de las Administraciones Autónomas *(AACST)* en las grandes ciudades y las *Pro-Loco* en los pueblos más pequeños.

Llamando al número 116, durante las 24 horas del día, empleados políglotas le darán informes detallados sobre la ubicación de las distintas agencias.

MONEDA Y BANCOS

La unidad monetaria italiana es la Lira, de muy escaso valor unitario. Se encuentra en forma de monedas de 50, 100, 200 y 500 liras, y billetes de 1.000, 2.000, 5.000,

10.000, 20.000, 50.000 y 100.000 liras. Los cheques viajeros son ampliamente aceptados y de fácil cambio en bancos y hoteles.

Los horarios bancarios en Roma van de 8:30 a.m. a 1:30 p.m. En Venecia cierran 10 minutos antes. Las oficinas públicas abren de 8:30 a.m. a 11:30 a.m. de lunes a sábado.

COMUNICACIONES
TELÉFONOS

Como el resto de Europa occidental, Italia cuenta con excelentes servicios de teléfonos públicos. Para su uso se requieren monedas de 100, 200 y 500 liras, o fichas especiales de valor de 200 Liras, llamadas *gettone*, que se compran en los puestos de correo, en bares identificados con la letra T (que significa *Tabacaio*), en los estancos y en varios quioscos. Algunas estaciones y aeropuertos disponen de máquinas automáticas proveedoras de *gettoni*, que se obtienen usando billetes de 1.000 y 2.000 liras. Se pueden usar también tarjetas telefónicas magnéticas prepagadas de 5.000 y 10.000 liras que se pueden comprar en las oficinas SIP. Pero lo más conveniente es tener siempre *gettoni* a mano, pues la mayoría de los teléfonos sólo acepta este tipo de monedas y no siempre se consiguen con facilidad.

En las principales ciudades, en las estaciones, en los puertos y en los aeropuertos hay servicios telefónicos *(SIP)* abiertos al público desde las 7:00 a.m. hasta las 10:00 p.m. aproximadamente. El precio de las llamadas cambia según la diferente hora en que se llame. Las tarifas bajan:

• 30% de lunes a viernes de las 6:30 a las 10:00 p.m., de la 1:00 a las 10:00 p.m. el sábado, y de las 8:00 a.m. a las 10:00 p.m. el domingo y los días festivos.

• 50% todos los días del año desde las 10:00 p.m. horas hasta las 8:00 de la mañana siguiente.

Los teléfonos públicos lo comunican con cualquier país europeo. Para llamar a otros continentes debe acudir a una línea particular o hacerlo desde el hotel o desde una central telefónica.

TELÉFONOS DE EMERGENCIA

En los principales periódicos italianos existe una sección de "Teléfonos útiles" donde aparecen los números de la Guardia médica permanente, etc. El socorro público depende de la Policía Nacional y urgencias de los Carabineros. Todos los números son válidos en toda Italia y funcionan las 24 horas. Estas llamadas son gratuitas: se devuelve la moneda.

Para las emergencias llame a los siguientes números: en caso de peligro o herida grave marque el 113 desde cualquier lugar del país. Para comunicarse con la policía (*Carabinieri*), llame al 112. Si el caso es de incendio, inundación, escape de gas u otro accidente, el 115 le comunica con los bomberos. Y para atención a los turistas, marque el 116.

CORREO

Las oficinas de correo están abiertas de lunes a viernes de 8:25 a.m. a 1:50 p.m. El sábado el cierre es a las 11:40 a.m. En los aeropuertos internacionales, el correo funciona desde las 8:30 hasta las 7:00 p.m., con un descanso entre la 1:00 y las 2:00 p.m.

Si necesita comprar sellos para enviar correspondencia, también los puede conseguir en los bares que tengan una T (*Tabaccaio*).

SANITARIOS PÚBLICOS

Italia no es un sitio para confiar en materia de sanitarios públicos. Suelen ser escasos y mal atendidos, si no están cerrados. Puede disponer de las instalaciones de los bares por una pequeña propina o el consumo de un café. Cuidado con las confusiones: *Signore* es para las damas y *Signori* para los caballeros.

URGENCIAS Y SOCORRO PÚBLICO

El socorro público está al servicio de las personas que corren peligros y en los casos de calamidad natural.

En las principales ciudades, marcando el 113 ó 112 responden en los principales idiomas, gracias a la colaboración de los intérpretes de la oficina extranjera de las respectivas comisarías.

Se puede solicitar ayuda para diversos tipos de emergencia, como por ejemplo necesidad de médicos, ambulancias o asistencia en caso de accidente.

En caso de robo, pérdida de documentos u otro tipo de ilícito hay que hacer una denuncia en el puesto de Policía o de Carabineros más cercano. Llamando al 116 le indicarán cuál es la comisaría más cercana.

En las grandes ciudades, la Guardia Municipal se ocupa principalmente del tráfico ciudadano. Los Guardias Urbanos también están preparados para dar informaciones útiles; algunos de ellos son intérpretes, se les puede reconocer por los distintivos (banderas que corresponden a los idiomas que conocen) que llevan en el uniforme. Puede dirigirse a ellos con total confianza.

PALABRAS Y FRASES BÁSICAS

Parole e frasi fondamentali
parole e frasi fondamentáli

A continuación, se relacionan algunos vocablos y oraciones de uso frecuente. Sería conveniente tratar de memorizarlos, pues se complementan en gran medida con otras frases utilizadas en el libro.

LOS DÍAS DE LA SEMANA

I giorni della settimana
i yorni della settimana

Lunes
Lunedí
lunedí

Martes
Martedí
martedí

Miércoles
Mercoledí
mercoledí

Jueves
Giovedí
yovedí

Viernes
Venerdí
venerdí

Sábado
Sabato
sábato

Domingo
Domenica
doménica

MESES DEL AÑO

I mesi dell'anno
i mesi delanno

Enero
Gennaio
yennáio

Julio
Luglio
lulyo

Febrero
Febbraio
febbráio

Agosto
Agosto
agosto

Marzo
Marzo
martso

Septiembre
Settembre
settembre

Abril
Aprile
aprile

Octubre
Ottobre
ottobre

Mayo
Maggio
matyo

Noviembre
Novembre
novembre

Junio
Giugno
yuño

Diciembre
Dicembre
dichembre

ESTACIONES

Stazioni
statsioni

primavera
primavera
primavera

otoño
autunno
autunno

verano
estate
estate

invierno
inverno
inverno

PARTES DEL DÍA

parti del giorno
parti del yorno

amanecer
primo mattino
primo matino

mañana
mattino
matino

mediodía
mezzogiorno
metsogiorno

tarde
pomeriggio
pomeriyyo

atardecer
sera
sera

noche
notte
notte

medianoche
mezzanotte
metsanotte

por la mañana
al mattino
al mattino

por la tarde
al pomeriggio
al pomeriyyo

hoy
oggi
oyyi

mañana
domani
domani

ayer
ieri
ieri

¿Qué hora es?
Che ore sono ?
que ore sono?

Son las ... en punto
Sono le ...
sono le ...

Son las ... y media.
Sono le ... e mezzo
Sono le ... e metso

Son las ... y cuarto.
sono le ... e un quarto
sono le ... e un cuarto

Son las ... menos cuarto.
Sono le ... meno un quarto
sono le ... meno un cuarto

Días de trabajo
Giorni feriali
yorni feriali

Días festivos
Giorni festivi
yorni festivi

NÚMEROS

I numeri
i numeri

uno/primero	**once**
uno/primo	undici
uno/primo	*úndichi*
dos/segundo	**doce**
due/secondo	dodici
dúe/secondo	*dódichi*
tres/tercero	**trece**
tre/terzo	tredici
tre/tertso	*trédichi*
cuatro/cuarto	**catorce**
quattro/quarto	quattordici
cuatro/quarto	*cuatórdichi*
cinco/quinto	**quince**
cinque/quinto	quindici
chincue/cuinto	*quíndichi*
seis/sexto	**dieciséis**
sei/sesto	sedici
sei/sesto	*sédichi*
siete/séptimo	**diecisiete**
sette/settimo	diciassette
sette/settimo	*dichassétte*
ocho/octavo	**dieciocho**
otto/ottavo	diciotto
otto/ottavo	*dichotto*
nueve/noveno	**diecinueve**
nove/nono	diciannove
nove/nono	*dichannove*
diez/décimo	**veinte**
dieci/decimo	venti
diechi/déchimo	*venti*

veintiuno
ventuno
ventuno

noventa
novanta
novanta

veintidós
ventidue
ventidue

cien
cento
chento

treinta
trenta
trenta

ciento uno
centuno
chentuno

cuarenta
quaranta
cuaránta

mil
mille
mile

cincuenta
cinquanta
chincuanta

dos mil
duemila
duemila

sesenta
sessanta
sesanta

un millón
un milione
un milione

setenta
settanta
settanta

dos millones
due milioni
due milioni

ochenta
ottanta
ottanta

mil millones
un miliardo
un miliardo

mil novecientos noventa y nueve
millenovecentonovantanove
milenovechentonovantanove

PRONOMBRES

yo/mí
io/me
ío/me

tú/ti
tu/te
tu/te

usted/usted	**ello-ella** (animales y cosas)
lei/lei	ció-essa
lei/lei	*cho-essa*
él/él	**nosotros/nosotras**
lui/lui	noi/noi
lúi/lúi	*noi/noi*
ella/ella	**ellos/ellas** (animales y cosas)
lei/lei	essi/esse
lei/lei	*essi/esse*
ellos/ellas	**vosotros/vosotras**
loro/loro	voi/voi
loro/loro	*voi/voi*

OTRAS PALABRAS

Otre parole
otre parole

esto	**Señorita**
questo	Signorina
cuesto	*siñorina*
estos	**Señores**
questi	Signori
cuesti	*siñori*
eso	**Doctor**
quello	Dottore
cuelo	*dotore*
esos	**sí**
quelli	sí
cueli	*si*
Señor	**no**
Signore	no
siñore	*no*
Señora	**por favor**
signora	per piacere/per favore
siñora	*per piachere/per favore*

gracias	**aquí**
grazie	qua
gratsie	*cua*
de nada	**allá**
prego	lá
prego	*lá*
perdón	**salida**
scusi	uscita
scusi	*ushita*
auxilio	**entrada**
aiuto	entrata
aiuto	*entrata*
bien	**bajada**
bene	discesa
bene	*dishesa*
bueno	**subida**
buono	salita
buono	*salita*
mal	**lejos**
male	lontano
male	*lontano*
malo	**cerca**
cattivo	vicino
cativo	*vichino*
tarde	**permitido**
tardi	permesso
tardi	*permeso*
temprano	**prohibido**
presto	vietato
presto	*vietato*
arriba	**izquierda**
su	sinistra
su	*sinistra*
abajo	**derecha**
sotto	destra
sotto	*destra*

175

abierto
aperto
aperto

adentro
dentro
dentro

cerrado
chiuso
kiuso

libre
libero
líbero

adelante
avanti
avanti

ocupado
occupato
occupato

atrás
dietro
dietro

gratis
gratituo
gratituo

afuera
fuori
fuori

emergencia
emergenza
emeryentsa

FRASES BÁSICAS

Frasi fondamentali
frasi fondamentáli

Buenos días.
Buon giorno.
buon yorno

Buenas tardes.
Buona sera.
buona sera

Buenas noches.
Buona notte.
buona notte

¿Cómo se dice esto en italiano?
Come si dice questo in italiano?
come si diche cuesto in italiano?

Disculpe.
Mi scusi.
mi scusi

¿Dónde está el baño?
Dov'è il bagno, per favore?
dové il baño per favore?

¿Dónde puedo tomar/comer algo?
Dove posso bere/mangiare qualcosa?
dové posso bere/manyare cualcosa?

Es un placer conocerlo.
Piacere di conoscerla.
piachére di conósherla

Escríbalo, por favor.
Me lo scriva, per piacere.
me lo scriva, per piachére

¿Está cerca?
E' vicino?
é vichino?

Estoy perdido.
Mi sono perso.
mi sono perso

Hable más despacio.
Parli più lentamente, per piacere.
parli piú lentaménte, per piachére

Me robaron.
Mi hanno derubato.
mi anno derubato

Necesito ayuda.
Ho bisogno di aiuto.
o bisoño di aiuto

Necesito un policía.
Ho bisogno di un poliziotto.
o bisoño di un politsiótto

No entiendo.
Non capisco.
non capisco

No sé.
Non so.
non so

Tengo hambre/sed/sueño.
Ho fame/sete/sonno.
o fame/sete/sonno

Vengo de...
Vengo da...
vengo da...

Yo no entiendo italiano.
Io non capisco l'italiano.
ío non capisco litaliano

Yo no hablo italiano.
Io non parlo l'italiano.
io non parlo litaliano

AEROPUERTO

Aeroporto
aeropórto

Los aeropuertos de los países desarrollados suelen estar bien señalizados y es más fácil seguir las señales que preguntar. Al principio, el latinoamericano tiene algunas dificultades para entender estas indicaciones. Concéntrese en el sencillo lenguaje y la "lógica" de estas señales y las entenderá sin problemas.

¿A qué hora aterrizamos?
A che ora atterriamo?
a que ora aterriámo?

¿A qué hora despegamos?
A che ora decolliamo?
a que ora decoliámo?

¿A qué horas hay vuelos hacia...?
A che ora ci sono dei voli per...?
a que ora chi sono dei voli per...?

¿Con este tiquete puedo cambiar mi reservación libremente?
Con questo biglietto posso cambiare la prenotazione liberamente?
con cuesto bilieto posso cambiáre la prenotatsióne liberaménte?

179

Confirme mi siguiente vuelo, por favor.
Confermi il mio prossimo volo, per piacere.
conférmi il mio próssimo volo, per piachere

¿Cuál es la forma más barata para volar hacia...?
Qual è il modo più economico per andare in aereo a...?
cual é il modo piú económico per andáre in aéreo a...?

¿Cuántos kilos de equipaje puedo llevar?
Quanti chili di bagaglio posso portare?
cuanti quili di bagálio posso portáre?

¿Cuántas maletas puedo llevar en la mano?
Quante valige posso portare a mano?
cuante valíye posso portáre a mano?

¿Cuánto cuesta en clase turista y cuánto en primera clase?
Quanto costa in classe turistica e quanto in prima classe?
cuanto costa in classe turística e cuanto in prima classe?

¿Cuánto cuesta un tiquete a...?
Quanto costa un biglietto per...?
cuanto costa un bilieto per...?

¿Cuánto dura el viaje?
Quanto dura il viaggio?
cuanto dura il viáyo?

¿Cuánto tiempo de validez tiene este tiquete?
Quanto tempo vale questo biglietto?
cuanto tempo vale cuesto bilieto?

Debe haber una reservación. Busque de nuevo, por favor.
Ci deve essere la mia prenotazione. Cerchi di nuovo, per favore.
chi deve ésere la mia prenotatsióne. chérqui di nuóvo, per favore

Déme un asiento adelante, por favor.
Mi dia un posto davanti, per piacere.
mi día un posto davánti, per piachere

Déme un asiento atrás, por favor.
Mi dia un posto dietro, per piacere.
mi día un posto diétro, per piachere

Déme un asiento cerca de la puerta, por favor.
Mi dia un posto vicino alla porta, per piacere.
mi día un posto vichíno ala porta, per piachere

Déme un asiento de corredor, por favor.
Mi dia un posto sul corridoio, per piacere.
mi día un posto sul corridóio, per piachere

Déme un asiento en la sección de fumadores, por favor.
Mi dia un posto per fumatori, per piacere.
mi día un posto per fumatóri, per piachere

Déme un asiento en la sección de no fumadores, por favor.
Mi dia un posto per non fumatori, per piacere.
mi día un posto per non fumatóri, per piachere

Déme un asiento de ventana, por favor,
Mi dia un posto vicino alla finestra, per piacere.
mi día un posto vichino ala finéstra , per piachere

¿Dónde puedo comprar un tiquete aéreo?
Dove posso comperare un biglietto aereo?
dove posso comperáre un bilieto aéreo?

¿Dónde queda la puerta de embarque?
Dove si trova la porta d'imbarco?
dove si trova la porta dimbarco?

Necesito que me ayude. Debo tomar ese vuelo.
Ho bisogno che mi aiuti.Devo viaggiare in questo volo.
o bisoño que mi aiuti. devo viayáre in cuesto volo

Por favor, lleve mi equipaje.
Per piacere, mi porti il bagaglio.
per piachere, mi porti il bagálio

Primera clase.
Prima classe.
prima classe

Qué aerolíneas viajan a...?
Che linee aeree vanno a...?
que linée aéree vanno a...?

Qué condiciones especiales tiene este tiquete?
Che condizioni speciali ha questo biglietto?
que conditsioni spechali a cuesto bilieto?

Qué distancia hay de aquí a...?
Che distanza c'è da qua a...?
que distantsa che da cua a...?

¿Quiere ponerme en lista de espera, por favor?
Vuole mettermi in lista d'attesa, per piacere?
vuole méttermi in lista dattesa, per piachere?

Quiero un tiquete a...
Vorrei un biglietto per...
vorrei un bilieto per...

Quiero un tiquete de ida y vuelta.
Vorrei un biglietto d'andata e ritorno.
vorrei un bilieto dandáta e ritórno

Quiero un tiquete sencillo.
Vorrei un biglietto di sola andata.
vorrei un bilieto di sola andata

Segunda clase.
Seconda classe.
seconda classe

Sirven alimentos en ese vuelo?
Servono da mangiare in questo volo?
sérvono da manyare in cuesto volo?

¿Tienen tarifas especiales para niños?
Ci sono tariffe speciali per bambini?
chi sono taríffe specháli per bambíni?

Viajo a... por la aerolínea...
Vado a... con la linea aerea...
vado a... con la línea aérea...

Yo hice las reservaciones con suficiente anticipación.
Ho fatto la prenotazione con molto anticipo.
o fatto la prenotatsióne con molto antíchipo

EN EL AVIÓN

In aereo
in aéreo

En los vuelos internacionales los consumos son gratuitos; no así en algunos vuelos nacionales. Mejor cerciórese antes de pedir. Si usted desea comer más de lo que le han servido, tal vez encuentre cierta resistencia del auxiliar de vuelo, pues el número de platos extra disponibles suele ser muy pequeño. Por lo tanto, intente insistir y acepte de la mejor forma un posible rechazo o que su solicitud sea puesta a condición. Esto no suele suceder con las bebidas.

Tenga especial cuidado con la cantidad de alcohol que consuma. Por razones que desconocemos, el alcohol hace más rápido efecto dentro de un avión, especialmente en viajes largos. No se imagina lo mal que se sentirá si, por causa del licor, llega a indisponerse en pleno vuelo.

¿A qué hora sirven la comida?
A che ora servite la cena?
a que ora servite la chena?

¿Cuánto cuesta un trago/una cerveza?
Quanto costa un bicchierino di liquore/una birra?
cuanto costa un biquieríno di licuóre/una birra?

Dónde están los baños?
Dove sono i bagni?
dove sono i bañi?

¿Dónde puedo guardar mi abrigo (o porta abrigo, porta vestido)?
Dove posso mettere il cappotto (il porta cappotto, il porta vestito)?
dove poso méttere il capotto (il porta capotto, il porta vestito)?

¿En cuánto tiempo servirán la comida?
Fra quanto tempo serviranno la cena?
fra cuanto tempo serviránno la chena?

¿En dónde queda mi asiento?
Dov'è il mio posto?
dové il mio posto?

Ese es mi asiento, excúseme.
Mi scusi, quello è il mio posto.
mi scusi, cuelo é il mio posto

¿Me puede prestar un periódico, por favor?
Mi presta un giornale, per favore?
mi presta un yornale, per favore?

¿Me puede prestar una almohada, por favor?
Mi presta un cuscino, per favore?
mi presta un cushino, per favore?

¿Me puede prestar una cobija, por favor?
Mi presta una coperta, per favore?
mi presta una coperta, per favore?

¿Me puede prestar una revista, por favor?
Mi presta una rivista, per favore?
mi presta una rivista, per favore?

Quiero más de esto.
Posso avere ancora un po' di questo?
poso avere ancora un po di cuesto?

¿Quisiera cambiar de asiento conmigo?
Le spiacerebbe cambiar posto con me?
le spiacherébbe cambiar posto con me?

Quiero beber...
Vorrei bere...
vorrei bere...

...un refresco.
...una bibita.
...una bíbita

...café.
...del caffè.
...del caffé

...jugo de frutas.
...un succo di frutta.
...un suco di frutta

...una cerveza.
...una birra.
...una birra

...agua.
...dell'acqua.
...*del accua*

LLEGADA AL AEROPUERTO

Arrívo all'aeroporto
arrívo al aeropórto

En el aeropuerto de Roma puede tomar un autobús que lo llevará hasta la *Stazione Termi*, donde puede adquirir un mapa del transporte público de la ciudad.

Aduana.
Dogana.
dogána

Autobuses.
Autobus.
áutobus

¿Debo abrir todas las maletas?
Devo aprire tutte le valige?
devo apríre tutte le valíye?

¿Debo declarar los licores y cigarrillos?
Devo dichiarare i liquori e le sigarette?
devo diquiaráre i licuóri e le sigarétte?

¿Debo declarar los obsequios?
Devo dichiarare i regali?
devo diquiaráre i regáli?

¿Debo pagar impuestos por esto?
Devo pagare le tasse per questo?
devo pagare le tasse per cuesto?

¿Dónde puedo encontrar un taxi?
Dove posso trovare un taxi?
dove posso trovare un taxi?

Equipajes.
Bagagli.
bagalli

Este es mi equipaje. Son... (1, 2, 3) piezas.
Questo è il mio bagaglio. Sono... (una, due, tre) colli.
cuesto é il mio bagalio. sono... (una, dúe, tre) coli

Estoy en viaje de negocios/de placer.
Sono in viaggio d'affari/di piacere.
sono in viayo daffári/di piachére

Mi pasaporte, por favor.
Il mio passaporto, per piacere.
il mio passaporto, per piachére

Necesito información sobre hoteles.
Vorrei delle informazioni sugli alberghi.
vorrei dele informatsioni sulli albergui

Quiero alquilar un auto.
Vorrei noleggiare in affitto una macchina.
vorrei noleyare in affitto una máquina

Vengo como turista.
Vengo come turista.
vengo come turista

Voy a hospedarme en el hotel...
Mi alloggeró nell'albergo...
mi aloyeró nel albergo...

Vuelo.
Volo.
volo

EN EL HOTEL

In albergo
in albérgo

Los hoteles se distinguen por estrellas (hasta 5) que indican su categoría. Esto vale también para las residencias turísticas y los campings. Durante la alta temporada, se aconseja llegar al hotel con la reserva hecha de antemano. Los precios, que comprenden el I.V.A., están expuestos en las habitaciones y son diferentes según los períodos de alta, media y baja temporada.

Están previstas combinaciones de "media pensión" o de "pensión completa" que son especialmente convenientes. Muchos hoteles ofrecen servicio de restaurante. Los horarios de las comidas están siempre oportunamente indicados.

En materia de hoteles, Roma puede ofrecer desde los más lujosos hasta los más sencillos, pasando por una amplia gama que oscila entre lo moderno y pulcro de la hotelería actual, hasta lo clásico europeo, cortés y más familiar. Otra opción son las *pensione* más adecuadas para los estadías prolongadas, que ofrecen la oportunidad de ejercitar el italiano y el placer de la comida casera, con frecuencia mejor que la de los grandes hoteles y restaurantes. Su precio varía según el lugar donde se ubique y la calidad de la atención.

En cualquier caso, no se arriesgue a viajar sin reservas, especialmente entre abril y octubre. Los precios pueden variar considerablemente aún dentro del mismo hotel. Por lo tanto, pida que le muestren las posibilidades de manera que usted logre una mejor decisión. Pregunte siempre los precios de los servicios que le ofrezcan, como baño, teléfono, T.V. etc. Con frecuencia no están incluidos en el precio de la habitación.

Roma es una ciudad ruidosa por excelencia, de manera que si esto puede estorbarle, debe preferir las habitaciones interiores y los vecindarios alejados de las vías grandes y congestionadas. Los mejores hoteles están en la Via Veneto y al sur de la Villa Borghese. Otros de menor tamaño pero igual calidad están hacia la Piazza Spagna y el Panteón, donde también se encuentran algunas pensiones. Estas, sin embargo, son más numerosas en Borgo y Prati, vecindarios más tranquilos y a pocos minutos del centro en autobús. Los alrededores de la Stazione Termini son ricos en hospedajes de diversa categoría y grado de conservación.

Venecia es una historia distinta. Posee los hoteles más costosos del mundo, injustificadamente en la mayoría de los casos. La habitaciones son pequeñas y oscuras en general. Por eso, a veces resulta preferible una habitación doble en un hotel de segunda que una sencilla en uno de primera.

En temporada turística o durante festividades especialiales es prácticamente imposible encontrar locación. Una alternativa, también válida para cualquier época por sus mejores precios, son los hoteles y albergues de los pueblos cercanos como Mestre y Treviso, entre otros.

CAMPING Y ALBERGUES DE LA JUVENTUD

También los lugares para camping están marcados por estrellas. Instalaciones, servicios y tarifas varían según la cantidad de estrellas (a más estrellas, más calidad). La *Federcampeggio* (teléfono 055/882391 - Telefax 570397 ITCAMPI) ubicada a 14 Km. al nordeste de Florencia, en el Municipio de Calenzano, además de todas las informaciones relativas a los campings y a un mapa de todos los parques de camping italiano, otorga el *Carnet Camping*

Internacional, con el que se pueden obtener descuentos en las tarifas y un seguro de protección durante la permanencia en el camping.

La aceptación a los albergues es consentida después de presentar un documento personal de identidad junto al carnet otorgado de una asociación miembro de la I.Y.H.F. *(International Youth Hostel Federacion)*. Hay más de 120 centros en donde es posible obtener este carnet y las informaciones de la Asociación Italiana Albergues para la juventud (A.I.G.) difundidos en todo el territorio nacional. La sede se encuentra en Roma Vía Cavour, 44 -CAP 00184 - Teléfono)06) 462342 - Telefax 622402 - Fax 474 12 56. Para informaciones se puede llamar el 116.

¿Cuál es el precio diario total?
Quanto costa in tutto al giorno?
cuanto costa in tutto al yorno?

¿Cuál es la hora de salida? (Hora en que cobran un nuevo día.)
A che ora si deve lasciare la camera?
a que ora si deve lashare la cámera?

¿Cuál es la tarifa de esa habitación?
Qual è la tariffa della camera?
cual é la tariffa dela cámera?

¿Hay descuento para estudiantes?
Fanno sconti agli studenti?
fanno sconti alli studenti?

¿Hay recargos por el uso del teléfono o del televisor?
C'è un sovrapprezzo per l'uso del telefono o del televisore?
ché un sovrappretso per luso del teléfono o del televisóre?

¿Hay servicio a las habitaciones de comedor/de lavandería?
C'è servizio in camera di ristorante/di lavanderia?
ché servitsio in cámera di ristoránte/di lavandería?

¿Esa tarifa incluye alguna comida?
La tariffa include qualche pasto?
la tariffa include cualque pasto?

¿Me puede mostrar primero la habitación?
Mi fa vedere prima la camera?
mi fa vedere prima la cámera

La habitación está muy...
La camera è molto...
la cámera é molto...

...costosa.	**...grande.**
...cara.	...grande.
...cara	*...grande*
...pequeña.	**...fría.**
...piccola.	...fredda.
...píccola	*...fredda*
...caliente.	**...ruidosa.**
...calda.	...rumorosa.
...calda	*...rumorósa*

Por favor, escriba esa cifra.
Per piacere, mi scriva questa cifra.
per piachere, mi scriva cuesta chifra

¿Puede darme folletos en español sobre las actividades del hotel?
Può darmi degli opuscoli in spagnolo sulle attività dell'albergo?
puó darmi delli opúscoli in spáñolo sule attivitá del albergo?

¿Pueden poner una cama más en la habitación?
Possono mettere un altro letto in camera?
possono mettere un altro letto in cámera?

Quiero una habitación...
Vorrei una camera...
vorrei una cámera...

...con vista a la calle.
...con vista sulla strada.
...con vista sula strada

...con vista a la playa.
...sulla spiaggia.
...sula spiaya

...con vista a la piscina.
…sulla piscina.
…sula pishina

...con vista al interior del hotel.
…all'interno dell'albergo.
…al interno del albérgo

...con baño privado.
...con bagno privato.
...con baño privato

...con cama doble.
..con letto matrimoniale.
...con letto matrimoniale

...con camas separadas.
...con letti separati.
...con letti separati

…con desayuno incluido.
…con la prima colazione inclusa.
…con la prima colatsione inclusa

…doble.
…per due persone.
…per due persone

…que dé a la calle.
…che dia sulla strada.
…que día sula strada

…que dé al interior.
…che dia verso l'interno.
…que día verso linterno

…que dé al mar.
…che dia verso il mare.
…que día verso il mare

…sencilla.
…singola.
…síngola

¿Tiene folletos en español sobre las actividades en la ciudad?
Ha degli opuscoli in spagnolo sulle attività della città?
a delli opúscoli in spañolo sule attivitá dela chittá?

¿Tiene televisión y teléfono?
Ha la televisione ed il telefono?
a la televisione ed il teléfono?

Tiene una reservación a nombre de...?
Ha una prenotazione a nome di....?
a una prenotatsione a nome di...?

¿Puede poner esto en una caja de seguridad, por favor?
Potrebbe mettere questo in una cassetta di sicurezza, per piacere?
potrebe métere questo in una cassetta di sicurettsa, per piachere?

TRANSPORTE EN LA CIUDAD

Trasporto in città
trasporto in chittá

En Roma el sistema de mayor cobertura es el autobús, cuyas paradas se señalan con la palabra *Fermata*. El metro tan sólo cuenta con dos líneas, pero no sufre los frecuentes trancones de la ciudad. El pasaje tiene el mismo precio del autobús.

Los billetes de autobús se compran en los quioscos de las mismas compañías de buses *(ATAC)*, en quioscos de periódicos y en los estancos. En condiciones especiales, con permiso de trabajo, tarjeta de estudiante o siendo de la tecera edad, entre otros, puede comprar tarjetas con validez por cierto tiempo (un mes, por ejemplo) o cierta parte del día (mañana o tarde) con precios más convenientes. Cuando se viaja con tiquete es necesario anularlo al subir, utilizando la máquina que está frente al revisor. Si lleva tarjeta de validez prolongada, muéstrela al supervisor.

Aún subsisten algunos tranvías con el mismo valor por pasaje que el metro y el autobús. No es muy aconsejable alquilar un auto por las dificultades del estacionamiento y la conducción temeraria de los conductores locales.

En Venecia es más frecuente, aunque más costoso, el transporte por agua. Para sus desplazamientos por la ciudad existen varias rutas acuáticas: el *vaporetto* que cruza el Gran Canal y toca todos los embarcaderos, el *diretto* que para poco, y el *motoscafo*, más péqueño, costoso y rápido, a la vez que menos adecuado para los propósitos del paseo turístico. Entre todos, el *vaporetto* puede ser la mejor opción para circunnavegar la ciudad. En varias paradas se puede adquirir el tiquete.

Desde el aeropuerto se puede llegar al centro en *motoscafo* y en taxis acuáticos que son cinco veces más caros, pero lo llevan hasta los principales hoteles. Hay también servicio terrestre de autobuses, desde las seis de la mañana hasta la medianoche, entre el aeropuerto y la *Piazzale Roma*. Es una opción mucho más barata. Algo menos costosos que los *motoscafo* son los taxis terrestres, pero sólo pueden treaerlo hasta la *Piazzale Roma*.

Las góndolas-*traghetti* que cruzan el Gran Canal son un servicio confiable y barato. El viaje es corto, se hace de pie y se paga a bordo. Pero si desea alquilar una góndola para recorrer y admirar la ciudad, alístese a pagar una buena suma. Bien vale la pena recorrer así un lugar que está hecho para ser admirado desde el agua. Infórmese de las tarifas, que son controladas por las autoridades locales.

Camine por Venecia. El encanto de la ciudad y su reducido tamaño hacen de ésta una de las mejores posibilidades. No olvide hacerse a un buen plano de la ciudad.

TAXIS

En Italia los taxis se toman en los paraderos especiales o se pueden pedir por teléfono. Son muy costosos y, en las grandes ciudades, sufren los atascos del tránsito. Los vehículos autorizados están identificados por la palabra *Taxi* en el techo. Evite los no autorizados, cuyos precios pueden ser mayores y carecen de control.

Las tarifas de los taxis están sujetas a variaciones periódicas y, a veces, la cifras señaladas en el taxímetro pueden ser integradas de especiales planillas que el taxista tiene a disposición con texto en tres idiomas. La bajada de bandera parte desde una cantidad que varía según las diferentes ciudades, desde 2500 hasta 4000 ó 4500 liras. Para el servicio nocturno, desde las 10:00 p. m. hasta las 7:00 a.m. y para los días festivos está previsto un suplemento de 3.000 liras y 1.000 liras respectivamente.

El equipaje está calculado en razón de 500 Liras por cada una de las piezas. Para los desplazamientos en taxis para y desde el aeropuerto existen tarifas especiales. En muchas ciudades un servicio de radio-taxi funciona las 24 horas.

LÍNEAS MARÍTIMAS

Los enlaces vía mar entre Italia y sus islas se efectúan mediante diversas líneas marítimas para personas, automóviles, *roulottes* y camperos. En las agencias de viajes se puede obtener mayor información sobre horarios de salida y tarifas.

SERVICIO DE TRENES

Por comodidad y economía, el tren es el mejor sistema para viajar por Italia. Los precios pueden tener ciertos suplementos según se trate de expresos o con reserva obligatoria, entre otras. Hay que informarse convenientemente. Existen varios tipos de trenes:

• El *Super-rápido* es un tren de lujo que circula sólo entre las principales ciudades. Sólo ofrece 1ª clase y la reserva es obligatoria.

• El *Expreso*, con 1ª y 2ª clase, es un tren de largas distancias que sólo para en las principales ciudades. La reserva suele ser obligatoria.

• El *Rápido* sólo atiende las principales ciudades y en ocasiones sólo lleva primera clase. La reserva es obligatoria e implica el pago de un suplemento fijo sin importar el kilometraje.

• El *Diritto* para en la mayoría de las estaciones y cuenta con dos clases.

• El *Local* para en todas las estaciones y también cuenta con dos clases. Los niños de 4 a 12 años pagan mitad de precio en cualquier clase.

FERROCARRILES ITALIANOS

Hay dos clases (primera y segunda). Las oficinas de información y reservas de las principales estaciones de ferrocarril están abiertas todos los días, incluyendo festivos, desde las 7:00 u 8:00 a.m. hasta las 8:00 p.m. en las ciudades pequeñas y hasta las 10:00 p.m. en las más importantes.

Las oficinas de información en las estaciones de ferrocaril, además de proporcionar indicaciones sobre horarios y tarifas para los billetes nacionales e internacionales, ofrecen asistencia a los viajeros (en particular para el *Eurail pass* y el *Inter-rail*). Los billetes ferroviarios se compran antes de subir al tren en las mismas estaciones. (El billete también se puede comprar en el tren, pero cobran un recargo del 20% del valor del billete).

Los billetes del tren no tienen validez ilimitada; ésta cambia según la distancia a recorrer. Va desde un día para distancias hasta 250 Km hasta un máximo de 6 días por 1001 Km ó más.

El acceso a los andenes es libre, salvo en estaciones como *Roma Termini, Milano Centrale, Torino Porta Nuova, Palermo C* y *Napoli C*, donde es necesario mostrar el billete ferroviario o un billete de acceso (que vale 1000 liras) con validez de una hora, que se compra en las mismas estaciones. La consigna de equipaje está abierta las 24 horas y cuesta 1500 liras por cada paquete para un período de 24 horas o fracción. Los maleteros (*faquini*) llevan el equipaje de la estación hasta las paradas de taxis. El precio de este servicio varía de 1000 a 1500 liras por paquete.

En algunas de las 105 estaciones existentes en Italia, hay sillas de ruedas a disposición de las personas que lo solicitan. Este servicio es gratuito; para poder utilizarlo es necesario llenar un formulario disponible en las taquillas de las estaciones.

ALGUNOS TIPOS DE BILLETES

• *BTLC* (Billete Turístico de Libre Circulación): permite viajar por toda la red italiana en primera o segunda clase, tiene una validez de 8, 15, 21 ó 30 días prorrogables. No está sujeto a ningún tipo de suplemento y la reserva es gratuita.

• *Billete Kilométrico*: Es un billete nominativo, aunque se puede poner a nombre de 5 personas. Tiene una validez de dos meses y permite viajar individual o colectivamente por un total de 3000 Km. con un máximo de 20 viajes.

• *Inter-rail*: Es un carnet de segunda clase, válido durante un mes, que permite a los jóvenes menores de 26 años viajar en condiciones muy ventajosas en la red ferroviaria italiana y en las redes de 21 países.

• *Eurailpass*: Billete de libre circulación de 1ª clase reservado a los residentes en países extraeruopes, también válido sobre las redes de Europa occidental y la red Húngara.

• *Eurailyouthpass*: Billete tipo *Eurailpass*, pero de segunda clase, para los jóvenes hasta los 26 años de edad.

• *BIJ*: Billete con tarifa reducida de segunda clase, desde un lugar a otro, para los jóvenes de hasta 26 años.

• *Rail Europ F* (REF): Carta familia internacional, para viajar en grupos familiares con descuento.

¿Cuál ruta me sirve para ir a...?
Che autobus devo prendere per andare a...?
que áutobus devo préndere per andare a...?

¿Cuáles son las tarifas de taxi?
Quali sono le tariffe dei taxí?
cuali sono le tariffe dei taxí?

¿Cuánto cuesta el tiquete?
Quanto costa il biglietto?
cuanto costa il bilieto?

¿Dónde puedo comprar los tiquetes?
Dove posso comperare i biglietti?
dove poso comperare i biliéti?

¿Dónde puedo conseguir un taxi?
Dove posso trovare un taxi?
dove poso trovare un taxí?

¿Dónde queda el paradero más próximo?
Dov'è la fermata più vicina?
dové la fermata piú vichina?

¿Dónde queda la estación más próxima?
Dov'è la stazione più vicina?
dové la statsione piú vichina?

¿Cuál es el horario de esta ruta?
In che orario funziona questa linea?
in que orario funtsiona cuesta línea?

¿Existen buses del aeropuerto al centro de la ciudad/a la estación?
Ci sono degli autobus per andare dall'aeroporto al centro della città/alla stazione dei treni?
chi sono delli áutobus per andare dal aeroporto al chentro dela chittá/ala statsione dei treni?

¿Es seguro viajar de noche?
Non è pericoloso viaggiare di notte?
non é pericoloso viayare di notte?

¿Tiene un mapa de rutas?
Ha una piantina delle linee di trasporto?
a una piantina dele linee di trasporto?

COMPRANDO TIQUETES DE TREN O AUTOBÚS

Comprando i biglietti del treno o dell'autobus
comprando i billetti del treno o del áutobus

¿A qué hora sale el tren/el autobús?
A che ora parte il treno/l'autobus?
a que ora parte il treno/láutobus?

¿Con qué frecuencia salen trenes/autobuses para...?
Con che frequenza partono i treni/gli autobus per...?
con que frecuentsa pártono i treni/lli áutobus per...?

¿Dónde puedo fumar?
Dove posso fumare?
dove posso fumare?

¿En qué estaciones se detendrá ese tren/autobús?
In quali stazioni ferma questo treno/autobus?
in cuali statsioni ferma cuesto treno|áutobus?

¿En qué plataforma está el tren para...?
Da che binario parte il treno per...?
da que binário parte il treno per...?

¿Hay coches litera en ese tren?
Ci sono cuccette in questo treno?
chi sono cuchette in cuesto treno?

¿Hay un vagón restaurante?
C'è il vagone ristorante?
ché il vagone ristorante?

¿Puede apagar su cigarrillo?
Può spegnere la sigaretta?
puó spéñere la sigaretta?

Quiero un pasaje por 15/30/45 días.
Vorrei un biglietto per quindici/trenta/quarantacinque giorni.
vorrei un billetto per cuíndichi|trenta|cuarantachincue yorni

¿Tiene una ruta nocturna?
C'è un orario notturno?
ché un orario notturno?

Un pasaje ida y vuelta a...
Un biglietto d'andata e ritorno per...
un biletto dandata e ritorno per...

Un pasaje sencillo a...
Un biglietto di sola andata per...
un biletto di sola andata per...

HACIENDO AMIGOS

Facendo amicizia
fachendo amichítsia

Los italianos son muy simpáticos y amigables, sobre todo con las mujeres. Les encanta conocer gente extranjera y hacen todo lo posible por entenderla y por ser comprendidos; así que no le resultará difícil conseguir nuevos amigos. Sin embargo, cuídese de no herirlos pues pueden llegar a ser bastante irascibles, y su franqueza absoluta a veces provoca disgustos.

¡Hola!, mi nombre es...
Ciao, io mi chiamo...
chao, ío mi quiamo...

Almorcemos juntos.
Pranziamo insieme.
prantsiámo insiéme

Cenemos juntos.
Ceniamo insieme.
cheniámo insiéme

Desayunemos juntos.
Facciamo insieme la prima colazione.
facchiámo insiéme la prima colatsióne

¿En qué trabaja usted?
Lei che lavoro fa?
lei que lavóro fa?

¿Es usted soltera(o) o casada(o)?
Lei è nubile (scapolo) o sposato(a)?
lei é núbile (scápolo) o sposáto(a)?

Le invito a visitar mi ciudad.
La invito a visitare la mia città.
la invíto a visitáre la mia chittá

¿Le molesta si me siento a su lado?
Le dispiace se mi siedo vicino a Lei?
le dispiáche se mi siédo vichíno a lei?

¿Me acompañaría a tomar algo?
Vuol bere qualcosa con me?
vuol bere cualcósa con me?

Me gustaría hacer amigos en esta ciudad.
Vorrei fare delle amicizie in questa città.
vorrei fare dele amichítsie in cuesta chittá

¿Podemos conversar?
Chiacchieriamo un po?
quiaquieriámo un po?

¿Puede darme información?
Può darmi delle informazioni?
puó darmi dele informatsióni?

¿Quiere acompañarme a visitar la ciudad?
Vuole accompagnarmi a visitare la città?
vuole accompañármi a visitáre la chittá?

¿Quisiera salir esta noche conmigo?
Vuole uscire con me questa sera?
vuole ushíre con me cuesta sera?

Vamos a bailar.
Andiamo a ballare.
andiámo a balare

Vamos a dar un paseo.
Andiamo a fare una passeggiata.
andiámo a fare una passeyata

¿Vive usted en la ciudad?
Lei vive in città?
lei vive in chittá?

Yo trabajo como...
Io lavoro come...
io lavóro come...

DE COMPRAS

A far spese
a far spese

Los horarios de las tiendas pueden variar según la estación y las ciudades pero, en general, el horario de apertura va desde las 9:00 a.m. hasta la 1:00 p.m. y de 4:00 p.m. a 7:00 p.m. Sin embargo, abren normalmente a las 9:00 a.m. y permanecen abiertos sin interrupciones hasta las 8:00 ó 10:00 p.m. horas. Los establecimientos comerciales están cerrados los domingos. Cierran también media jornada durante la semana, en general, el lunes por la mañana. Las tiendas de alimentación, salvo los grandes almacenes, cierran el miércoles o el jueves por la tarde, y las de artículos técnicos, el sábado por la tarde.

Las tiendas romanas y venecianas abren de 9:30 a 1:00 p.m. y de 3:30 a 7:30 p.m. En verano el horario vespertino se corre 30 minutos. No abren los domingos ni tampoco los sábados por la tarde. En las localidades turísticas, por el contrario, durante los meses de alta temporada, las tiendas permanecen abiertas todo el día y, algunas veces, sin la interrupción de la tarde.

Roma es uno de los mejores lugares del mundo para comprar artesanías de excelente calidad y, por supuesto, de alto precio. La moda italiana, más creativa que la francesa, le tentará irremediablemente. Vaya por la *Via*

Condoti, comoda y lujosa, con boutiques de excelente atención y calidad. El diseño italiano, muy seguramente el mejor del mundo, le seducirá.

Trate de hacer sus compras en las horas de la mañana, menos congestionadas y con dependientes más dispuestos a atenderlo. No tema por el idioma, pues fácilmente le entenderán en español.

Venecia ofrece una buena relación entre la calidad y el precio del calzado. En cuanto al cristal, puede ser una buena inversión, pero revise bien la marquilla del fondo. Para este caso vale la pena viajar hasta Murano, sin olvidar que la alta calidad artesanal que allí lo espera tiene su precio.

ALMACENES

Negozi
negotsi

¿Dónde puedo encontrar...?
Dove posso trovare…?
dove posso trovare…?

...una agencia de viajes
...un'agenzia di viaggi
...un ayentsía di viayi

...un almacén de calzado
...un negozio si scarpe
...un negotsio di scarpe

...almacenes por departamentos
...dei grandi magazzini
...dei grandi magaddsini

...un supermercado
...un supermercato
...un supermercato

...un anticuario
...un atiquario
...un anticuário

...un banco
...una banca
...una banca

...una droguería
...una farmacia
...una farmachía

...una floristería
...un fiorista
...un fiorista

...una galería de arte
...una galleria d'arte
...una galería darte

...una joyería
...un gioielliere
...un yoieliére

...una juguetería
...un negozio di giocattoli
...un negotsio di yocáttoli

..una librería
...una libreria
...una librería

....una oficina de correos
...un ufficio postale
...un ufficho postale

...una óptica
...un negozio di ottica
...un negotsio di óttica

...una peluquería (barbería)
...un parrucchiere (un barbiere)
...un parruquiére (un barbiere)

...una perfumería
...una profumeria
...una profumería

...una tabaquería
...un tabaccaio
...un tabacaio

...una tienda de ropa
...un negozio di abbigliamento
...*un negotsio di abbillaménto*

...una tienda fotográfica
...un negozio di articoli fotografici
...*un negotsio di artícoli fotográfichi*

...un vendedor de periódicos
...un edicola
...*un edícola*

ARTÍCULOS DE USO PERSONAL

Articoli di uso personale
articoli di uso personale

Necesito...
Vorrei...
vorrei...

...una aspirina.
...un'aspirina.
...*un aspirina*

...un esparadrapo.
...un cerotto.
...*un cherotto*

...un champú.
...uno shampoo.
...*uno shampo*

...gafas de sol.
...degli occhiali da sole.
...*delyi oquiáli da sole*

...una crema bronceadora.
...una crema abbronzante.
...*una crema abbrondsante*

...hilo dental.
...della seta dentale.
...*dela seta dentale*

... una crema de afeitar.
...una crema da barba.
...*una crema da barba*

...jabón.
...del sapone.
...*del sapóne*

...una crema dental.
...un dentifricio.
...*un dentifrícho*

...laxante.
...un lassativo.
...*un lassativo*

...pañuelos de papel.
...dei fazzoletti di carta.
...dei fattsoletti di carta

...repelente de insectos.
...un repellente per gli insetti.
...un repelente per lli insetti

...toallas higiénicas .
...degli assorbenti igienici.
...delyi assorbenti iyénichi

...un cepillo de dientes.
...uno spazzolino da denti.
...uno spattsolíno da denti

ROPA

Vestiario
vestiário

¿Cuál es la ropa en promoción?
Quali sono gli articoli in saldo?
cuali sono lli artícoli in saldo?

¿Cuál es la última moda en esto?
Qual è l'ultima moda di questo?
cualé lúltima moda di cuesto?

¿Cuáles son los mejores almacenes para comprar ropa?
Quali sono i migliori negozi di abbigliamento?
cuali sono i millori negotsi di abiliamento?

¿Quiere escribir el nombre y la dirección?
Potrebbe scrivermi il nome e l'indirizzo?
potrebbe scrívermi il nome e lindiríttso?

Quiero comprar un...
Vorrei comperare...
vorrei comperare...

Quisiera ver ropa deportiva para dama/caballero.
Vorrei vedere dei vestiti sportivi da donna/da uomo.
vorrei vedere dei vestiti sportivi da donna/da uomo

207

Quisiera ver vestidos de calle para dama/caballero.
Vorrei vedere dei vestiti eleganti da donna/da uomo.
vorrei vedere dei vestiti eleganti da donna/da uomo

Quisiera ver vestidos de noche para dama/caballero.
Vorrei vedere dei vestiti da sera da donna/da uomo.
vorrei vedere dei vestiti da sera da donna/da uomo

Ropa para caballeros
Vestiti da uomo
vestiti da uomo

Ropa para damas
Vestiti da donna
vestiti da donna

Ropa para niños
Vestiti da bambino
vestiti da bambino

Quiero algo más...
Vorrei qualcosa di più...
vorrei cualcosa di piú...

...abrigado.	**...elegante.**
... pesante.	...elegante.
...pesante.	*...elegante*
...barato.	**...fino.**
...a buon mercato.	...fine.
...a buon mercato	*...fine*
...claro.	**...fresco.**
...chiaro.	...fresco.
...quiáro	*...fresco*
...corto.	**...grande.**
...corto.	...grande.
...corto	*...grande*
...deportivo.	**...largo.**
...sportivo.	...lungo.
...sportivo	*...lungo*

...oscuro.   ...pequeño.
...scuro.   ...piccolo.
...scuro   *...píccolo*

¿Tiene promociones de fin de estación?
Ci sono saldi di fine stagione?
chi sono saldi di fine stayone?

PARA NIÑOS

Per bambini
per bambini

¿Dónde está la ropa para niños?
Dove sono i vestiti per bambini?
dove sono i vestiti per bambini?

¿Dónde están los artículos para niños?
Dove sono gli articoli per bambini?
dove sono lli artículi per bambini?

¿Dónde están los juguetes para niños?
Dove sono i giocattoli per bambini?
dove sono i yocáttoli per bambini?

**Necesito ropa (juguetes) para un niño/niña de...
años de edad.**
Vorrei del vestiti (dei giocattoli) per un bambino/una
bambina di... anni.
*vorrei del vestiti (dei yocáttoli) per un bambino/una bambina
di... anni*

ZAPATOS

Scarpe
scarpe

¿Dónde encuentro los zapatos?
Dove si trovano le scarpe?
dove si tróvano le scarpe?

Muéstreme otros colores.
Mi faccia vedere degli altri colori.
mi faccha vedere delli altri colori

Permítame ver los modelos de zapato.
Mi faccia vedere i modelli di scarpe.
mi faccha vedere i modeli di scarpe

¿Puedo probármelos?
Mi posso misurare le scarpe?
mi poso misurare lescarpe?

Quiero un par de este estilo.
Ne voglio un paio di questo tipo.
ne volio un paio di cuesto tipo

Quiero un par de zapatos...
Vorrei un paio di scarpe…
vorrei un paio di scarpe…

...azules.
...blu.
...blu

...claros.
...chiare.
...quiáre

...de atar con cordón.
...con le stringhe.
...con le stringue

...de gala.
…da sera.
…da sera

...de tacón alto.
...col tacco alto.
...col tacco alto

...de tacón bajo.
...col tacco basso.
...col tacco basso

...deportivos.
...sportive.
...*sportive*

...marrón.
...marroni.
...*marroni*

...más baratos.
...più a buon mercato.
...*più a buon mercato*

...más finos.
...più fini.
...*più fini*

...muy cómodos.
...più comode.
...*più cómode*

...negros.
...nere.
...*nere*

...para hombre.
...da uomo.
...*da uomo*

...para mujer.
...da donna.
...*da donna*

...para niña.
...da bambina.
...*da bambina*

...para niño.
...da bambino.
...*da bambino*

....sin cordón.
...senza stringhe.
...*sentsa stringue*

VESTUARIO MASCULINO

vestido completo (1)
vestito completo
vestito completo

corbata (2)
cravatta
cravatta

pañuelo (3)
fazzoletti
fattsoletti

mancuernas (4)
gemelli
yemeli

medias (5)
calze
caltse

calzoncillos (6)
mutande
mutande

camiseta interior (7)
cannottiere
canottiere

pipa (8)
pipa
pipa

sombrero (9)
cappello
cappelo

boina (10)
berretto
berretto

gorra (11)
berretta
berretta

camiseta deportiva (12)
camicie sportive
camiche sportice

chaqueta (13)
giacca
yacca

cinturón (14)
buriere
buriere

pantaloneta (15)
costume de bagno
costume da bañо

corbatín (16)
cutrettola
cutretola

chaleco (17)
gilè
yilè

camisa (18)
camicie
camiche

gabardina (19)
impermeabile
impermeabile

pantalones (20)
pantaloni
pantaloni

zapatos (21)
delle scarpe
dele scarpe

pisacorbatas
fermacravatta
fermacravatta

tirantes
bretelle
bretele

bufanda
sciarpa
scharpa

213

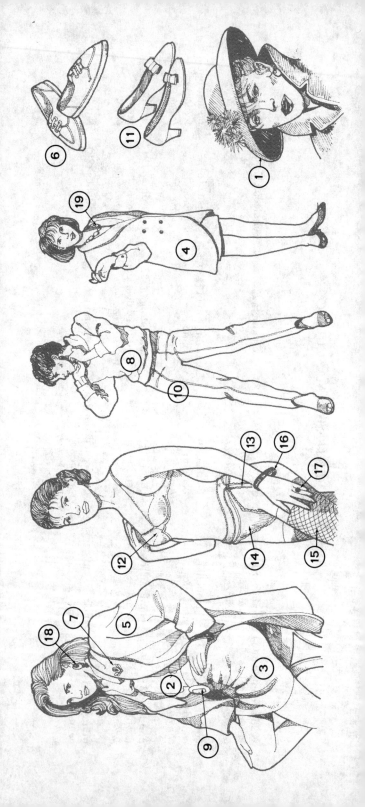

VESTUARIO FEMENINO

sombrero (1)
cappello
cappelo

blusa (2)
camicetta
camichetta

falda (3)
gonna
gonna

vestido (4)
vestito completo
vestito completo

chaqueta (5)
giacca
yacca

zapatos bajos (6)
scarpe col tacco basso
escarpe con taco basso

prendedor (7)
spilla
spila

suéter (de lana/ algodón) (8)
golf (di lana/cotone)
golf (di lana/cotone)

cinturón (9)
cinturino
cinturino

pantalones (10)
pantaloni
pantaloni

zapatos (11)
scarpe
scarpe

sostén (12)
reggiseno
reyiseno

liguero (13)
reggicalze
reyicalse

pantalón interior (14)
mutandine
mutandine

medias veladas/tobilleras (15)
collant/calze
colant/calse

pulsera (16)
braccialetto
bracchaletto

anillo (17)
anello
anelo

aretes (18)
pendenti
pendenti

collar (19)
collana
colana

215

RESTAURANTES

Ristoranti
ristoranti

La comida italiana suele ser descomplicada y de raíces campesinas. Recurre más a la creatividad recursiva que a refinados ingredientes, inspirada siempre por el placer de comer. No existe una comida italiana homogénea, sino más bien muchas formas locales de espontaneidad en la sazón que recurren a ingredientes corrientes con excelentes resultados.

Los restaurantes tienen un día de cierre semanal, por turnos. Normalmente el servicio se presta desde las 12:30 hasta las 3:00 p.m. para el almuerzo y, para la cena desde las 7:30 p.m. hasta las 10:00 p.m.

La mayoría de restaurantes coloca los menús y los precios de los platos en las puertas o muros exteriores. Pero a los valores de la comida y bebida se agrega el del *coperto* (cubierto), el del "pan y cubierto" o, a veces, el del "servicio". El precio del cubierto, según la categoría del restaurante, va desde 1000 hasta 5000 liras por persona. El servicio (o la propina) es alrededor del 12 ó 15% del precio total. Hay varios tipos de restaurantes:

• El *Ristorante*, sofisticado, costoso y poco regional.

• La *Trattoria* de inclinaciones sencillas y localistas. Suele ser preferible en calidades y precios al *Ristoriante*. En Venecia recibe el nombre de *Locanda*.

• La *Osteria*, fonda o taberna de pueblo, para disfrutar un vaso de vino y alguna comida sencilla acompañado de la gente del lugar. Desafortunadamente, la industrialización y urbanización de Italia ha reducido grandemente su número.

• *Pizzerías*, *Tavole calde* y *Tavole fredde*, y restaurantes autoservicio de comidas cálidas y frías similares a las de cualquier otro lugar del mundo.

En primavera y verano, las principales ciudades ofrecen encantadores lugares en terrazas, calles empedradas y jardines, para comer al fresco y disfrutar del ambiente urbano y del dulce ocio.

Los bares italianos funcionan también como cafés, teléfonos públicos y centros de la vida local en los lugares pequeños. Se debe pagar por adelantado y la diferencia de precios entre la barra y las mesas es considerable.

Los restaurantes venecianos suelen ser tan caros como buenos, en particular las especialidades de comida de mar. Prefiera buscar los restaurantes de tierra firme antes de pagar las sumas que vale cualquier cosa en la isla.

¿Aceptan cheques viajeros/tarjetas de crédito?
Accettano travel cheques/le carte di credito?
achéttano travel sheks/le carte di crédito?

Aún no hemos decidido.
Non abbiamo ancora deciso.
non-abbiamo ancora dechiso

¿Cuál es el plato del día?
Qual è il piatto del giorno?
cualé il piatto del yorno?

¿Cuál es el precio del cubierto?
Quanto costa il coperto?
cuanto costa il coperto?

¿Cuál es la especialidad de la casa?
Qual è la specialitá della casa?
cualé la spechalitá dela casa?

¿Es picante/es muy condimentado?
E' piccante/e' molto condito?
é piccante/é molto condito?

¿Está incluido el servicio?
E' compreso il servizio?
é compreso il servitsio?

Esto está muy cocido.
Questo è troppo cotto.
cuesto é troppo cotto

Esto está muy poco cocido.
Questo non è ben cotto.
cuesto non-é ben cotto

Esto no es lo que pedí.
Questo non è quello che avevo chiesto.
cuesto non-é cuelo que avevo quiesto

Felicite al cheff de mi parte.
Complimenti al cheff da parte mia.
complimenti al shef da parte mía

Hay un error en la cuenta.
C'è un errore nel conto.
ché un errore nel conto

La carta.
Il menù.
il menu

La carta de vinos.
La lista dei vini.
la lista dei vini

La carta de precios.
La lista dei prezzi.
la lista dei prettsi

La cuenta.
Il conto.
il conto

Permítame estudiar la carta.
Mi faccia vedere il menù.
mi faccha vedere il menu

Lo mismo para mí.
Lo stesso per me.
lo stesso per me

Queremos una mesa para dos, en la sección de (no) fumadores.
Vorremmo un tavolo per due, nella zona (non) fumatori.
vorremmo un távolo per due, nela tsona (non) fumatori

Quiero algo sencillo.
Vorrei qualcosa di semplice.
vorrei cualcosa di sémpliche

Quiero cambiar mi pedido.
Vorrei cambiare l'ordinazione.
vorrei cambiare lordinatsione

Quiero hablar con el administrador.
Vorrei parlare con l'amministratore.
vorrei parlare con lamministratore

Tenemos prisa ¿Puede darse prisa, por favor?
Abbiamo premura; puó fare un po' piú in fretta?
abiano premura; puo fare un po piu in freta?

DESAYUNO

Prima colazione
prima colatsione

Quiero...
Vorrei...
vorrei...

...café con leche.
...un caffelatte.
...un caffelatte

...cereales.
...dei cereali.
...dei chereali

...chocolate.
...una cioccolata.
...una choccolata

...huevos cocidos blandos/duros.
...uova à la coque molli/dure.
...uova a la coc moli/dure

...huevos en tortilla.
...una frittata.
...una frittata

...huevos con tocineta.
...uova con pancetta.
...uova con panchetta

...huevos fritos.
...delle uova fritte.
...dele uova fritte

...jugo de fruta.
...un succo di frutta.
...un succo di frutta

...jugo de naranja.
...una spremuta d'arancia.
...una spremuta darancha

...jugo de zanahoria.
...un succo di carota.
...un succo di carota

...mantequilla.
...del burro.
...del burro

...mermelada.
...della marmellata.
...dela marmelata

...miel.
...del miele.
...del miele

...pan.
...del pane.
...del pane

219

...té (en leche/con limón).
...un té (col latte/col limone).
...un té (col latte/col limone)

...tostadas.
...del pane tostato.
...del pane tostato

...tostadas francesas.
...delle fette biscottate.
...dele fette biscottate

ALMUERZO Y CENA

Pranzo e cena
prantso e chena

Quiero comer...
Vorrei mangiare...
vorrei manyare...

...arroz.	**...papas.**
...risotto.	...patate.
...risoto	*...patate*
...carnes.	**...pasta.**
...carni.	...pasta.
...carni	*...pasta*
...ensaladas.	**...pescados.**
...insalate.	...pesce.
...insalate	*...peshe*
...langostinos.	**...platos fríos.**
...scampi.	...piatti freddi.
...scampi	*...piatti freddi*

Quiero beber...
Vorrei bere...
vorrei bere...

...agua mineral.	**...agua natural.**
...dell'acqua minerale.	...dell'acqua naturale.
...del accua minerale	*...del accua naturale*

...**Cola (dietética).**
...una bibita (dietetica).
...una bibita (dietetica)

...**jugo de fruta.**
...un succo di frutta.
...un succo di fruta

...**vino (tinto o blanco) de la casa.**
...il vino (rosso o bianco) della casa.
...vino (rosso o bianco) dela casa

...**limonada.**
...una spremuta di limone.
...una spremuta di limone

...**una cerveza.**
...una birra.
...una birra

PARTES DEL MENÚ O CARTA

Parti del menù o della lista delle vivande
parti del menu o dela lista dele vivande

Acompañamientos.
Contorno.
contorno

Arroces.
Risotto.
risoto

Aves.
Pollame.
polame

Bebidas.
Bevande.
bevande

Carnes.
Carni.
carni

Ensaladas.
Insalate.
insalate

Entradas.
Antipasti.
antipasti

Pasta.
Pasta.
pasta

Pescados.
Pesce.
peshe

Platos fríos.
Piatti freddi.
piatti freddi

Postres.
Dolci.
dolchi

Quesos.
Formaggi.
formayi

Sopas.
Minestre in brodo.
minestre in brodo

Vinos.
Vini.
vini

221

ALIMENTOS BÁSICOS

Alimenti e preparazioni principali
alimenti e preparatsioni principali

Albaricoque.
Albicocca.
albicocca

Champiñones.
Funghi.
fungui

Alverjas.
Piselli.
piseli

Chorizo.
Salsicciotto.
salsicchotto

Bizcochos.
Paste.
paste

Chuleta.
Cotoletta.
cotoletta

Camarones.
Gamberi.
gámberi

Coliflor.
Cavolfiore.
cavolfiore

Cangrejo.
Granchio.
gránquio

Conejo.
Coniglio.
conillo

Carne.
Carne.
carne

Cordero.
Agnello.
añelo

Cebolla.
Cipolla.
chipola

Dátiles.
Datteri.
dátteri

Cerdo.
Maiale.
maiale

Durazno.
Pesca.
pesca

Cereza.
Ciliege.
chilieye

Esparrágos.
Asparagi.
aspárayi

Cerveza.
Birra.
birra

Espinacas.
Spinaci.
spinachi

Frambuesa.
Lampone.
lampone

Fresa.
Fragola.
frágola

Frutas.
Frutta.
frutta

Garbanzos.
Ceci.
chechi

Helado.
Gelato.
yelato

Hielo.
Ghiaccio.
guiacho

Hígado.
Fegato.
fégato

Huevos.
Uova.
uova

Jamón.
Prosciutto.
proshutto

Langostinos.
Scampi.
scampi

Leche.
Latte.
latte

Lechuga.
Lattuga.
lattuga

Lentejas.
Lenticchie.
Lentíquie

Limón.
Limone.
limone

Manzana.
Mela.
mela

Mejillones.
Cozze o mitili.
cottse o mitili

Mostaza.
Senape.
sénape

Naranja.
Arancia.
arancha

Nueces.
Noci.
nochi

Olivas.
Olive.
olive

Ostras.
Ostriche.
óstrique

Papas.
Patate.
patate

Pera.
Pera.
pera

Pimienta.
Pepe.
pepe

Piña.
Ananas.
ánanas

Sopa.
Minestra in brodo.
minestra in brodo

Pollo.
Pollo.
polo

Ternera.
Vitello.
vitelo

Pulpo.
Polpo.
polpo

Tocino.
Pancetta.
panchetta

Queso.
Formaggio.
formayo

Toronja.
Pompelmo.
pompelmo

Res.
Manzo.
mantso

Trucha.
Trota.
trota

Salmón.
Salmone.
salmone

Uvas.
Uva.
uva

Salsa.
Salsa.
salsa

Venado.
Selvaggina.
selvayina

Sandía.
Cocomero o anguria.
cocómero o anguria

Verduras.
Verdure.
verdure

Sardina.
Sardina.
sardina

Zanahorias.
Carote.
caróte

FORMAS DE PREPARACIÓN

Modi di preparazione
modi di preparatsione

...a la menta.
...alla menta.
...ala menta

...a la parrilla.
...alla griglia.
...ala grilla

...a la pimienta.
...al pepe.
...al pepe

...en finas hierbas.
...alle erbe.
...ale erbe

...a la plancha.
...ai ferri.
...ai ferri

...en mantequilla.
...al burro.
...al burro

...a la vinagreta.
...con salsa di cipolla, olio e aceto.
...con salsa di chipóla, olio e acheto

...en salsa bechamel.
...con salsa bechamel.
...con salsa beshamel

...al estilo de la casa.
...allo stile della casa.
...alo stile dela casa

...en salsa de manzana.
...con salsa di mele.
...con salsa di mele

...al ajillo.
...all'aglio.
...al alio

...en salsa de naranja.
...con salsa d'arancia.
...con salsa darancha

...al gratín (o gratinadas).
...al graten (gratinate).
...al gratín (gratinate)

...en salsa picante.
...con salsa piccante.
...con salsa picante

...al horno.
...al forno.
...al forno

...en tomates.
...al pomodoro.
...al pomodoro

...al vino.
...al vino.
...al vino

...filete.
...filetto.
...filetto

...apanado.
...impanato.
...impanato

...frito.
...fritto.
...fritto

...cocinado.
...cotto.
...coto

...torta.
...torta.
...torta

...con queso.
...al formaggio.
...al formayo

...tortilla.
...frittata.
...frittata

...en aceite.
...all'olio.
...al-olio.

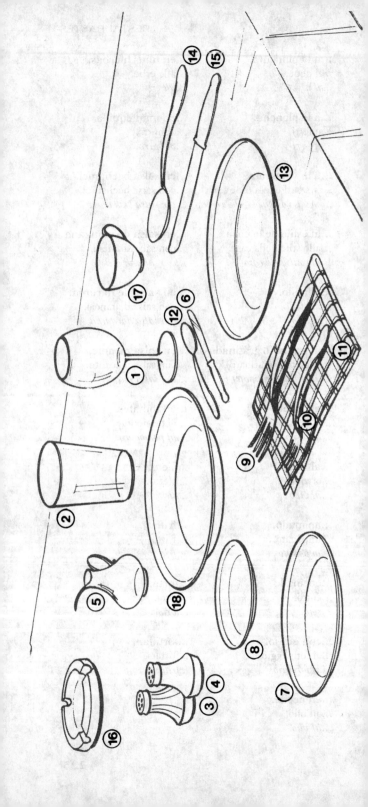

ELEMENTOS DE LA MESA

copa (1)
copa
coppa

vaso (2)
bicchiere
biquière

sal (3)
sale
sale

pimienta (4)
pepe
pepe

vinagre (5)
aceto
acheto

cuchillo de mantequilla (6)
coltello di burro
coltelo di burro

plato mediano (7)
piatto mediano
piatto mediano

plato pequeño (8)
piatto piccolo o piattino
piatto piccolo o piattino

tenedor (9)
forchetta
forquetta

tenedor de postre (10)
forchetta di dolce
forquetta di dolche

servilleta (11)
tovagliolo
tovaliolo

cucharita (12)
cucchiaino
cuquiaíno

plato grande (13)
piatto grande
piatto grande

cuchara (14)
cucchiaio
cuquiáio

cuchillo (15)
coltello
coltelo

cenicero (16)
cenerario
chenerario

taza/pocillo (17)
tazza
tattsa

plato hondo (18)
piatto fondo
piatto fondo

vinagreta
salsa per insalate
salsa per insalate

227

CENTROS NOCTURNOS

Locali notturni
locali notturni

Las opciones son variadas, desde los conciertos clásicos y recitales de cámara, hasta el jazz y el folclor, todos suficientemente publicitados. En las ciudades grandes y medianas son muchas las posibilidades de escuchar óperas líricas, asistir a conciertos y a espectáculos de ballet. Para la reserva de las entradas diríjase a la taquilla o a una agencia de turismo. Los precios del cine, discotecas, salas de baile y locales nocturnos varían según el tipo de local.

Más íntimos y apropiados para viajantes solteros son los piano-bares. En ellos es más fácil encontrar compañía, hacer amigos y pasar una agradable velada alrededor del piano y la conversación.

Las oficinas locales de información turística y el 116 podrán darles noticias sobre los espectáculos principales en las ciudades que visite.

¿A qué hora comienza el espectáculo?
A che ora comincia lo spettacolo?
a que ora comincha lo spettácolo?

¿Aceptan tarjetas de crédito/cheques viajeros?
Accettano carte di credito/travel cheques?
acchéttano carte di crédito|travel sheks?

¿Cuál es el coctel especialidad de la casa?
Qual è il cocktail specialità della casa?
cualé il cóctel spechalitá dela casa?

¿Cuánto dura el espectáculo?
Quanto dura lo spettacolo?
cuanto dura lo spettácolo?

¿Cuánto pueden costar las bebidas?
Quanto possono costare le bevande?
cuanto póssono costare le bevande?

¿Existe un consumo mínimo/un cover?
Esiste un consumo minimo/un cover?
esiste un consumo mínimo/un cover?

¿Hay que consumir bebidas o alimentos en ese espectáculo?
E' obbligatorio ordinare bevande o cibi durante lo spettacolo?
e'obbligatorio ordinare bevande o chibi durante lo spettácolo?

Necesito información sobre los espectáculos nocturnos de la ciudad.
Vorrei delle informazioni sugli spettacoli notturni della città.
vorrei dele informatsioni sulli spettácoli notturni dela chittá

¿Puede reservarme dos asientos para platea/balcón?
Può prenotarmi due posti in platea/in galleria?
puó prenotarmi due posti in platea/in galería?

¿Qué precio tiene cada entrada?
Quanto costa ogni biglietto d'ingresso?
cuanto costa oñi billétto dingresso?

¿Qué precio tienen las diferentes localidades?
Quanto costano i vari posti?
cuanto cóstano i vari posti?

Queremos una mesa cerca de la pista de baile.
Vorremo un tavolo vicino alla pista da ballo.
vorremo un távolo vichino ala pista da balo

Queremos una mesa cerca del escenario.
Vorremo un tavolo vicino allo spettacolo.
vorremo un távolo vichino alo spettácolo

Quiero algo ligero para beber.
Vorrei bere qualcosa di leggero.
vorrei bere cualcosa di leyéro

¿Tiene puestos para esta noche/para mañana?
Ci sono posti per questa sera/per domani?
chi sono posti per cuesta sera/per domani?

¿Tiene una carta de licores?
Ha una lista dei liquori?
a una lista dei licuori?

Ubíquenos en un lugar íntimo.
Ci sistemi in un luogo un po'appartato.
chi sistemi in un luogo un po appartato

VISITANDO LA CIUDAD

Visitando la città
visitando la chittá

Será indispensable el uso de un mapa para el mejor aprovechamiento de sus caminatas por la ciudad. La distribución de calles en Europa es bastante caprichosa. Suelen serpentear unas entre otras y cambian de nombre casi en cada esquina, de manera que confunden con facilidad al turista no guiado.

¿A qué hora regresaremos al hotel?
A che ora torneremo in albergo?
a que ora torneremo in albergo?

¿A qué hora sale el tour?
A che ora parte il tour?
a que ora parte il tour?

¿Cuál es el precio de este tour?
Quanto costa questo tour?
cuanto costa cuesto tour?

¿Cuánto dura este tour?
Quanto dura questo tour?
cuanto dura cuesto tour?

¿Hay visitas guiadas en español?
Ci sono visite con cicerone in spagnolo?
chi sono vísite con chicherone in spáñolo?

¿Incluye el valor de las entradas?
E' compreso il prezzo dei biglietti d'ingresso?
e' compreso il prettso dei bilietti dingresso?

¿Puede hacerme una reservación para ese tour?
Può farmi una prenotazione per questo tour?
Puó farmi una prenotatsione per cuesto tour?

¿Qué otro tour me puede ofrecer?
Che altri tour mi può offrire?
que altri tour mi puó offrire?

Quiero hacer una visita guiada por la ciudad.
Vorrei fare una visita guidata per la città.
vorrei fare una vísita güidata per la chittá

¿Tiene folletos de información turística?
Ha dei prospetti d'informazione turistica?
a dei prospetti dinformatsione turística?

MUSEOS

Musei
musei

El horario para visitar los museos estatales y municipales va, generalmente, de las 9:00 a.m. a las 6:00 p.m. Para las áreas arqueológicas, el horario de cierre coincide normalmente con la puesta del sol. El precio de las entradas varía entre 1000 y 5000 liras. Suele ser gratuito para los estudiantes hasta los 18 años y para personas mayores de 60 años. Los menores de 12 años tienen que entrar acompañados.

Recomendaciones: en varios museos del mundo para el paso de una galería a otra se requiere mostrar el tiquete de entrada o un botón de identificación, que también le sirve para regresar si debe salir por algún motivo. Trate de no perderlo, pues su posibilidad de reponerlo o poder entrar sin él dependerán de la variable voluntad de un portero.

¿Algún día es gratis la entrada?
In che giorni l'ingresso è gratuito?
in que yorni lingresso é gratúito?

¿Cuál es el horario de atención?
In che orario funziona?
in que orario funtsiona?

¿Dónde están los servicios sanitarios?
Dove sono i servizi sanitari?
dove sono i servitsi sanitari?

¿En qué dirección debo caminar para llegar aquí?
(señalando el mapa)
Da che parte devo andare per arrivare qui?
da que parte devo andare per arrivare cuí?

¿Existe una biblioteca en el museo?
C'è una biblioteca nel museo?
ché una biblioteca nel museo?

¿Existen cafeterías o restaurantes en el museo?
C'è un caffé o un ristorante nel museo?
ché un caffé o un ristorante nel museo?

¿Hay visitas guiadas en español?
Ci sono visite guidate in spagnolo?
chi sono vísite güidate in spañolo?

¿Hay visitas guiadas por casete?
Ci sono visite guidate con cassette?
chi sono vísite güidate con cassette?

¿Hay tarifas reducidas para estudiantes?
Ci sono sconti per studenti?
chi sono sconti per studenti?

¿Hay una tienda de recuerdos en el museo?
Nel museo c'è un negozio di souvenir?
nel museo ché un negotsio di suvenir?

He perdido mi tiquete de entrada. ¿Puedo pasar sin él?
Ho perso il mio biglietto d'ingresso. Posso passare lo stesso?
o perso il mio bilietto dingresso. Posso passare lo stesso?

¿La entrada tiene el mismo precio todos los días?
L'ingresso costa lo stesso tutti i giorni?
lingresso costa lo stesso tutti i yorni?

No encuentro esta obra. ¿Puede indicarme dónde está?
Non trovo quest'opera. Può dirmi dov'é?
non trovo cuestópera. Puó dirmi dové?

¿Pueden prestarme una silla de ruedas?
Mi possono prestare una sedia a rotelle?
mi póssono prestare una sedia a rotele?

¿Puedo salir del museo y regresar hoy mismo con el mismo tiquete?
Posso uscire dal museo e ritornare oggi stesso con lo stesso biglietto?
posso ushire dal museo e ritornare oyi stesso con lo stesso bilietto?

¿Se pueden hacer filmaciones?
Si possono fare delle riprese?
si póssono fare dele riprese?

¿Se pueden tomar fotografías?
Si possono fare fotografie?
si póssono fare fotografíe?

¿Tiene libros explicativos en español?
Ha dei libri di spiegazione in spagnolo?
a dei libri di spiegatsione in spañolo?

Tiene un mapa del museo?
Ha una piantina del museo?
a una piantina del museo?

EL BANCO

La banca
la banca

Los bancos están abiertos al público desde las 8:30 a.m. hasta la 1:30 p.m. y desde las 3:00 hasta las 4:00 p.m, con excepción de los sábados, los domingos, los días festivos y semifestivos. Los días semifestivos para los bancos –con cierre de ventanilla a las 11:30 a.m.– son el 14 de agosto, el 24 de diciembre y el 31 de diciembre. En los principales aeropuertos se encuentran taquillas destinadas a las operaciones de cambio. El cambio no varía aunque se dirijan a las agencias que cambian divisas ya que todas los efectúan con el permiso del Banco de Italia. Se puede cambiar también en los hoteles, pero no es tan conveniente.

¿Cuál es la tasa de cambio?
A quanto sta il cambio?
a cuanto sta il cambio?

¿Cuál es el horario bancario?
Qual è l'orario bancario?
cualé lorario bancario?

¿Dónde está el banco más cercano?
Dov'è la banca più vicina?
dové la banca piú vichina?

Escríbame esa cifra, por favor.
Mi scriva questa cifra, per piacere.
mi scriva cuesta chifra, per piachere

¿Hasta qué valor puede darme adelantos en efectivo?
Fino a che valore mi può dare degli anticipi in contanti?
fino a que valore mi puó dare delli antíchipi in contanti?

¿Hasta qué valor puedo cambiar cheques viajeros?
Fino a che valore posso cambiare dei travel cheques?
fino a que valore posso cambiare dei travel sheks?

Necesito un adelanto en efectivo sobre mi tarjeta de crédito.
Vorrei un anticipo in contanti sulla mia carta di credito.
vorrei un antíchipo in contanti sula mia carta di credito

Necesito un recibo.
Vorrei una ricevuta.
vorrei una richevuta

¿Puede cambiarme estos dólares por liras?
Può cambiarmi questi dollari in lire?
puó cambiarmi cuesti dolari in lire?

¿Puede darme sencillo?
Può darmi degli spiccioli?
puó darmi delli spícholi?

Quiero cambiar cheques viajeros.
Vorrei cambiare degli travel cheques.
vorrei cambiare delli travel sheks

¿Tiene servicio de cajero automático?
C'è il servizio di cassiere automatico?
ché il servitsio di cassiere automático?

MEDICINAS Y ENFERMEDADES

medicine e malattie
medichine e malattie

Las farmacias respetan los horarios establecidos por la alcaldía de cada localidad. En general son los siguientes: servicio diurno desde las 8:30 a.m. hasta la 1:00 p.m. y desde las 4:00 hasta las 8:00 p.m.

Necesito un médico.
Ho bisogno di un medico.
o bisoño di un médico

Necesito una droguería.
Ho bisogno di una farmacia.
o bisoño di una farmachía

Necesito una medicina para...
Vorrei qualcosa per...
vorrei cualcosa per...

...calmar la tos.
...calmare la tosse.
...calmare la tosse

...desinfectar una cortada.
...disinfettare una ferita.
...disinfettare una ferita

238

...detener la diarrea.
...bloccare la diarrea.
...bloccare la diarrea

...el dolor de oído.
...il mal d'orecchio.
...il mal doréquio

...el dolor de cabeza.
...il mal di testa.
...il mal di testa

...el dolor muscular.
...i dolori muscolari.
...i dolori muscolári

...el dolor de estómago.
...il mal di stomaco.
...il mal di stómaco

...el escalofrío.
...le brivido.
...le brivido

...el dolor de garganta.
...il mal di gola.
...il mal di gola

...el insomnio.
...l'insonnia.
...linsónnia

...el dolor de huesos.
...i dolore nelle ossa.
...i dolore nele ossa

...el vómito.
...il vomito.
...il vómito

...el dolor de muela.
...il mal di denti.
...il mal di denti

...la fiebre.
...la febbre.
...la febre

...la deshidratación infantil.
...la disidratazione infantile.
...la disidratatsióne infantile

...las quemaduras de la piel.
...le bruciature della pelle.
...le bruchature dela pele

DIRECCIONES Y ORIENTACIONES EN CALLES Y LUGARES

Indirizzi ed orientamenti in strade e luoghi
indirittsi ed orientamenti in strade e luogui

Creo que estoy perdido. ¿Qué dirección debo tomar para llegar a...?
Credo di essermi perso.· In che senso devo andare per arrivare a...?
credo di éssermi perso. In que senso devo andare per arrivare a...?

¿Es esta la dirección correcta para ir hacia...?
Questo è il senso corretto per andare verso...?
cuesto é il senso corretto per anadre verso...?

¿Puede indicarme en este mapa dónde estoy?
Mi puo indicare in questa pianta dove mi trovo?
mi púo indicare in cuesta pianta dove mi trovo?

¿Puede indicarme en este mapa dónde queda...?
Mi puo indicare in questa pianta dove è...?
mi púo indicare in cuesta pianta dove e...?

¿Qué dirección tomo para llegar a...?
Da che parte vado per arrivare a...?
da que parte vado per arrivare a...?

240

PELUQUERÍA

Parrucchiere
parruquiére

PARA HOMBRE

Da uomo
da uomo

¿Cuánto cuesta arreglar la barba?
Quanto costa farmi la barba?
cuanto costa farmi la barba?

¿Cuánto cuesta un corte de cabello?
Quanto costa tagliare i capelli?
cuanto costa taliare i capeli?

Deseo que me arregle la barba.
Desidero che mi faccia la barba.
desídero que mi facha la barba

Necesito un corte de cabello.
Vorrei tagliarmi i capelli.
vorrei tallarmi i capeli

Puede hacerme el manicure?
Può farmi la manicure?
puó farmi la manicur?

Corte poco a los lados.
Tagli poco ai lati.
talli poco ai lati

Corte bastante a los lados.
Tagli molto ai lati.
talli molto ai lati

Corte un poco más a los lados.
Tagli un po di più ai lati.
talli un po di piú ai lati

Corte poco atrás.
Tagli poco dietro.
talli poco dietro

Corte bastante atrás.
Tagli molto dietro.
talli molto dietro

Corte un poco más atrás.
Tagli un po'di più dietro.
talli un po di piú dietro

Corte poco arriba.
Tagli poco sopra.
talli poco sopra

Corte bastante arriba.
Tagli molto sopra.
talli molto sopra

Corte un poco más arriba.
Tagli un po di più sopra.
talli un po di piú sopra

Déjeme destapadas las orejas.
Mi lasci scoperte le orecchie.
mi lashi scoperte le orequie

Las patillas largas.
Le basette larghe.
le basette largue

Las patillas cortas.
Le basette corte.
le basette corte

El bigote.
I baffi.
i baffi

Corte las puntas.
I baffi tagli le punte.
i baffi talli le punte

Afile las puntas.
Affili le punte.
affili le punte

Descubra un poco el labio.
Scopra un pochino il labbro.
scopra un poquino il labbro

Quítele un poco de volumen.
Gli tolga un po' di volume.
li tolga un po di volume

Apenas arréglelo.
Li spunti appena appena.
li spunti appena appena

PARA MUJER

Da donna
da donna

Déjelo más corto/o largo de este lado.
Me li lasci più corti/lunghi da questa parte.
me li lashi piú corti/lungui da cuesta parte

Necesito arreglarme la uñas.
Vorrei farmi le unghie.
vorrei farmi le únguie

Necesito un peinado para una fiesta de gala.
Vorrei una pettinatura per una festa.
vorrei una pettinatúra per una festa

No es necesario que me lave el pelo.
Non è necessario che mi lavi i capelli.
non-é nechessario que mi lavi i capeli

¿Quiere mostrarme la última moda en peinados?
Mi fa vedere l'ultima moda delle pettinature?
mi fa vedere lúltima moda dele pettinatúre?

Quiero pintarme el pelo. ¿Puede mostrarme algunos colores?
Vorrei tingermi i capelli. Mi fa vedere le tonalità?
vorrei tínyermi i capeli. mi fa vedere le tonalitá?

Quiero ver otros colores de esmalte.
Vorrei vedere degli altri colori di smalto.
vorrei vedere delli altri colori di smalto

¿Tiene fotografías donde pueda yo escojer un estilo?
Ha delle fotografie per poter scegliere lo stile?
a dele fotografíe per poter shéliere lo stile?

PORTUGUÉS
INDICE

PRESENTACIÓN

Este manual se ha diseñado para servir como ayuda indispensable durante sus viajes al Brasil, a Portugal y a cualquier lugar donde el portugués le pueda sacar de apuros. En nuestro interés de hacerle más fácil y ameno su desplazamiento, además de ofrecerle las frases básicas del idioma, se presenta información esencial para el viajero.

Se ha supuesto que usted desconoce el portugués. Por eso adjuntamos las palabras, oraciones e informaciones básicas que se puedan necesitar en diversas situaciones turísticas. Nuestro objetivo es dotarle con la más actualizada información sobre las presentes condiciones de viaje, algunas de las cuales hemos vivido en carne propia.

¡Mantenga a la mano su **Portugués Viajero** y láncese al mundo!

CÓMO USAR ESTE LIBRO

Aquí encontrará practicamente todas las frases que se necesitan cuando se está de viaje en un país extranjero, además de información, clasificada por ámbitos en los distintos capítulos, sobre varios aspectos fundamentales que se deben tener en cuenta al salir del país. **Portugués Viajero** le indicará muchas de las cosas necesarias en su viaje al Brasil o a Portugal y resolverá la mayoría de sus dudas.

CÓMO ENCONTRAR LA FRASE QUE NECESITA

Dentro de cada capítulo las frases se han clasificado por ámbitos de uso en orden alfabético. Primero está la frase en español, seguida por su correspondiente en portugués, y luego, por su transcripción fonética. Se ha buscado siempre la frase más sencilla para decir las cosas. Cuando usted quiera decir algo en portugués, vaya al capítulo o al ámbito en el que lo pueda encontrar, piense en la forma más simple de decirlo en castellano y así hallará la oración adecuada. Si no la encuentra, piense de qué otra forma se podría decir lo mismo, o en qué otro contexto se podría necesitar la misma frase y busque allí.

GUÍA DE PRONUNCIACIÓN

Hemos empleado un sistema de fácil acceso para el lector. Cada frase está transcrita fonéticamente en el tercer renglón, de tal modo que al leer la transcripción como en español, se escuche lo más acertadamente posible en el idioma extranjero. Puede estar seguro de que si pronuncia una frase en portugués tal como se le indica, le entenderán. Algunas aclaraciones para hacerlo aun más fácil:

• El idioma portugués es una lengua nasal; intente pronunciar casi como si tuviera gripe.

• Cuando una letra aparece acentuada en la transcripción fonética, debe hacer un mayor énfasis en dicha sílaba.

• La letra *y* en la transcripción fonética se debe pronunciar como en la palabra *yema*, nunca como en *hay*.

INFORMACIÓN GENERAL

EN BRASIL

Este inmenso país americano es uno de los lugares más exóticos, atractivos y exhuberantes del mundo entero. Si bien comprende la mayor selva tropical de la Tierra, en la parte sur se presentan estaciones. La época de verano en Brasil va desde diciembre hasta marzo, con temperaturas altas, entre 29° y 40°C en todo el país. Es también la época de lluvias, lo que ayuda a refrescar un poco el ambiente. De mayo a septiembre se presentan las temperaturas más frescas, cercanas a los 21°C, y un tiempo soleado hacia el norte de país, mientras que al sur hace bastante frío.

INGRESO AL PAÍS

Según el lugar de origen, los turistas necesitan presentar el pasaporte vigente, vacuna contra la fiebre amarilla y tiquete de salida o algún documento que demuestre que saldrán del país por alguna otra vía. Para los mexicanos hay una excepción: deben obtener visa y no requieren la vacuna.

Al pasar por la aduana hay que mostrar el pasaporte y entregar el "formulario de declaración", formato que el pasajero debe llenar en el avión con sus datos personales, el tiempo de estadía, motivo del viaje, si tiene algo qué declarar, etc.

PRESCRIPCIONES ADUANERAS

De libre importación, para cualquier persona mayor de diez años, son los elementos de uso personal, ropa, libros y periódicos, cualquier tipo de artículos que no excedan un valor de US$ 500 o su equivalente en otra moneda, y máximo dos litros de bebidas alcohólicas.

SERVICIO BANCARIO

Los bancos funcionan de las 9:00 a.m. a las 3:30 p.m. Para cambiar cheques viajeros y divisas en general, recurra al *Banco do Brasil*, *Banespa*, a las casas de cambio o a la recepción del hotel en que se hospede. Al cambiar dólares en el banco, se obtiene un recibo con el que se pueden cambiar los reales restantes por dólares al salir del país.

La inflación en el Brasil es de cerca del 22% mensual (en 1.993), por lo que resulta difícil tratar de aproximar los precios de los artículos y servicios. Tenga en cuenta esta situación durante su estadía.

URGENCIAS

En Rio de Janeiro, recurra en caso de emergencia a cualquier hospital o al *Pronto Socorro*. Puede también llamar al *Clínico Prontocor* (tel. 286-4142) o al *Tijucor* (tel. 264-6293). En São Paulo, llame al *Pronto Socorro Iguatemi*, tel. 280-1000, o al teléfono 813-1222. En Salvador, recurra al *Hospital Atemde* (tel. 245-8855).

EN PORTUGAL

Este pequeño país de la península ibérica es una tierra acogedora y amable, llena de luz, brisa marina y con uno de los climas más suaves y menos variados de Europa. En invierno, el promedio de temperatura es de 17°C; en primavera, 21°C, y en verano, 26°C, tomando como referencia a Lisboa. Hacia el norte las temperaturas son inferiores, mientras que en el sur y en las islas de Madeira y Azores son más altas.

El viajero puede comunicarse fácilmente con los portugueses en español, inglés y francés en las zonas urbanas. Intente un español lento y simple en las rurales.

INGRESO AL PAÍS

Para la mayoría de ciudadanos latinoamericanos no es necesario un visado previo de turista; basta presentar el pasaporte válido al entrar al país. Los europeos sólo necesitan su documento de identidad. Para visas de trabajo, residencia o asilo, se debe consultar con el consulado o embajada en el país de origen.

RUTAS DE ENTRADA

A Portugal se llega fácilmente por cualquier medio de transporte. Con España existen múltiples puntos fronterizos; si va en auto, conviene que se asegure de que la entrada que piensa utilizar esté abierta el día y hora en que pasará por allí. No obstante, la mayoría de las rutas normales permanecen abiertas todo el año.

Trenes y aviones llegan desde todas las capitales europeas y desde la mayoría de las naciones latinoamericanas se puede hacer conexiones fáciles.

PRESCRIPCIONES ADUANERAS Y SANITARIAS

No existen límites para la entrada de dinero nacional o extranjero; para la salida, hay un límite por persona y por viaje de 100.000 escudos en moneda nacional en efectivo y de 500.000 en moneda extranjera. Para sumas superiores hay que acreditar el haber entrado al país por lo menos con esta cantidad.

No hay límites por tarjetas de crédito o cheques emitidos en el extranjero y a nombre de quien lo porte. En caso de duda, consulte a los consulados portugueses o a las sucursales internacionales del *Banco de Portugal*.

No existen limitaciones sobre las drogas de uso personal, pero sí sobre licores, perfumes y tabaco cuando se trata de cantidades considerables. Consulte en el consulado los límites exactos si porta cantidades significativas de alguno de estos productos.

Hay libertad de importación temporal de artículos de uso personal, como instrumentos deportivos y fotográficos, computadores personales, instrumentos musicales portátiles y receptores de radio o televisión.

Se exige vacuna contra la fiebre amarilla a pasajeros procedentes de zonas afectadas –tropicales en general–, o que salgan hacia dichas zonas.

Animales: evite llevarlos. Deberá presentar un certificado para demostrar que el animal no presenta síntomas de enfermedad; que los perros de más de 4 meses están vacunados contra la rabia, y que no se procede de zonas donde se presenten enfermedades propias de la especie.

Plantas: se necesita autorización de las autoridades nacionales competentes para procedentes de fuera de Europa, y visado fitosanitario para los procedentes de la Comunidad.

SERVICIOS MÉDICOS

Se atiende 24 horas diarias en los hospitales de las principales ciudades. En las pequeñas localidades la atención se realiza en los *Centros de Saudade*, es decir, centros sanitarios.

Las farmacias, establecimientos de venta de medicamentos, atienden de lunes a viernes de 9:00 a.m. a 1:00 p.m. y de 3:00 a 7:00 p.m. y los sábados de 9:00 a.m. a 1:00 p.m.

Para las farmacias de turno las 24 horas consulte los periódicos, el servicio de asistencia telefónica o los letreros fijados en todas las farmacias.

DÍAS FESTIVOS

Son festivos el 1° de enero, el 25 de abril, el 1° de mayo, el 10 de junio, el 15 de agosto, el 5 de octubre, el 1° de noviembre, el 1°, 8 y 25 de diciembre. Además, y en fecha variable, el Martes de Carnaval, el Viernes Santo y el Corpus Christi.

ELECTRICIDAD

Atención: el voltaje usado es de 220 o 380 voltios, y 50 hertz de frecuencia. Todo modelo americano necesita transformador. Lleve además un adaptador de enchufe redondo a plano.

PROPINAS

El servicio está incluido en la cuenta. No obstante, se espera una propina que oscile entre el 10% y el 15%. Se acostumbra la propina en taxis y espectáculos nocturnos.

URGENCIAS

Llame al 115 a cualquier hora del día o de la noche, desde cualquier teléfono del país. En las carreteras encontrará teléfonos *SOS*, de color naranja. Oprima el botón y espere a que le respondan. Sea claro al dar la información.

TURISMO RURAL

De naturaleza familiar, se basa en el hospedaje en casas de familia, a través de las cuales podrá disfrutar de la amabilidad y vivir la cultura, la lengua y las tradiciones nacionales. Las casas autorizadas tienen un distintivo a la entrada. Informes en IPT y en:

Dirección General de Turismo
Av. Antonio Augusto de Aguilar, 86
1099 Lisboa Codex.
Tel. 575015/86,
Portugal.

Mayor información turística se consigue en:

IPT -Instituto de Promoción Turística-
Rua Alexandre Herculano, 51
1200 Lisboa.
Tel.: 681174/5/6/7, Fax: 659782
Portugal.

Puede consultar, además, la embajada o consulado portugués de su país.

PALABRAS Y FRASES BÁSICAS

A continuación se relacionan algunos vocablos y oraciones de uso frecuente. Sería conveniente tratar de memorizarlos, pues se complementan en gran medida con otras frases utilizadas en el libro.

DÍAS DE LA SEMANA

Dias da semana
yías da semána

lunes
Segunda feira
sigúnda féira

martes
Terça feira
téjsa féira

miércoles
Quarta feira
cuájta féira

jueves
Quinta feira
quínta féira

viernes
Sexta feira
séxta féira

sábado
Sábado
sábado

domingo
Domingo
domíngu

MESES DEL AÑO

Meses do ano
mézzes du ánu

enero	**julio**
Janeiro	Julho
yaneiru	*yúliu*
febrero	**agosto**
Fevereiro	Agosto
fevéreiru	*agostu*
marzo	**septiembre**
Março	Setembro
májsu	*setémbru*
abril	**octubre**
Abril	Outubro
abríu	*outúbru*
mayo	**noviembre**
Maio	Novembro
máiu	*novembru*
junio	**diciembre**
Junho	Dezembro
yúñu	*dezzembru*

ESTACIONES

Estações
istasoins

primavera	**otoño**
Primavera	Outono
primavera	*outonu*
verano	**invierno**
Verão	Inverno
veraum	*invernu*

PARTES DEL DÍA

Partes do dia
partchis du dyia

amanecer	**Ayer**
amanhecer	Ontem
amañecer	*ónteim*
mañana	**Hoy**
manhã	Hoje
mañá	*oyi*
mediodía	**mañana**
meio-dia	Amanhã
meiodyia	*amañá*
tarde	**¿Qué hora es?**
tarde	¿Que horas são?
tardyi	*qui horas ssãum*
atardecer	**Son las ... en punto.**
entardecer	São as... em ponto.
entardecer	*ssãum as...eim pontu*
noche	**... y quince.**
noite	... e quinze.
noitchi	*... y quinzi*
medianoche	**... y media.**
meia-noite	... e meia.
meia noitchi	*... y meia*
Por la mañana	**... menos quince.**
De manhã	... menos quinze.
dyi mañá	*... menus quinzi*
Por la tarde	
de tarde	
dyi tardyi	

NÚMEROS

Números
números

uno/una
um/uma
un/uma

primero (a)
primeiro (a)
primeiru (a)

Dos
dois/duas
dois/duas

segundo (a)
segundo (a)
segundu (a)

tres/tercero
três/terceiro
tréis/terseiru

cuatro/cuarto
quatro/quarto
cuátru/cuartu

cinco/quinto
cinco/quinto
cincu/quintu

seis/sexto
seis/sexto
séis/sestu
(Si se trata de un número
telefónico o una dirección, en
lugar de seis, se suele decir
meia.)

siete/séptimo
sete/sétimo
sechi/sétchimu

ocho/octavo
oito/oitavo
oitu/oitavu

nueve/noveno
nove/nono
novi/nonu

diez/décimo
dez/décimo
deis/déssimu

once
onze
onzzi

doce
doze
dozzi

trece
treze
trezzi

catorce
catorze
catojzzi

quince
quinze
quinzzi

dieciséis
dezesseis
deiseseis

diecisiete
dezessete
deiseséchi

dieciocho
dezoito
dizzóitu

diecinueve
dezenove
desenovi

veinte
vinte
vinchi

ventiuno
vinte e um
vintchi y um

ventidós
vinte e dois
vintchi y dois

treinta
trinta
trinta

cuarenta
quarenta
cuarenta

cincuenta
cinqüenta
cincuenta

sesenta
sessenta
sesenta

setenta
setenta
setenta

ochenta
oitenta
oitenta

noventa
noventa
noventa

cien
cem
ceiñ

doscientos
duzentos
duzentus

trescientos
Trezentos
trezentus

mil
Mil
miul

mil uno
Mil e um
miul y um

dos mil
Dois mil
dois miul

un millón
Um milhão
um millaum

PRONOMBRES

Pronomes
pronomis

yo/mí	**ella**
eu/mim	ela
eu/min	*ela*
tú/ti	**nosotros/nosotras**
você/você	nós/nós
vossé/vossé	*nós/nós*
usted/usted	**ustedes**
o senhor/a senhora	vocês
o señor/a señora	*vossés*
él	**ellos/ellas**
ele	eles/elas
ele	*elis/elas*

COLORES

Cores
córes

amarillo	**blanco**
amarelo	branco
amarélu	*bráncu*
anaranjado	**gris**
cor de laranja	cinza
coj yi laránya	*cínzza*
azul	**marrón**
azul	marron
azúu	*marrún*
beige	**morado**
beige	roxo
béish	*jósho*

negro preto *prétu*	**rosado** cor de rosa *coj yi josa*
rojo vermelho *vejmelio*	**verde** verde *véjyi*

OTRAS PALABRAS

esto isto *istu*	**sí** Sim *sim*
estos estes *estes*	**no** Não *naum*
eso isso *issu*	**y** e *i*
esos esses *eses*	**o** o *o*
Señor Senhor *señor*	**por favor** Por favor *pur favor*
Señora Senhora *señora*	**gracias** obrigado/obrigada *obrigadu/obrigada*
Señorita Senhorita *señorita*	**de nada** De nada *dyi nada*
Señores Senhores *señores*	**perdón** perdão *perdaum*
Doctor Doutor *doutor*	**bien** bem *beinm*

260

bueno	**bajada**
bom	baixada
bonm	*baishada*
mal	**cerca**
Mal	perto
mall	*pertu*
malo	**lejos**
mau	longe
mau	*lonyi*
temprano	**permitido**
cedo	permitido
cedu	*permitchidu*
tarde	**prohibido**
tarde	proibido
tardyi	*proibidu*
arriba	**izquierda**
em cima	esquerda
einm sima	*isquerda*
abajo	**derecha**
em baixo	direita
einm baishu	*dyireita*
aquí	**abierto**
aqui	aberto
aquí	*abertu*
allá	**cerrado**
lá	fechado
la	*feshadu*
entrada	**adelante**
entrada	adiante
entrada	*adiantchi*
salida	**atrás**
saida	atrás
saída	*atrás*
subida	**afuera**
subida	fora
subida	*fora*

adentro
dentro
dentru

gratis
gratis/de graça
gratchis/dyi grassa

libre
livre/desocupado
livri/desocupadu

auxilio
Socorro
socorru

ocupado
ocupado
ocupadu

emergencia
emergência
emeryencia

FRASES BÁSICAS

Buenos días.
Bom dia.
boun yía

Buenas noches.
Boa noite.
boa nóichi

Buenas tardes.
Boa tarde.
boa táiyi

Disculpe.
Disculpe.
discúupe

¿Cómo se llama esto en portugués?
Como é o nome disto em português?
cómo é u nómi yístu eiñ portugués?

¿Dónde está el baño?
Onde fica o banheiro?
ónyi fíca u bañêiru?

¿Dónde puedo beber/comer algo?
Onde posso beber/comer alguma coisa?
ónyi póso bebéj/coméj augúma cóisa?

Es un placer conocerlo.
Muito prazer em conhece-lo.
múintu prazzéj eiñ coñecé-lo

Escríbalo, por favor.
Escreva, por favor.
escréva, puj favój

¿Está cerca?
É perto?/Fica perto?
é péjtu?/fíca péjtu?

262

Estoy perdido.
Estou perdido.
istóu pejyídu

Hable más despacio, por favor.
Fale devagar, por favor.
fále devagáj, puj favój

Me robaron.
Robaram-me.
jobáraun-me

Necesito que me ayude.
Preciso de ajuda.
precízzu yi ayúda

Necesito un policía.
Preciso de um policial.
precízzu yi un policiáu

No entiendo.
Não entendo.
naum intendu

No sé.
Não sei.
naum sei

Tengo hambre/sed/sueño.
Tenho fome/sede/sono.
teño fómi/séyi/sóno

Yo no entiendo portugués.
Eu não entendo português.
eu naum intendu portugués

Yo no hablo portugués.
Eu não falo português.
eu náun fálo pojtugués

Yo vengo de…
Eu venho da…
eu véño da…

AEROPUERTO

Aeroporto
aeropojtu

Los turistas comúnmente llegan al Brasil por Rio. Allí existe el siguiente sistema: las personas que tienen algo que declarar pasan por la aduana. Hay un mecanismo de sorteo por el que pasa cada inmigrante; éste debe oprimir un botón, y si se prende una luz verde, el pasajero sigue su camino sin declarar; si se prende la roja, debe pasar a la aduana. La luz es controlada por los guardias que, según su percepción y ciertas normas preestablecidas, dan luz verde o roja.

A Portugal llegan aviones desde todas las capitales europeas, y desde la mayoría de los países de Latinoamérica se puede hacer conexiones fáciles, generalmente con transbordo en Madrid.

SALIDA DEL AEROPUERTO

¿A qué horas hay vuelos hacia...?
A que horas é o vôo para...?
a qué hóuras é u vóo pra...?

Confirme mi vuelo.
Confirme o meu vôo.
confíjme u méu vóo

¿Cuál es la forma más barata de volar hacia...?
Qual é o modo mas barato de voar para...?
cuáu é u módu máis barátu yi voáj pra...?

¿Cuántas maletas de mano puedo llevar?
Quanta bagagem de mão posso levar?
cuánta bagáyeiñ yi máun póso leváj?

¿Cuántas maletas puedo llevar?
Quantas malas posso levar?
cuántas málas póso leváj?

¿Cuánto cuesta en clase turista y cuánto en primera clase?
Quanto custa em classe turista e quanto em primeira classe?
cuánto cústa eiñ clási turísta y cuántu eiñ priméira clási?

¿Cuánto cuesta un tiquete a...?
Quanto custa uma passagem para...?
cuánto cústa uma pasáyeiñ pra...?

¿Cuánto dura el viaje?
Quanto demora a viagem?
cuánto demóra a viáyeiñ?

¿Cuánto tiempo de validez tiene este tiquete?
Por quanto tempo é válida esta passagem?
puj cuánto témpo é válida ésta pasáyeiñ?

¿Cuántos kilos de equipaje puedo llevar?
Quantos quilus de bagagem posso levar?
cuántos quílos yi bagáyeiñ póso leváj?

Deme un asiento adelante, por favor.
Deme um lugar na frente, por favor.
déme un lugáj na frénchi, puj favoj

Deme un asiento atrás, por favor.
Deme um lugar atras, por favor.
déme un lugáj atráis, puj favoj

Deme un asiento cerca de la puerta, por favor.
Deme um lugar perto da porta, por favor.
déme un lugáj péjto da pójta, puj favoj

Deme un asiento de corredor, por favor.
Deme um lugar de corredor, por favor.
déme un lugáj yi cojedój, puj favoj

Deme un asiento de (no) fumadores, por favor.
Deme um lugar na zona de (não) fumar, por favor.
déme un lugaj na zzóna yi (náun) fumaj, puj favoj

Deme un asiento de ventana, por favor.
Deme um lugar na janela, por favor.
déme un lugáj na yanéla, puj favój

¿Dónde puedo comprar un tiquete aéreo?
Onde posso comprar a passagem?
ónyi póso compráj a pasáyeiñ?

¿Hacia dónde queda la puerta de embarque?
Onde é o portão de embarque?
ónyi é u pojtáun yi embájqui?

Lleve mi equipaje, por favor.
Leve a minha bagagem, por favor.
lévi a míña bagáyeiñ puj favój

Necesito ayuda. Debo viajar en ese vuelo.
Ajude-me por favor. Eu preciso ir nesse vôo.
ayúdeme puj favój, eu precízzu ij nése vóo

Póngame en lista de espera, por favor.
Ponha-me na lista de espera, por favor.
póñame na lísta yi espéra puj favój

¿Puedo cambiar libremente mi reservación?
Com esta passagem eu posso mudar a minha reserva?
coun ésta pasáyeiñ eu póso mudáj a míña jezzéjva?

Primera clase.
Primeira classe.
priméira clási

Segunda clase.
Segunda classe.
segúnda clási

Tercera clase.
Terceira classe.
tejcéira clási

¿Qué aerolíneas viajan a...?
Que linhas aéreas viajam para...?
qué líñas aéreas viáyaun pra...?

¿Qué condiciones especiales tiene este tiquete?
Que condições oferece esta passagem?
qué conyisóins oferéce ésta pasáyeiñ?

¿Qué distancia hay de aquí a...?
Quantas horas daquí a...?
cuántas hóuras daquí a...?

Quiero un tiquete a...
Eu quero uma passagem para...
eu quéru uma pasáyeiñ pra...

Quiero un tiquete de ida y vuelta.
Quero uma passagem de ida c volta.
quéru uma pasáyeiñ yi ída y vóuta

Quiero un tiquete sencillo.
Quero uma passagem simples.
quéru uma pasáyeiñ símples

Sirven alimentos en ese vuelo?
Servem comida durante o vôo?
séjveiñ comída duránchi u vóo?

¿Tienen tarifas especiales para niños?
Há tarifas especiais para crianças?
há tarífas especiáis pra criánsas?

Vuelo.
Vôo.
vóo

Usted debe tener mi reservación. Busque de nuevo, por favor.
A senhora (O senhor) deve ter ai a minha reserva.
Procure outra vez, por favor.
a señóra (o señój) déve tej aí a míña jeséjva, procúri óutra vez, puj favoj

Viajo a... por la aerolínea...
Eu vou para... pela linha aérea...
eu vóu pra... péla líña aérea...

267

Yo debo seguir una dieta. ¿Puede servirme una comida especial?
Eu estou de dieta. Pode me servir comida especial?
eu istóu yi yiéta, póyi mi sejvíj comída especiáu?

Yo hice las reservaciones con suficiente anticipación.
Eu fiz a reserva com bastante anticipação.
eu fiz a jeséjva coun bastánchi anchicipasáun

EN EL AVIÓN

No avião
nu aviaung

Muchas aerolíneas viajan al Brasil y a Portugal. Según la clase en que se viaje, la duración del vuelo y la hora del día, los servicios son diferentes. Para el caso de un turista en clase económica, los servicios están incluidos en el tiquete, la bebida es gratuita, la comida se sirve en refractarias y con cubiertos de metal, se presenta cine mundial, música con audífonos gratis, y demás atenciones de norma.

Se puede llevar hasta 20 kilos de equipaje en bodega sin recargo. En la mano se puede llevar un maletín, sobretodo, paraguas, cartera, libros y revistas, cámara filmadora y fotográfica, binóculos, porta-bebés y silla de ruedas, muletas, aparato ortopédico o prótesis si son indispensables para el pasajero.

¿A qué hora aterrizaremos?
A que horas aterrizamos?/A que hora pousa?
a qué hóuras atejizzámos?/a qué hóura póuzza?

¿A qué hora despegamos?
A que horas sai o avião?
a qué hóuras sái o aviáun?

¿Cuánto cuesta un trago/una cerveza?
Quanto custa uma bebida/uma cerveja?
cuánto cústa úma bebída/úma cejvéya?

¿Dónde están los baños?
Onde fica o banheiro?
ónyi fíca u bañéiru?

¿Dónde puedo guardar mi abrigo?
Onde posso guardar meu casaco?
ónyi póso guajdáj meu cazzácu?

¿En cuánto tiempo servirán la comida?
Quanto demora a comida?
cuántu demóra a comída?

¿En dónde queda mi asiento?
Onde fica o meu lugar?
ónyi fíca u meu lugáj?

Ese es mi asiento, perdone.
Disculpe, esse é o meu lugar.
discúupe, ése é u méu lugáj

Présteme un periódico, por favor.
Emprésteme um jornal, por favor.
emprésteme un yojnáu, puj favoj

Présteme una almohada, por favor.
Emprésteme um travesseiro, por favor.
emprésteme un traveséiro, puj favoj

Présteme una cobija, por favor.
Emprésteme un cobertor, por favor.
emprésteme un cobejtój, puj favoj

Présteme una revista, por favor.
Emprésteme uma revista, por favor.
emprésteme uma jevísta, puj favoj

Quiero comer/beber más de esto.
Eu quero um poco mas disto.
eu quéru un póuco máis dístu

¿Quiere cambiar de asiento conmigo?
Quer trocar de lugar comigo?
quej trocáj yi lugáj comígu?

Quisiera tomar...
Quero tomar...
quéru tomáj...

... agua.
... agua.
... água

... **café.**
... café.
... *café*

... **cerveza.**
... cerveja.
... *cejvéya*

... **jugo de frutas.**
... suco de frutas.
... *súcu yi frúta*

...**una soda.**
...agua soda.
...*água sóda*

... **un refresco.**
... coca-cola/guaraná.
... *coca-cóla/guaraná*

LLEGADA AL AEROPUERTO

chegar ao aeroporto
shegaj au aeropojto

Para ir de los aeropuertos a la ciudad respectiva, existen buses y taxis. Es más recomendable usar éstos últimos, porque el turista no sabrá con certeza dónde bajarse del bus y estará expuesto a ladrones y oportunistas.

En el Brasil hay varios tipos de taxis: los comunes, de la compañía *Cooper-Transpa* (tel. 593-2598), amarillos con una franja azul, utilizan taxímetro; los Radio Taxi, de la compañía *Coopertramo* (tel. 260-2022), blancos con una franja amarilla, usan taxímetro y cobran un 20% más que los comunes; los *Cooperativado*, de Cootramo (tel. 270-1442), azules o vinotinto con franja blanca, no llevan taxímetro y cobran un 50% más que los comunes. El precio del taxi común del aeropuerto al centro oscila entre 20 y 25 dólares. Si se va a tomar bus, se debe coger el *Frescão*, que va hasta el centro de la ciudad.

Aduana.
Alfándega.
aufándega

Autobuses.
Ônibus.
ónibus

¿Debo abrir todas las maletas?
Devo abrir todas as malas?
dévu abríj tódas as málas?

¿Debo declarar los licores y cigarrillos?
Devo declarar as bebidas e os cigarros?
dévu declaráj as bebídas y us cigájus?

¿Debo declarar los obsequios?
Devo declarar os presentes?
dévu declaráj os prezzénchis?

¿Debo pagar impuestos por esto?
Devo pagar impostos por isto?
dévu pagáj impóstos puj ístu?

¿Donde puedo encontrar un taxi?
Onde posso pegar um taxi?
ónyi póso pegáj un táxi?

Equipajes.
Bagagem.
bagáyeiñ

Este es mi equipaje. Son... piezas.
Esta é a minha bagagem. São... malas.
ésta é a míña bagáyeiñ, sáun ... málas

Estoy de viaje de negocios/placer.
Esta é uma viagem de negocios/de prazer.
ésta é úma viáyeiñ yi negócios/yi prazzéj

Mi pasaporte, por favor.
O meu passaporte, por favor.
o méu pasapójchi puj favój

Necesito información sobre hoteles.
Preciso informação sobre os hoteis.
precízzu infojmasáun sóbri us hoteís

Quiero rentar un vehículo.
Quero alugar um carro/uma viatura.
quéru alugáj un cájo, uma viatúra

271

Vengo como turista.
Venho como turista.
véñu cómu turísta

Viajamos con pasaporte familiar.
Viajamos com passaporte familiar.
viayámos coun pasapójchi familiáj

Voy a hospedarme en el hotel...
Vou alojar-me no hotel...
vóu aloyájme nu hotéu...

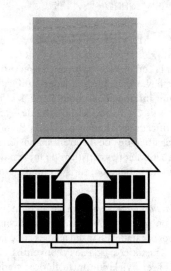

EN EL HOTEL

No hotel
nu hotéu

EN BRASIL

Brasil es un país eminentemente turístico, por eso cuenta con una enorme gama de hoteles en las principales ciudades. En Rio, la mayoría de los mejores hoteles está situada en Copacabana e Ipanema. Es muy recomendable tener hechas las reservaciones de antemano, especialmente para la época de carnaval. Entre los hoteles más lujosos de Rio están el *Caesar Park*, el *Copacabana Palace*, el *Meridien*, y el *Rio Sheraton*; un poco menos lujosos son el *Leme Palace*, el *Ouro Verde* y el *Luxor Regente*; moderados son el *Ipanema Inn*, el *Miramar Palace* y el *Savoy Othon*, entre otros.

En São Paulo hay más de 600 hoteles. Muy lujosos: el *Maksoud Plaza*, el *Caesar Palace* y el *São Paulo Hilton*. Lujosos: *Crowne Plaza*, *Brasilton São Paulo*. Moderados: *Eldorado Boulevard*, el *Pan Americano* y el *Ibirapuera Park*, entre otros.

En el Brasil, por lo general, la mayoría de los hoteles incluyen el desayuno en el costo del día.

273

EN PORTUGAL

El país cuenta con una buena organización turística. Para hospedarse hay varias posibilidades calificadas por la nomenclatura internacional: hoteles de 1 a 5 estrellas, apartahoteles de 2 a 5 estrellas, hostales de 4 y 5 estrellas, *pousadas* calificadas en descenso CH, C y B, moteles de 2 y 3 estrellas, albergues de 4 estrellas, pensiones de 1 a 4 estrellas, urbanizaciones turísticas de lujo en dos categorías, turismo de habitación, turismo rural, agroturismo y camping.

Las *pousadas nacionales* se ubican alejadas de las ciudades y el ruido, en playas, montañas, llanuras; construidas y atendidas por el estado, en instalaciones adecuadas, castillos, edificios históricos, palacios y conventos, en busca de conservar y hacer vivir la cultura folclórica y tradicional del país. Informes se consiguen en *Enatur*, Av Santa Joana Princesa 10-A, 1700, Lisboa (tel. 8489078 y 892371)

CAMPING

En todo el territorio portugués existen múltiples y excelentes instalaciones. Además es posible alquilar los equipos necesarios. Infórmese en:

Federação Portuguesa de Campismo y Caravanismo, Av. 5 de Octubro 15, 3°, Lisboa 1000 Tel. 523308 y 522715

o en las oficinas de la *IPT*.

ALBERGUES Y POUSADAS JUVENILES

Comida y alojamiento para viajeros de 12 a 15 años. Infórmese en:

Associação Portuguesa des Pousadas de Juventude Rua Andrade Corvo 46, Lisboa 1000 Tel. 571524

¿Cuál es el precio diario total?
Qual é o preço da diária?
cuáu é u préso da diária?

¿Cuál es la hora de salida? (hora en que cobran un nuevo día)
Qual é a hora de saida? (hora em que cobra um novo dia)
cuáu é a hóura yi saída? (hóura eiñ que cóbra un nóvo día)

¿Cuál es la tarifa?
Quanto custa?
cuánto cústa?

¿Cuánto tiempo toma?
Quanto demora?
cuánto demóra?

Escriba esa cifra, por favor.
Escreva essa quantia, por favor.
escréva esa cuanchía, puj favój

¿Hay descuento para estudiantes?
Ha desconto para estudantes?
há descóntu pra estudánchis?

¿Hay recargo por el uso del teléfono o del televisor?
Paga-se mas pelo uso do telefone ou da TV?
págase máis pélo úzzo du telefóne ou da tevé?

¿Hay servicio a las habitaciones de comedor/ de lavandería?
Ha serviço de restaurante nos cuartos/Ha serviço de lavanderia nos cuartos?
ha sejvísu yi jestauránchi nus cuájtus/ha sejvíso yi lavandería nus cuájtus?

¿Incluye alguna comida?
Este preço inclui alguma refeição?
éschi présu inclúi augúma jefeisáun?

La habitación es muy...
O cuarto é muito...
u cuájtu é múintu...

... **caliente.**
... quente.
... *quénchi*

... **grande.**
... grande.
... *grányi*

... **costosa.**
... caro.
... *cáru*

... **pequeña.**
... pequeno.
... *piquénu*

... **fría.**
... frio.
... *fríu*

... **ruidosa.**
... barulhento.
... *baruliéntu*

Muéstreme primero la habitación.
Quero ver o cuarto primeiro.
quéru vej u cuájtu priméiru

¿Puede darme folletos en español sobre las actividades del hotel?
Pode me dar um folheto em espanhol sobre as atividades do hotel?
póde mi daj un foliétu eiñ españóu sóbri as achividáyis du hotéu?

¿Puede poner una cama más en la habitación?
Pode colocar mas uma cama no cuarto?
póyi colocáj máis úma cáma nu cuájtu?

Quiero que se desconecten los canales privados de la T.V.
Quero que desliguem as estações privadas da T.V.
quéru qui deslígueiñ as esrasóins privádas da tevé

Quiero una habitación...
Quero um cuarto...
quéru un cuájtu...

... con vista a la calle.
... com vista para a rua.
...coun vísta pra a jua

... con vista a la playa.
... com vista para a praia.
... coun vísta pra a práia

... con vista a la piscina.
... com vista para a piscina.
... coun vísta pra a piscína

... al interior del hotel.
... para o interior do hotel.
...pra u interiój du hotéu

... con cama doble.
... com cama de casal.
... coun cáma yi casáu

... con camas separadas.
... com camas de solteiro.
... coun cámas yi soutéiru

... con desayuno incluido.
... com o café da manhã incluido.
... coun u café da mañá incluídu

... doble.
... para duas pessoas.
... pra dúas pesóas

... que dé a la calle.
... para a rua.
... pra a júa

... que dé al interior.
... interior.
... interiój

... que dé al mar.
... para o mar.
... pra u maj

... que dé al patio.
... para o quintal.
... pra u quintáu

... sencilla.
... simples.
... símples

¿Tiene folletos en español sobre las actividades en la ciudad?
Tem folhetos em espanhol sobre as atividades na cidade?
téiñ foliétus eiñ españóu sóbri as achividáyis na cidáyi?

¿Tiene televisión y teléfono?
Tem televisão e telefone?
téiñ televizzáun y telefóne?

¿Tiene una reservación a nombre de...?
Tem uma reserva a nome de...?
téiñ uma jezzéjva a nómi yi...?

Una caja de seguridad, por favor.
Uma caixa forte, por favor.
uma cáisha fójchi, puj favój

TRANSPORTE

transporte
transpojchi

EN BRASIL

En Rio de Janeiro funciona el metro desde las 6:00 a.m. hasta las 11:00 p.m. en la línea 1, y hasta las 8:00 p.m. en la 2. Aunque aún no se ha terminado, la parte construida del metro va desde Botafogo hasta el centro y regresa del centro a los baños del norte (sin ningún atractivo turístico). Información sobre el metro de Rio se consigue en el teléfono 296-6116. Los autobuses funcionan a toda hora; las dos líneas recomendadas son el *Frescão* y la *Jardineira*, que cubren los recorridos entre las playas turísticas, el centro y los dos aeropuertos. Para ambos casos, metro y autobús, puede buscar mapas de las rutas en la recepción del hotel, en los puestos de revistas y en las agencias de viajes. Recuerde que no debe llevar consigo objetos de valor, y cuídese de ladrones y raponeros.

Para conseguir información sobre el metro de São Paulo, diríjase a la recepción del hotel o llame a la *Cia. do Metropolitano*, tel. 284-8877.

En Salvador, una ciudad bastante pequeña, es difícil la ubicación para el extranjero. Lo más común es la utilización de buses pequeños.

TAXIS

En Rio el tráfico es bastante complicado, hay congestiones sobre todo en los meses veraniegos. Los taxis no paran de funcionar, abundan y son económicos. Constituyen tal vez el medio mejor, más fácil y cómodo para transportarse de un lugar a otro en la ciudad. No es recomendable que el turista alquile un automóvil, pues son muy frecuentes los trancones y hay una gran dificultad para encontrar parqueadero.

En São Paulo también es aconsejable trasladarse en taxi, por lo grande de la ciudad y la confusión de calles y grandes avenidas. Se puede llamar a *Catumbi* (tel. 229-7688) o a *Coopertax* (tel. 941-2555).

En Salvador, para pedir un taxi, llame a los teléfonos 245-6982 o 241-2266.

EN PORTUGAL

En Lisboa, la ciudad de las siete colinas, se utilizan metros, tranvías, autos, ascensor y teleféricos. Los dos últimos comunican las partes baja y alta de la ciudad. El ascensor mismo y los locales existentes en sus estaciones son de gran atractivo por su belleza y ambiente.

Todo el país está conectado por autobuses, en la mayoría de los casos de gran comodidad, que además facilitan la conexión con estaciones ferroviarias.

También existen cruceros fluviales hacia el mar y hacia España, que vale la pena tomar. En Lisboa se recomienda cuzar el Rio Tajo para ir a Cacilhas/Almada, Tafaria, Barreiro...

Los taxis son de color verde y negro y funcionan con taxímetro en las principales localidades. En otras zonas se cobra por kilómetro. Para el servicio urbano, se cobra un 50% más de los marcado por el taxímetro cuando el recorrido supera los 30 km. De las 10:00 p.m. a las 6:00 a.m. hay un recargo del 20% sobre el valor del taxímetro. Se acostumbra dar una propina del 10%.

FERROCARRILES

La compañía de ferrocarriles *CP -Caminhos de Ferro Portugueses-* cubre todo el país y lo conecta con España y Francia, desde donde se puede transbordar hacia el resto de Europa. El servicio es frecuente y rápido, y ofrece descuentos para menores de edad, estudiantes, extranjeros y personas mayores de 65 años.

¿Cuál ruta me sirve para ir a...?
Que linha de ônibus me serve para ir para...?
qué líña de ónibus mi séjvi pra ij pra...?

¿Cuál es la tarifa de los taxis?
Qual é a tarifa dos taxis?
cuáu é a tarífa dus táxis?

¿Cuánto cuesta el tiquete?
Quanto custa a passagem?
cuántu cústa a pasáyeiñ?

¿Dónde compro los tiquetes?
Onde compro o tiquete?
ónyi cómpro u chiquéchi?

¿Dónde puedo conseguir un taxi?
Onde posso pegar um taxi?
ónyi póso pegár un táxi?

¿Dónde queda el paradero de buses/de metro más próximo?
Onde fica o ponto de ônibos/do metrô mas próximo?
ónyi fíca u póntu yi ónibus/du metró máis prósimu?

¿Dónde queda la estación más próxima?
Onde fica a estação a rodoviária mas próxima?
ónyi fíca a estasáun a rodoviária máis prósima?

¿En qué horario funciona esta ruta?
Qual é o horário desta linha?
cuáu é u horário désta líña?

¿Existen buses del aeropuerto al centro de la ciudad?
Ha ônibus do aeroporto ao centro da cidade?
á ónibus du aeropójtu au céntro da cidáyi?

¿Es seguro viajar de noche?
Não é perigoso viajar de noite?
náun é pirigózzo viayáj yi nóichi?

¿Tiene un mapa de rutas?
Tem um mapa das linhas?
téiñ un mápa das líñas?

COMPRANDO TIQUETES DE TREN O AUTOBÚS

Comprando tiquetes de trem ou ônibus
comprandu chiquechis yi treiñ ou onibus

¿A qué hora parte el tren/autobús?
A que horas sai o trem/ônibus?
a qué hóuras sái u tréiñ/ónibus?

¿Con qué frecuencia salen trenes/autobuses para...
Qual é a frecuencia de saida do tren/ônibus para...?
cual é a frecuéncia yi saída du tréiñ/ónibus pra...?

¿Dónde puedo fumar?
Onde posso fumar?
ónyi póso fumáj?

¿En qué estaciones se detendrá ese tren/autobús?
Em quais estações pára esse trem/ônibus?
eiñ cuáis estasóins pára ése tréiñ/ónibus?

¿En qué plataforma está el tren para...?
Em qué plataforma está o trem para...?
eiñ qué platafójma está u tréiñ pra...?

¿Hay coche litera en ese tren?
Ha carro-leito neste trem?
ha cájo-léito nésti tréiñ?

¿Hay un vagón restaurante?
Ha um vagão restaurante?
há un vagáun jestauránchi?

¿Puede apagar su cigarrillo, por favor?
Pode apagar o seu cigarro, por favor?
póyi apagáj o seu cigáju, puj favój?

Quiero un pasaje múltiple por 15/30/45 días.
Quero um tiquete múltiple por 15/30/45 dias.
*quéru un chiquéchi múuchipli puj quínzzi/trínta/cuarénta y
cíncu días*

¿Tiene una ruta nocturna?
Ha horários noturnos?
há horários notújnus?

Un pasaje doble a...
Uma passagem para duas pessoas para...
uma pasáyeiñ para dúas pesóas pra...

Un pasaje sencillo a...
Uma passagem simples para...
uma pasáyeiñ símples pra...

HACIENDO AMIGOS

Fazendo amigos
fazzendu amigus

Tanto los portugueses como los brasileros son personas cordiales, acogedoras y amables. Como en cualquier lugar del mundo, son aficionados a dar y recibir buen trato. Los portugueses son un poco reservados y prudentes, mientras que los cariocas son alegres, espontáneos y jocosos, sin dejar de ser respetuosos y sinceros. Se caracterizan por su usual frase de saludo: *Tudo bem* (todo bien).

Acompáñeme a tomar algo.
Me acompanhe a tomar alguma coisa.
me acompáñe a tomáj augúma cóisa

Almorcemos juntos.
Vamos almoçar juntos.
vámus almosáj yúntus

Cenemos juntos.
Vamos jantar juntos.
vámus yantáj yúntus

Desayunemos juntos.
Vamos tomar juntos o café da manhã.
Vámus tomáj yúntus u café da mañá

¿En qué trabaja usted?
Em qué trabalha?
eiñ qué trabália?

¿Es usted soltero(a) o casado(a)?
Você é solteiro(a) ou casado(a)?
socé é soutéiru(a) ou casádu(a)?

¡Hola! Me llamo...
Oi! Meu nome é...
ói, meu nómi é...

Le invito a conocer mi ciudad.
Eu convido você a visitar a minha cidade.
eu convídu vocé a visitáj a míña cidáyi

¿Le molesta si me siento a su lado?
Se incomoda se me sento ao seu lado?
se incomóda si mi séntu au seu ládu?

Me gustaría hacer amigos en esta ciudad.
Eu gostaria de fazer amigos nesta cidade.
Eu gostaría yi fazzéj amígos nésta cidáyi

¿Podemos conversar?
Podemos conversar um poco?
podémos convejsáj un póucu?

¿Quiere acompañarme a visitar la ciudad?
Quer me acompanhar visitar a cidade?
quej me acompañáj visitáj a cidáyi?

¿Quiere salir esta noche conmigo?
Quer sair comigo esta noite?
quéj saíj comígo ésta nóichi?

¿Tiene algún tipo de compromiso con alguien?
Você está comprometido com alguem?
socé está compromechído coun auguéiñ?

Vamos a bailar.
Vamos dançar.
vámos dansáj

Vamos a dar un paseo.
Vamos dar um passeio.
vámos daj un paséio

¿Usted vive en la ciudad?
Você mora aqui?
socé móra aquí?

Yo trabajo como...
Eu trabalho em...
eu trabálio eiñ...

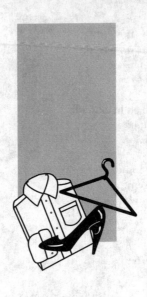

DE COMPRAS

EN BRASIL

Brasil es el principal productor mundial de piedras semipreciosas: aguamarinas, amatistas, turmalinas, topacios Las artesanías en cuero, madera, cerámica, piedra y paja son muy tradicionales. También hay muy buenas oportunidades de conseguir ropa elegante y finas joyas. Los zapatos en piel y cuero, y las prendas de algodón, lino y seda son de renombre.

En Rio se encuentra un comercio rico y diversificado. Se recomienda comprar en los centros comerciales -*Barra Shopping, Rio Sul Shopping Center*-, en las boutiques o en los mercados y ferias al aire libre, que se realizan por toda la ciudad, como la *Hippie* de la Praça General Osorio de Ipanema, los domingos todo el día, o la Feria de antigüedades en la Praça Marechal Ancora, en el centro junto a la torre del antiguo mercado, los jueves y viernes. Allí, como en todo mercado artesanal, es válido el regateo. Al compar joyas, prefiera ir a joyerías reconocidas; en las tiendas de souvenirs encontrará mejores precios, pero quizá no serán de la misma calidad.

En São Paulo hay una gran variedad de boutiques elegantes, con diversidad de artículos, localizada principalmente a lo largo de la Avenida Paulista y en los Centros Comerciales.

En Salvador, busque las artesanías, de gran variedad y alta calidad. Para comprar con seguridad, recomendamos la *Loja de Artesanato do Sesi*, la Feria de São Joaquim, el Instituto Mauá y el Mercado Modelo.

EN PORTUGAL

Las tiendas abren de lunes a viernes, de 9:00 a.m. a 1:00 p.m., y de 3:00 p.m. a 7:00 p.m. Los sábados cierran a la 1:00 p.m. excepto en temporada decembrina, cuando amplían su horario de 3:00 p.m. a 7:00 p.m. Los centros comerciales suelen estar abiertos todos los días de 10:00 a.m. a 12:00 m.

Las compras, a partir de cierto valor, están excentas de pagar el IVA previa demostración, por pasaporte, de que se es turista por menos de 180 días de estancia en el país. Sólo vale para ciertos productos y valores, y en compras realizadas no más de 90 días atrás de la fecha de salida. La devolución del dinero se hace al salir del país.

Quiero comprar...
Quero comprar...
quéru compráj...

Quiero ir a un (una)...
Quero ir a um (uma)...
quéru ij a úm (una)...

...agencia de viajes.
...agência de viagens.
...ayéncia yi viáyeiñs

...almacén de calzado.
...loja de zapatos.
...lóya yi sapátos

...anticuario.
...anticuário.
...anticuário

...banco.
...banco.
...báncu

...casa de cambio.
...casa de cambio.
...cazza yi cámbio

...centro comercial.
...shopping center.
...shóping céntej

...droguería.
...farmácia.
...fajmácia

...floristería.
...floreria.
...florería

...galería de Arte.
...galeria de Arte.
...galería yi ájti

...joyería.
...joalheria.
...yoaliería

...juguetería.
...loja de brinquedos.
...lóya yi brinquédos

...librería.
...livraria.
...livraría

...oficina de correos.
...ao correio.
...au cojéio

...óptica.
...otica.
...óchica

...peluquería.
...barbearia (para hombres)/Cabelereiro (para mujeres).
...bajbearía/cabeleréiru

...perfumería.
...perfumaria.
...pejfumaría

...tienda de ropa.
...loja de roupas.
...lóya yi jóupas

...tienda de fotografía.
...loja de fotografias.
...lóya yi fotografías

...venta de periódicos.
...banca de jornais.
...bánca yi yojnáis

ARTÍCULOS DE USO PERSONAL

Artigos de uso pessoal
Ajchigus yi uzzo pesoau

Necesito...
Preciso...
precízzu...

... champú.
... champu.
... shampú

... crema de afeitar.
... creme de barbear.
... crémi de bajbeáj

... esparadrapo.
... esparadrapo.
... esparadrápu

... hilo dental.
... fio dental.
... fíu dentáu

... laxante.
... laxante.
... lashánchi

... repelente de insectos.
... repelente para insetos.
... jepelénchi pra insétus

... toallas higiénicas (íntimas).
... toalhas higiénicas.
... *tuálias hiyiénicas*

... un cepillo de dientes.
... uma escova de dentes.
... *uma escóva yi dénchis*

... aspirina.
... aspirina.
... *aspirína*

... crema bronceadora.
... bonceador.
... *bronzzeadój*

... crema dental.
... pasta de dente.
... *pásta yi dénchi*

... gafas de sol.
... óculos escuros.
... *óculus escúrus*

... jabón.
... savonete.
... *savonéchi*

... pañuelos de papel.
... lenços de papel.
... *lénsus yi papéu*

ROPA

roupa
joupa

¿Cuál es la ropa que está en promoción?
Qual é a roupa de promoção?
cuáu é a jóupa yi promosáun?

¿Cuál es la última moda?
Qual é a última moda?
cuáu é a úuchima móda?

**¿Cuáles son los mejores almacenes para comprar
ropa?**
Quais são as melhores lojas para comprar roupa?
cuáis sáun as melióres lóyas pra compráj jóupa?

¿Quiere escribir el nombre y la dirección?
Quer escrever o nome e o endereço?
quej escrevéj u nómi y u enderéso?

Quisiera ver ropa deportiva para dama/caballero.
Quero ver roupa esportiva para mulher/homem.
quéru vej jóupa espojchíva pra muliéj/hómeiñ

Quisiera ver vestidos de calle para dama/caballero.
Quero ver roupa de rua para mulher/homem.
quéru vej jóupa yi júa pra muliéj/hómeiñ

**Quisiera ver vestidos de noche para dama/
caballero.**
Quero ver roupa de festa para mulher/homem.
quéru vej jóupa yi fésta pra muliéj/hómeiñ

Ropa para caballeros.
Roupa para homem.
jóupa pra hómeiñ

Ropa para damas.
Roupa para mulher.
jóupa pra muliéj

Ropa para niños.
Roupa para crianças.
jóupa pra criánsas

Busco algo más...
Tem alguma coisa mas...
téiñ augúma cóisa máis ...

... abrigado	**... fresco**
... quente	... fresca
... quénchi	*... frésca*
... barato	**... grande**
... barata	... maior
... baráta	*... maiój*
... claro	**... informal**
... clara	... informal
... clára	*... infojmáu*
... corto	**... largo**
... curta	... cumprida
... cújta	*... cumprída*
... elegante	**... oscuro**
... elegante	... escura
... elegánchi	*... escúra*
... fino	**... pequeño**
... fina	... menor
... fína	*... menój*

¿Tiene promociones de fin de estación?
Tem promoções de final de estação?
téiñ promosóins yi firáu yi estasáun?

PARA NIÑOS

Para crianças
Pra criansas

¿Dónde está la ropa para niños?
Onde está a roupa para crianças?
ónyi está a jóupa pra criánsas?

¿Dónde están los artículos para niños?
Onde ficam as coisas para crianças?
ónyi fícaun as cóisas pra criánsas?

¿Dónde están los juguetes para niños?
Onde estão os brinquedos?
ónyi estáun os binquédus?

Necesito ropa/juguetes para un niño(a) de... años de edad.
Preciso roupa/brinquedos para um(uma) nenino(a) de... anos de idade.
precízzo jóupa/brinquédus pra un(uma) menínu(a) yi... ánus yi idáyi

ZAPATOS

Zapatos
Sapátus

En el Brasil los números de calzado son los mismos que en el resto de Latinoamérica.

¿Dónde encuentro zapatos?
Onde estão os zapatos?
ónyi estáun os sapátus?

293

Muéstreme los colores.
Móstreme as cores.
móstreme as córes

Permítame ver los modelos de los zapatos.
Móstreme as modas dos zapatos.
móstreme as módas dus sapátus

Quiero un par de este estilo.
Quero um par destes.
quéru un paj déstes

Quiero un par de zapatos...
Quero um par de zapatos...
quéru un paj de sapátus...

... azules.	**... de tacón bajo.**
... azuis.	... de salto baixo.
... asúis	*... yi sáutu báishu*
... blancos.	**... marrón.**
... brancos.	... marrons.
... bráncus	*... majóns*
... claros.	**... más baratos.**
... claros.	... mas baratos.
... clárus	*... máis barátus*
... de atar con cordón.	**... más finos.**
... de amarrar.	... mas finos.
... yi amajáj	*... máis fínus*
... de fiesta.	**... muy cómodos.**
... de festa.	... muito cómodos.
... yi fésta	*... múintu cómodus*
... deportivos.	**... negros.**
... de esporte/esportivos.	... pretos.
... yi espójchi,/espojchívos	*... prétus*
... de tacón alto.	**... para hombre.**
... de salto alto.	... para homem.
... yi sáutu áutu	*... pra hómeiñ*

... para mujer.
... para mulher.
... pra muliéj

... para niña.
... para menina.
... pra menína

... para niño.
... para menino.
... pra menínu

... rojos.
... vermelhos.
... vejmélios

... sin cordón.
... sem cordão.
... séiñ cojdáun

VESTUARIO MASCULINO

vestido completo (1)
terno
téjnu

corbata (2)
gravata
graváta

pañuelo (3)
lenços
lénsus

mancuernas (4)
abotoadura (de punhos)
abotoayura yi puñus

medias (5)
meias
méias

calzoncillos (6)
cuecas
cuécas

camiseta (7)
camiseta
camiséta

pipa (8)
cachimbo
cashímbu

sombrero (9)
chapeu
shapéu

boina (10)
boina
bóina

gorra (11)
barrete
bajéchi

camisa deportiva (12)
camisa esportiva
camisasespojchéa

chaqueta (13)
casaco
cazsácu

cinturón (14)
cinturão
cinturáun

pantaloneta (15)
short
shójchi

corbatín (16)
gravata borboleta
graváta borboléta

chaleco (17)
colete
coléchi

camisa (18)
camisa
camísa

gabardina (19)
gabardina
gabajyína

pantalón (20)
calça
cáusa

zapatos (21)
zapatos
sapátus

tirantes
suspensórios
suspensórius

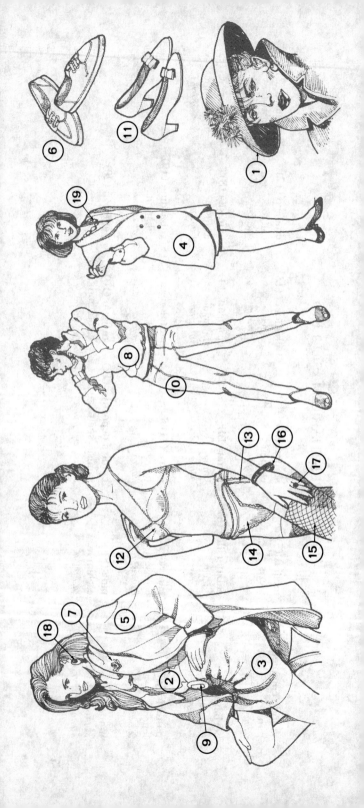

VESTUARIO FEMENINO

sombrero (1)
chapeu
shapéu

blusa (2)
blusa
blúsa

falda (3)
saia
sáia

vestido (4)
vestido
veshtídu

chaqueta (5)
casaco
cazzácu

zapatos (6)
sapatos
sapátus

prendedor (7)
pregador
pregadój

saco de lana (8)
casaco de lã
cazzáco yi lã

cinturón (9)
Cinturão
cinturáun

pantalones (10)
calças
cáusas

zapatos de tacón (11)
sapatos de salto
sapatus yi saltu

sostén (12)
sutiã
suchiá

liguero (13)
liga para mulher
liga pra muliéj

pantalón interior (14)
calcinha
caucíña

medias (15)
meias
méias

pulsera (16)
pulsera
pauséra

anillo (17)
anel
anéu

aretes (18)
brincos
bríncus

collar (19)
colar
coláj

reloj
relógio
jelóyiu

camiseta
camiseta
camiséta

RESTAURANTES

EN BRASIL

En las principales ciudades encontrará una gran variedad de restaurantes. Se recomienda probar la *feijoada*, acompañada por la famosa *farofa*, y la parrillada estilo *rodizio*. También es muy buena la comida de mar. Es muy común y típica una especie de cangrejo, llamada *ciri*, que vale la pena probar. Los licores brasileros son siempre dulces y se toman después de las comidas.

En los restaurantes y bares cobran un 10% de propina, pero se acostumbra dejar otro 10%. A cambio, la atención y el trato suelen ser excelentes.

Los restaurantes de autoservicio son buenos y baratos. Se llaman *Lanchonetas*. En Rio se recomiendan *Chaika* y *De Seu Jeito* en Ipanema, y *Cupim Minas* en Rio Sul. Para comer *rodizio*, los mejores restaurantes de Rio son *Mariu's*, *Porcão* y *Rodeio*. Comida marina se consigue en *Sol e Mar*, *Quattro sete Meia* y *El Pescador*. Comida internacional encuentra en *La Tour*, *Café du Teatre* y *Ouro Verde*. Y lo mejor de la comida típica está en *Arataca*, *Bar do Arnaudo* y *Escondidinho*.

São Paulo es un paraíso para los que gustan de la buena mesa. Hay más de mil restaurantes; según lo que desee comer, pida consejo en el hotel. Para comida típica se recomiendan *Bolinha*, *Recanto Goiano*, *O Profeta* y *Comendador*.

ALGUNAS COMIDAS TÍPICAS BRASILEÑAS

Feijoada (*feiyoáda*): plato que consiste en fríjol negro con muchas carnes frías, como chorizo, cabano, pezuña ahumada, entre otras, acompañado de arroz blanco, harina de yuca o *farofa*, tallos y naranja.

Virada paulista (*viráda paulísta*): pasta de fríjol negro amasado con *farofa*.

Vatapa (*vatapá*): camarones con masa de pan y aceite de dendé o palma africana.

Carne de sol (*cájni yi sóu*): carne oriada, acompañada de habas gigantes y fríjol negro.

Cozido (*cozzidu*): repollo, zanahoria, batata, en salsa de caldo de carne.

Pirão (*piráun*): caldo de pescado con *farofa*.

Tutu á marineira (*tutú á minéira*): fríjol negro amasado con *farofa*, carne de cerdo y tallos fritos.

Xinxin (*shinshín*): gallina con salsa de tomate y aceite de dendé o palma africana.

Moqueca de peixe (*muquéca yi péishi*): pescado cocido con leche de coco.

Goiabada com queijo catupiri (*goiabáda coun quéyu catupirí*): dulce de guayaba con queso típico.

Pudim de laranja (*puyín yi laránya*): torta de naranja.

Pudim de caramelo (*puyín yi carámélo*): torta de caramelo.

Pé de moleque (*pé yi moléqui*): dulce de caramelo con maní.

Papo de anjo (*pápo yi ányo*): dulce de huevos con almíbar.

Quindim (*quinyín*): dulces al baño maría de diferentes frutas.

EN PORTUGAL

La gastronomía portuguesa es reflejo de su historia: pobreza y vida marina. Como resultado, los mejores platos vienen del mar y sus condimentos y preparaciones están inspiradas en la sencillez campesina que tiene más creatividad que medios. Lo más recomendable, por lo tanto, es comer platos sencillos. En carnes, busque los estofados, única forma de preparación blanda de sus duras reses.

Recuerde que el desayuno portugués suele ser ligero, y se toma temprano, de 7:00 a 9:00 de la mañana. El almuerzo se suele servir de 12:00 m. a 2:30 p.m. Luego, a las 5:00, se toma la merienda, y se cena un poco tarde, por lo general después de las diversiones nocturnas.

Otra historia está en los vinos. El Oporto está entre los mejores vinos generosos del mundo. De éste se encuentran el añejo *Vitange*, "obra de Dios", y el *Tawny*, "obra de la habilidad y conocimientos de sus fabricantes", según los portugueses. Entre los vino de mesa los mejores son los procedentes de Minho y Monção, seguidos por los de Dão.

¿Aceptan cheques viajeros?
Aceitam travelers checks?
acéitaun trávelers shécks?

¿Aceptan tarjetas de crédito?
Aceitam cartão de crédito?
acéitaun cajtáun yi créyitu?

Aún no hemos decidido.
Ainda não decidimos.
aínda náun yiciyímus

¿Cuál es el plato del día?
Qual é o prato do dia?
cuáu é u prátu du día?

¿Cuál es el precio del cubierto?
Qual é o preço do talher?
cuáu é u préso du taliéj?

¿Cuál es la especialidad de la casa?
Qual é a especialidade da casa?
cuáu é a especialidáyi da cázza?

¿Es picante/es muy condimentado?
Está muito picante/tem muita pimenta/está muito temperado?
está múintu picánchi/téiñ múinta piménta/está múintu temperádu?

¿Está incluido el precio del servicio (la propina)?
A gorjeta está incluida?
a gojyéta está incluía?

Esto está muy cocido.
Isto está muito cocido.
ísto está múintu cocídu

Esto está muy poco cocido.
Isto está cru.
ístu está cru

Esto no fue lo que pedí.
Isto não é o meu pedido.
ístu náun é o méu peyídu

Felicite al cheff de mi parte.
Parabens para o chef.
parabéins pra u chef

Hay un error en la cuenta.
A conta está mal feita.
a cónta está máu féita

Indíqueme cuáles son...
Me díga quais são...
me yíga cuáis sáun...

las aves
as aves
as áves

las carnes
as carnes
as cájnes

las entradas
as entradas
as entrádas

La carta.
O cardápio.
u cajdápio

las sopas
as sopas
as sóupas

los arroces
os modos de arroz
us módus yi ajóis

los pescados
os piexes
os péishis

La carta de vinos.
O cardápio de vinhos.
u cajdápio yi víñus

La cuenta.
A conta.
a cónta

La lista de precios.
A tabela de preços.
a tabéla yi présus

Lo mismo para mí.
Eu quero a mesma coisa.
eu quéru a mésma cóisa

Los precios son los mismos en cualquier mesa?
O preço é igual em qualquer mesa?
o préso é iguáu éiñ cuauquéj mézza?

Permítame estudiar la carta.
Me deixe estudar o cardapio.
me déishe estudáj u cajdápio

Queremos una mesa para dos, en zona de (no) fumadores.
Quero uma mesa para dois, em zona de (não) fumadores.
quéru úma mézza pra dóis, éiñ zzóna yi (náun) fumadóris

Quiero algo sencillo.
Quero alguma coisa simples.
quéru augúma cóissa símples

Quiero cambiar mi pedido.
Quero trocar o meu pedido.
quéru trocáj o meu piyídu

Quiero hablar con el administrador.
Quero falar com o administrador.
quéru faláj coun u adiministradój

Tenemos prisa, no se demore.
Temos presa, não demore.
témos présa, náun demóri

DESAYUNO

Desjejum/café da manhã
desyeyun/café da mañá

Quiero...
Quero...
quéru...

... café en leche.
... café com leite.
... café coun léichi

... jugo de fruta.
... suco de fruta.
... súcu yi frúta

... cereales.
... cereais.
... cereáis

... jugo de naranja.
... laranjada.
... laranyáda

... chocolate.
... chocolate.
... shocoláchi

... jugo de toronja.
... suco de grape.
... súcu yi gréip

... huevos.
... ovos.
... óvus

... jugo de zanahoria.
... suco de cenoura.
... súcu yi cenóura

... con tocineta.
... com bacon.
... coun béicoun

... mantequilla.
... mantéiga.
... mantéiga

... huevos en tortilla.
... omelete.
... omeléchi

... mermelada.
... geléia.
... yeléia

... huevos fritos blandos.
... ovos fritos moles.
... óvus frítus mólis

... miel.
... mel.
... méu

... huevos fritos duros.
... ovos fritos duros.
... óvus frítus dúrus

... te en leche/con limón.
... cha com leite/com limão.
... shá coun léichi/coun limáun

... huevos tibios.
... ovos escalfados.
... óvus escaufádus

... tostadas.
... torradas.
... tojádas

305

... tostadas francesas.
... torradas francesas.
... *tojádas francésas*

... pan.
... pão.
... *páun*

ALMUERZO Y CENA

almoço e jantar
aumoso y yantaj

Quiero comer...
Quero comer...
quéru coméj

... **arroz blanco.**
... arroz branco.
... *ajóis bráncu*

... **perro caliente.**
... cachorro quente.
... *cashójo quénchi*

... **carne.**
... carne.
... *cájne*

... **pescado.**
... peixe.
... *péishi*

... **ensalada.**
... salada.
... *saláda*

... **pollo.**
... frango.
... *frángu*

...**jamón.**
...presunto.
...*presúntu*

...**queso.**
...queijo.
...*quéiyo*

... **papas al vapor.**
... batatas ao vapor.
... *batátas au vapój*

... **quibbe.**
... quibbe.
... *quibe*

... **pastelitos.**
... empadinhas.
... *empayíñas*

...**un emparedado.**
...um sanduiche.
...*un sanduíchi yi*

Quiero beber...
Quero tomar...
Quéru tomáj...

... **agua mineral.**
...agua mineral.
... *água mineráu*

... **agua natural.**
... agua natural.
... *água naturáu*

... **agua soda.**
... soda.
... *sóda*

... **jugo de fruta.**
... suco de fruta.
... *súcu yi frúta*

... **cerveza.**
... cerveja.
... *cejvéya*

... **limonada.**
... limonada.
... *limonáda*

... **Coca-cola (dietética).**
... coca cola (de dieta).
... *cocacóla (yi diéta)*

... **sifón.**
... chop.
... *shópi*

... **jugo de caña.**
... suco de cana.
... *súcu yi cána*

... **vino de la casa.**
... vinho da casa.
... *víñu da cázza*

PARTES DEL MENÚ O CARTA

Partes do menu ou cardapio
pajchis du menu ou cajdapio

Arroz
Arroz
ajóis

Entradas
Entradas
entrádas

Aves
Aves
aves

Entremeses
Salgadinhos
saugayíñus

Bebidas
Bebidas
bebídas

Frijoles
Feijão
feiyáun

Carnes
Carnes
cájnes

Licores
Licores
licóres

Ensaladas
Saladas
saládas

Pasta
Massa
mása

307

Pescados
Peixes
péishis

Sopas
Sopas
sóupas

Postres
Sobremesas
sobremésas

Tapas o picadas
Tiragosto
chiragósto

Quesos
Queijos
quéiyus

Vinos
Vinhos
víñus

Rodizio
Rodizio
joyízziu

ALIMENTOS BÁSICOS

Aceitunas
Aceitonas
aceitónas

Biscochos
Bolos.
bólus

Albaricoque
Péssego
pésegu

Calabaza
Abóbora
abóbora

Aguacate
Abacate
abacáchi

Camarones
Camarão miudo
camaráun miúdo

Alverjas
Ervilha
ejvília

Cangrejo
Caranguejo
caranguéyu, cirí

Bacalao
Bacalháu
bacaliau

Carne
Carne
cájni

Banano
Banana
banána

Cebolla
Cebola
cebóla

Cereza
Cereja
ceréya

Coco
Coco
cóco

Coliflor
Couveflor
couveflój

Conejo
Coelho
coélio

Cordero
Carne de ovelha/cordeiro
cájne yi ovélia, cojdéiru

Champiñones
Cogumelos
cugumélus

Chorizo
Lingüiça
lingüísa

Chuleta
Costeleta
costeléta

Dátiles
Tâmaras
támaras

Dulce de...
Doce de...
dóce yi...

Durazno
Péssego
pésegu

Espárragos
Aspargos
aspárgos

Espinacas
Espinafre
espináfri

Filete
Filé
filé

Frambuesa
Frambuesa
frambuésa

Fresa
Morango
morángu

Frutas
Frutas
frútas

Galletas
Biscoitos
biscóitus

Garbanzos
Grão de bico
gráun yi bícu

Helado
Sorvete
sojvéchi

Hielo
Gelo
yélu

Hígado
Fígado
fígadu

Huevos
Ovos
óvus

Jamón
Presunto
presúntu

Langostinos
Camarão
camaráun

Leche
Leite
léichi

Lechuga
Alface
aufáci

Lentejas
Lentilhas
lentílias

Lima
Lima
líma

Limón
Limão
limáun

Maíz
Milho
míliu

Manzana
Maçã
masá

Mejillones
Mexilhões
mishilíoins

Naranja
Laranja
laránya

Mostaza
Mostarda
mustájda

Nueces
Nozes
nózzes

Ostras
Ostras
óstras

Paleta
Picolé
picolé

Papas
Batatas
batátas

Pera
Pera
péra

Perdiz
Perdiz
pejyís

Perejil
Salssa
sáusa

Pescado
Peixe
péishi

Pimienta
Pimenta
pimênta

Pinchos de pichón
Galeto
galétu

Piña
Abacaxi
abacashí

Pollo
Frango
frángu

Postre
Sobremesa
sobremézza

Pulpo
Polvo
póuvu

Queso
Queijo
quéiyu

Salmón
Salmão
saumáun

Salsa
Molho
mólio

Sandía
Melancia
melancía

Sardina
Sardinha
sajdíña

Sopa
Sopa
sóupa

Tocino
Bacon
béicoun

Toronja
Grape
gréip

Torta
Bolo
bólu

Tortilla
Omelete. Tortilha
omeléchi, tojtília

Trucha
Truta
trúta

Uvas
Uvas
úvas

Uvas pasas
Pasas de uva
pásas yi úva

Verduras
Verduras
vejdúras

Yuca
Mandioca
manyióca

Zanahoria
Cenoura.
cenóura

FORMAS DE PREPARACIÓN

maneras de fazer
maneiras yi fazzej

... ahumado.
... defumado.
... *defumádu*

... a la menta.
... em molho de hortelã.
... *éiñ mólio yi hojtelá*

... a la parrilla.
... na grelha.
... *na grélia*

... a la pimienta.
... á pimenta.
... *á pimménta*

... a la plancha.
... na chapa.
... *na shápa*

... al ajillo.
... com molho de alho.
... *coun mólio yi álio*

... al estilo de la casa.
... á moda da casa.
... *á móda da cázza*

... al gratín.
... gratinado.
... *grachinádu*

... al horno.
... ao forno.
... *au fójnu*

... al natural.
... natural.
... *naturáu*

... al vino.
... ao vinho.
... *au víñu*

... apanado.
... milanesa.
... *milanésa*

... cocinado.
... cocido.
... *cocído*

... con queso.
... com queijo.
... *coun quéiyu*

... en aceite.
... em óleo.
... *éiñ óliu*

... en finas hierbas.
... com hervas finas.
... *coun héjvas fínas*

... en mantequilla.
... em manteiga.
... *eiñ mantéiga*

... en salsa bechamel.
... em molho bechamel.
... *éiñ mólio beshaméu*

... en salsa de manzana.
... con molho de maçã.
... *coun mólio yi masá*

... en salsa de naranja.
... com molho de laranja.
... *coun mólio yi laránya*

... en salsa picante.
... com pimenta.
... *coun piménta*

... en tomate.
... com molho de tomate.
... *coun mólio yi tomáchi*

... frito.
... frito.
... *frítu*

... término medio.
... meio termo.
... *méio téjmo*

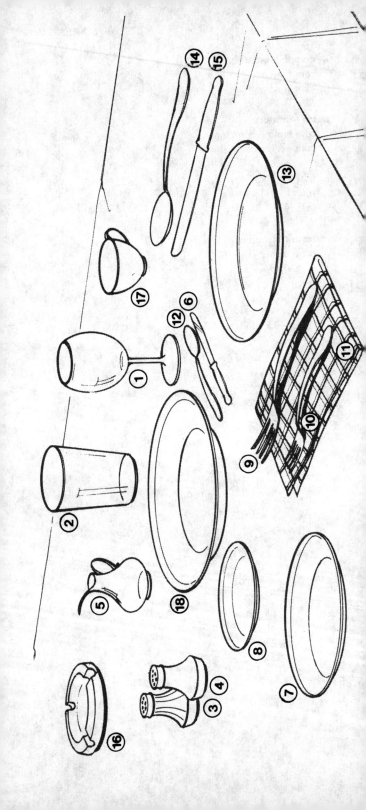

ELEMENTOS DE LA MESA

copa (1)
taça
tása

vaso (2)
copo
cópu

sal (3)
sal
sáu

pimienta (4)
pimenta
pimênta

vinagre (5)
vinagre
vinágre

cuchillo pequeño (6)
faca pequena
faca pequena

plato mediano (7)
prato meio
prátu méiu

plato pequeño (8)
pratinho
prachíñu

tenedor (9)
garfo
gáifu

tenedor pequeño (10)
garfo pequeno
gáifu pequenu

servilleta (11)
guardanapo
guaɟdanápu

cucharita (12)
colher de cha
culiéɟ yi sha

plato grande (13)
prato raso
prátu jásu

cuchara (14)
colher
culiéɟ

cuchillo (15)
faca
fáca

cenicero (16)
zinizero
siníseru

pocillo (17)
xícara
shícara

plato de sopa (18)
prato fundo
prátu fúndu

bandeja
travessa
travésa

315

CENTROS NOCTURNOS

Lugares noturnos
lugares notujnus

EL CARNAVAL DE RIO

En el mes de febrero tiene lugar el carnaval más famoso del mundo en Rio de Janeiro. El clímax del carnaval es el desfile de las *Escolas de Samba*, formadas por asociaciones de barrio, que organizan sus comparsas con un tema –distinto cada año– tomado del folclor y la historia nacional. Entre tres y cuatromil participantes cantan y bailan en el *Sambódromo*, en un espectáculo de color y alegría que encanta al visitante. También se recomienda asistir a las fiestas que se realizan en los hoteles y clubes nocturnos durante el festival. Pero recuerde que los precios están en su nivel más alto durante estas festividades.

De todas formas, si va en una época distinta, las *escolas* ensayan durante todo el año, y así tendrá también oportunidad de verlas. Rio se caracteriza por su ambiente festivo y su vida nocturna. Se puede asistir a diversos espectáculos, oír música en vivo y bailar durante todo el año.

En São Paulo existe toda clase de espectáculos, desde samba hasta ópera, pasando por el tango, los *nightclubs* y los bares con espacio cultural. Pregunte por la programación del *Palladium* y el *Plataforma 1*. Además, hay más de cuarenta teatros a cargo de compañías de muy buena calidad.

En Salvador, no se pierda algún espectáculo de candomblé, en el *terreiro Axé Opô Afonjá* o en la *Casa Branca*; ni deje de ver uno de capoeira, en la academia *Acal*.

¿A qué hora comienza el espectáculo?
A qué horas inícia o espetáculo?
A qué hóuras inícia u espetáculo?

¿Aceptan tarjetas de crédito/cheques viajeros?
Aceitam cartão de crédito/travelers checks?
acéitaun cajtáun yi créyito/trávelers shécks?

¿Cuál coctel es la especialidad de la casa?
Qual é o coquetel especial da casa?
cuáu é u coquitéu especiáu da cázza?

¿Cuánto dura el espectáculo?
Quanto demora o espetáculo?
cuánto demóra u espetáculo?

¿Cuánto pueden costar las bebidas?
Quanto custam as bebidas?
cuánto cústaun as bebídas?

¿Existe un consumo mínimo/un cover?
Ha um consumo mínimo/um cover?
há un consúmu mínimu/un cóvej?

¿Hay que consumir bebidas o alimentos en ese espectáculo?
Devem-se consumir bebidas ou alimentos nesse espetáculo?
déveiñse consumíj bebídas ou aliméntus nése espetáculo?

Necesito información sobre los espectáculos nocturnos de la ciudad.
Preciso informação sobre os espetáculos noturnos da cidade.
precízzo infojmasáun sóbre us espetáculos notújnus da cidáyi

¿Puede reservarme dos asientos para platea/balcón?
Pode me reservar dois lugares para platéia/camarote?
póde me resejváj dóis lugáres pra platéia/camaróchi?

¿Qué diferencia de precios hay entre la barra y las mesas?
Tem diferença o preço entre o balcom e a mesa?
téiñ yiferénsa u présu éntre u baucóun y a mézza?

¿Qué precio tiene cada entrada?
Qual é o preço do ingresso?
cuáu é u préso du ingrésu?

¿Qué precio tienen las diferentes localidades?
Qual é o preço dos diferentes lugares?
cuáu é u préso dus yiferénchis lugáris?

Queremos una mesa cerca de la pista de baile.
Queremos uma mesa perto da pista de baile.
querémos úma mézza péjtu da písta yi báile

Queremos una mesa cerca del espectáculo.
Queremos uma mesa perto do espetáculo.
querémos úma mézza péjto du espetáculo

Quiero algo suave de beber.
Quero beber alguma coisa leve.
quéru bebéj augúma cóisa léve

¿Tiene asientos para esta noche/para mañana?
Ha lugar para ista noite/para amanhã?
há lugáj pra ísta nóichi/pra mañá?

¿Tiene carta de licores?
Tem cardápio de bebidas?
téiñ cajdápio yi bebídas?

Ubíquenos en un lugar íntimo.
Queremos um lugar íntimo.
querémos un lugáj ínchimu

VISITANDO LA CIUDAD

Visitando a cidade
visitandu a cidayi

En Rio, vaya al *Pão de Azucar* para tener la mejor vista que la ciudad ofrece; en la cima, le recibirá el imponente Cristo Redentor. Otras vistas maravillosas se consiguen en la *Floresta de Tijuaca*, en *Chinese*, el *Mirante das Canoas* y *São Conrado*. Vale la pena también conocer el *Jardim Botanico*, con más de 5.000 plantas, árboles y pájaros tropicales. Más adelante está el *Parque da Cidade*, el *Lago de Freitas* y el zoológico de Rio.

En Salvador, se dice que hay 365 iglesias, una para cada día del año, dignas de recorrer. Entre las más importantes se encuentran el *convento de São Francisco de Asis*, la *Igreja do Nosso Senhor do Bom Fim* y la de *Nossa Senhora do Rosario*, del siglo XVII.

¿A qué hora regresaremos al hotel?
A qué horas voltamos para o hotel?
a qué hóuras voutámus pra u hotéu?

¿A qué hora sale el tour?
A qué horas sai o tour?
a qué hóuras sái u tuj?

¿Cuál es el precio del tour?
Qual é o preço do tour?
cuáu e u préso du tuj?

¿Cuánto tiempo se demora ese tour?
Quanto tempo toma o tour?
cuánto témpo tóma u tuj?

¿Hay visitas guiadas en español?
Tem visitas com guia em espanhol?
téiñ visítas coun guía eiñ españóu?

¿Incluye el valor de las entradas?
O custo da entrada está incluido?
u cústu da entráda está incluído?

¿Puede hacerme una reservación para ese tour?
Pode me fazer uma reserva para esse tour?
póde me fazzéj úma jeséjva pra ese tuj?

¿Qué otros toures puede ofrecerme?
Quais outros toures pode me oferecer?
cuáis óutros túris póde me oferecéj?

Quiero hacer una visita con guía turística por la ciudad.
Quero fazer uma visita com guia de turismo pela cidade.
quéru fazzéj úma vizzíta coun guía yi turísmu péla cidáyi

¿Tiene folletos de información turística?
Tem folhetos de informação de turismo?
téiñ foliétos yi infojmasáun yi turísmu?

DIRECCIONES Y ORIENTACIONES EN CALLES Y LUGARES

Endereços e orientações nas ruas e lugares
enresesus y orientasoins nas juas e lugaris

Creo que estoy perdido.
Acho que estou perdido.
ashu qui estóu peryídu.

¿Qué dirección debo tomar para llegar a…?
Como chego a…?
cómo shégu a…?

MUSEOS

Museos
museus

EN BRASIL

En Rio, visite el *Museu da Cidade*, en el Parque del mismo nombre, el *Museu da República*, en el Palacio de Catete, anteriormente la residencia oficial de los presidentes del Brasil, y el *Museu Cacara do Céu*, donde se puede apreciar una excelente colección de arte moderno con obras originales de maestros como Picasso, Dalí, Matisse, Monet y Degas.

En São Paulo, la Iglesia *Convento de la Luz* es un museo sacro interesante. También están el *Museu de Arte*, con una de las mayores colecciones de toda América, el *Museu de Arte Moderna* y el *Lazar Segall*. En Salvador, muchas iglesias han sido convertidas en museos, entre los que se cuentan el *Museu de Arte Sacra*, ubicado en un antiguo monasterio del siglo XVII, con una colección de cerca de 400 estatuas y tallas en madera, plata y oro, además de diversas esculturas de Alejadinho, el escultor barroco más conocido del Brasil; el *Museu de Arte Contemporánea*, y el museo *Costa Pinto*.

EN PORTUGAL

El país es rico en herencia cultural. Museos y palacios atienden por lo general de 10:00 a.m. a 12:30 p.m. y de 2:00 a 5:00 p.m. Ambos cierran los días de fiesta. Los museos cierran los lunes, y los palacios, los martes.

¿Algún día es gratis la entrada?
A entráda é de graça algum dia?
a entráda é yi grása augúun yía?

¿Cuál es el horario de atención?
Qual é o horário?
cuáu é u horário?

¿Dónde está el baño?
Onde fica o banheiro?
ónyi fíca u bañéiru?

¿Cómo hago para llegar allí? (mostrando el mapa)
Como chego até lá?
cómo shégo até lá?

¿Existe una biblioteca en el museo?
Ha biblioteca no museo?
há bibliotéca nu muséu?

¿Existen restaurantes o cafeterías dentro del museo?
O museo tem restaurante ou lanchonete?
u muséu téiñ jestauránchi ou lanshonéchi?

¿Hay guías en español?
Ha guias em espanhol?
há guías éiñ españóu?

¿Hay visitas guiadas por casete?
Ha visitas guiadas por casete?
há visítas guiádas puj caséchi?

¿Hay en el museo un almacén de recuerdos?
O museo tem loja de lembranças, loja de souvenirs?
u muséu téiñ lóya dy lembránsas, lóya yi suvenírs?

¿Hay tarifas reducidas para estudiantes?
Ha tarifas reduzidas para estudantes?
há tarífas jeduzzídas pra estudánchis?

He perdido mi tiquete de entrada, ¿puedo pasar sin él?
Perdi o meu ingresso, posso entrar sem ele?
pejdí u méu ingréso. póso entráj séiñ éli?

¿La entrada tiene el mismo precio todos los días?
A entrada custa o mesmo todo dia?
a entráda cústa u mésmo túdu día?

No encuentro ésta obra, ¿puede indicarme dónde está, por favor?
Não encontro esta obra, Diga-me onde está, por favor.
náun incóntru ésta óbra. dígame ónyi está, puj favoj

¿Puede prestarme una silla de ruedas?
Pode me emprestar uma cadeira de rodas?
póyi mi emprestáj úma cadéira yi jódas?

¿Puedo salir del museo y regresar hoy con el mismo tiquete?
Posso sair do museo e voltar hoje com o mesmo ingresso?
póso saíj du muséu y voutáj hóye coun u mésmo ingréso?

¿Se puede filmar?
Pode-se filmar?
póde-se fiumáj?

¿Se pueden tomar fotos?
Posso fotografar?
póso fotografáj?

¿Tiene libros explicativos en español?
Tem livros do museo em espanhol?
téiñ lívros du muséu eiñ españóu?

¿Tiene un mapa del museo?
Tem mapa do museo?
téiñ mápa du muséu?

EL BANCO

O banco
u bancu

EN BRASIL

Los bancos brasileros tienen un horario de lunes a viernes de 9:00 a.m. a 3:30 p.m. Los cheques viajeros y dólares se cambian en el *Banco do Brasil, Banespa*, las casas de cambio y en los hoteles. Al cambiar sus dólares en el banco, le darán un recibo para que, al salir del país, **pueda cambiar** los reales que le quedan por dólares.

EN PORTUGAL

La moneda portuguesa es el escudo dividido en centavos. Curiosamente, las cifras se escriben con el signo $ a la derecha, seguidas por los centavos. Por ejemplo: diez escudos con veinte centavos se escribirá 10$20. Para expresar cincuenta centavos, se escribirá: $50.

Hay monedas de $50, 1$00, 2$00, 2$50, 5$00, 10$00, 20$00 y 50$00; hay billetes de 100$00, 1.000$00, 5.000$00, y 10.000$00.

¿Cobran comisión por cambiar cheques viajeros/ dinero extranjero?
Cobram comisão por tocar travelers checks/dinheiro extranjeiro?
cóbraun comisáun puj trocáj trávelers shécks/yiñéiru extranyéiru?

¿Cuál es el cambio?
Qual é o cambio do dia?
cuáu é u cámbiu du yía?

¿Cuál es el horario del banco?
Qual é o horário do banco?
cuáu é u horário du báncu?

¿Dónde está el banco más cercano?
Onde fica o banco mais perto?
ónyi fíca u báncu máis péjtu?

Escriba esa cifra, por favor.
Escreva essa quantia, por favor.
escréva ésa cuanchía, puj favoj

¿Hasta qué valor puede darme adelantos en efectivo?
Quanto pode-me adiantar em dinheiro?
cuánto póyi me ayiantáj éiñ yiñéiru?

¿Hasta qué valor puedo cambiar cheques viajeros?
Qual é o valor máximo para trocar travelers checks?
cuáu é u valój másimu pra trocáj trávelers shécks?

Necesito un adelanto en efectivo sobre mi tarjeta de crédito.
Preciso dinhero á vista sobre o meu cartão de crédito.
precízzu yiñéiru á vísta sóbre u méu cajtáun yi créyitu.

Necesito un recibo/la factura.
Preciso uma nota fiscal.
precízzu úma nóta fiscáu

¿Puede cambiarme estos dólares por moneda nacional?
Pode me trocar estes dólares por reais.
póyi me trocáj éstes dólares puj reais.

¿Puede darme sencillo?
Pode me dar trocado?
póyi mi daj trocádu?

Quiero cambiar cheques viajeros.
Quero trocar travelers checks.
quéru trocáj trávelers shécks

¿Tiene servicio de cajero automático?
Ha serviço de caixa eletrónico?
há sejvísu yi cáisha eletrónicu?

MEDICINAS Y ENFERMEDADES

Remedios e enfermedades
jemedius y enfejmedayis

Necesito una droguería.
Preciso uma farmácia.
Precízzo uma fajmácia

Necesito un médico.
Preciso um médico.
Precízzu un méyicu

Necesito una medicina para...
Preciso um remedio para...
Precízzu un jeméyiu pra...

... calmar la tos.	**... el dolor de estómago.**
... acalmar a tose.	... a dor de estómago.
... acaumáj a tósi	*... a doj yi estómago*
... desinfectar una cortada.	**... el dolor de garganta.**
... desinfetar uma ferida.	... a dor de garganta.
... desinfetáj úma ferída	*... a doj yi gajgánta*
... el dolor de cabeza.	**... el dolor de huesos.**
... a dor de cabeça.	... a dor de ossos.
... a doj yi cabésa	*... a doj yi ósus*

... el dolor de muela.
... a dor de dente.
... a doj yi dénchi

... el dolor de oído.
... a dor de ouvido.
... a doj yi ouvídu

... el dolor muscular.
... a dor muscular.
... a doj musculáj

... el escalofrío.
... o calafrio.
... o calafríu

... el guayabo.
... a ressaca.
... a jesáca

... el insomnio.
... a insônia.
... a insónia

... el mareo.
... o enjôo.
... o enyóo

... el vómito.
... o vómito.
... u vómitu

... la congestión nasal.
... a congestão nasal.
... a conyestáun nazzáu

... la deshidratación infantil.
... a deshidratação infantil.
... a desidratasáun infanchíu

... la fiebre.
... a febre.
... a fébri

... las quemaduras de la piel.
... as queimaduras da pele.
... as queimadúras da péli

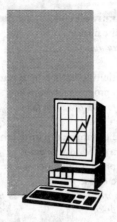

SITUACIONES DE NEGOCIOS

Negocios
negócios

¿Con cuánto cerraríamos el negocio?
Com quanto dinheiro fechamos o negócio?
coun cuántu yiñéiru feshámus u negóciu?

¿Cuánto produce por hora/por día?
Quanto é o produzido por hora/por dia?
cuántu é u produzzídu puj hóura/puj yía?

**Debo estudiar cuidadosamente las circunstancias
financieras de su propuesta antes de tomar una
decisión.**
Devo estudar com muito cuidado as condições
financeiras da sua proposta antes de decidir.
*dévu estudáj coun múintu cuidádu as conyisóins financéiras
da súa propósta ánchis yi deciyíj*

Deme una cita con el señor…
Marque um encontro com o senhor…
májqui un incóntru coun u señój…

Deseo hablar con el señor…
Quero falar com o senhor…
quéru faláj coun u señój…

El precio es muy elevado.
O preço é muito alto.
u présu e múintu áutu

¿En cuánto tiempo estará listo para ser enviado?
Quando ficará pronto para o envio?
cuándu ficará próntu pra u envíu?

Garantíceme compras durante cinco años y le garantizo esa calidad y precio.
Garánta-me compras por cinco anos e eu lhe garanto essa qualidade e esse preço.
garántame cómpras puj cíncu ánus y éu lié garántu ésa cualidáyi y ési présu

Le garantizamos la calidad de nuestro producto.
Garantimos a qualidade do nosso produto.
garanchímus a cualidáyi du nóso prodútu

Le presento a mi colega, el señor (la señora)…
Apresento-lhe o meu (a minha) colega, o senhor (a senhora)…
apreséntou-lie u méu (a míña) coléga, u señój (a señóra)…

Le presento a mi socio, el señor…
Apresento-lhe o meu sócio, o senhor…

apreséntou-lie u meu sóciu, o señój…

Mucho gusto en conocerlo.
Muito prazer em conhece-lo.
múintu prazzéj éiñ coñezzélo

Necesitamos un póliza de cumplimiento.
Precisamos uma apólice de seguro relativa á entrega em tempo.
precizzámos úma apólizzi yi segúru jelachíva á entréga éiñ témpu

Necesitamos un período de gracia antes de empezar a pagar.
Precisamos de um periodo de graça antes de comezar a pagar.
precizzámus yi un períodu yi grása ánchis yi comesáj a pagáj

Necesito algo de mejor (inferior) calidad.
Preciso alguma coisa de melhor (inferior) qualidade.
precízzo augúma cóisa yi meliój (inferiój) cualidáyi

No podemos ofrecer todo eso por ahora.
Não podemos oferecer isso tudo ainda.
náun podémus oferecéj ísu túdu aínda

No podemos pagar tanto, necesitamos un (considerable) descuento.
Não podemos pagar essa quantia, precisamos um (consideravel) desconto.
náun podémos pagáj ésa cuanchía, precizzámus un (consideráveu) discóntu

No puedo tomar esa decisión sin consultarlo antes.
Não posso decidir sem fazer antes uma consulta.
náun póso deciyíj séiñ fazzéj ántis úma consúuta.

Podemos producir para usted hasta… unidades por mes.
Podemos produzir para o senhor até… unidades por mes.
Podémos produzzíj pra u señój até… unidáyis puj mes

¿Podría darnos una demostración?
Pode fazer uma demostração?
póyi fazzéj úma demostrasáun?

¿Puede enviarme toda la información necesaria a mi oficina?
Pode me enviar a informação necessária ao meu escritório?
póyi me enviáj a infojmasáun necesária au meu escritório?

Puede solicitar referencias mías a…
Pode pedir referéncias minhas a…
póyi peyíj jeferéncias míñas a…

¿Qué alternativas de pago puede ofrecernos?
Que alternativa de pagamento pode-nos oferecer?
qué autejnachíva yi pagaméntu póde-nus oferecéj?

¿Qué garantías tiene la máquina?
Qual é a garantia da máquina?
cuáu é a garanchía da máquina?

Queremos estudiar otras ofertas antes de tomar una decisión.
Queremos estudar outras ofertas antes de decidir.
querémos estudáj óutras oféjtas ánchis yi deciyíj

Quisiera hacer ese negocio con usted, pero sus condiciones no me lo permiten.
Eu queria fazer este negócio com o senhor, mas as suas condições não o permitem.
eu quiría fazzéj éschi negócio coun u señój, máis as súas condisóins náun u pejmíteiñ

Quisiera referencias comerciales suyas.
Eu queria ver as suas referéncias comerciales.
eu quiría vej as súas jeferéncias comejciáis

Quisiera ser atendido por el señor...
Quero conversar com o senhor...
quéru convejsáj coun u señój...

Tenemos una oferta mejor, ¿puede mejorar la suya?
Temos uma melhor oferta, pode melhorar a sua?
témos úma meliój oféjta, póyi melioráj a súa?

Tengo excelentes referencias comerciales en mi país.
Tenho ótimas referéncias comerciales no meu pais.
téño óchimas jeferéncias comejciáis nu méu país

Tengo una cita con el señor...
Tenho um encontro com o senhor...
téñu un incóntro coun u señój...

¿Tiene algunos catálogos explicativos?
Tem catálogos explicativos?
téiñ catálogos explicachívus?

Usted estaría comprando algo de excelente calidad a muy bajo precio.
O senhor estaria comprando um produto de exclente qualidade a um preço muito baixo.
u señój estaría compréndu un prodútu yi eselénchi cualidáyi a un préso múintu báishu.

Yo soy... (nombre) y vengo de la empresa... (nombre de la empresa)
Eu sou (mome)... e venho da empresa (mome da empresa)...
eu sóu... y véñu da emprésa...

PELUQUERÍA

Barberia ou cabelereiro
bajberi'a ou cabelereiru

PARA HOMBRE

Barbearia
bajbearía

¿Cuánto cuesta arreglar la barba?
Quanto custa arrumar a barba?
cuántu cústa ajumáj a bájba?

¿Cuánto cuesta un corte de cabello?
Quanto custa um corte de cabelo?
cuántu cústa un cójchi yi cabélu?

Quiero que me arregle la barba.
Me arrume a barba.
me ajúme a bájba

Quiero un corte de cabello.
Quero um corte de cabelo.
quéru un cójchi yi cabélu

¿Puede hacerme la manicure?
Pode me fazer a manicure?
Póyi me fazzéj a maniquiúj?

Corte poco... a los lados.
Corte pouco... aos lados.
cójchi póucu... aus ládus

Corte bastante... a los lados.
Corte bastante... aos lados.
cójchi bastánchi... aus ládus

Corte un poco más... a los lados.
Corte um pouco mas... aos lados.
cójchi un póucu máis ... aus ládus

Corte poco... atrás.
Corte pouco... atras.
cójchi póucu... atráis

Corte bastante... atrás.
Corte bastante... atras.
cójchi bastánchi... atráis

Corte un poco más... atrás.
Corte um pouco mas... atras.
cójchi un póucu máis... atráis

Corte poco... arriba.
Corte pouco... encima.
cójchi póucu ... encíma

Corte bastante... arriba.
Corte bastante... encima.
cójchi bastánchi... encíma

Corte un poco más... arriba.
Corte um pouco mas... encima.
cójchi un póucu máis... encíma

Déjeme destapadas... las orejas.
Me deixe descobertas... as orelhas.
mi déishi descobéjtas... as orélias

Las patillas... largas.
As suiças... longas.
as suísas... lóngas

Las patillas... cortas.
As suiças... curtas.
as suísas... cújtas

El bigote... corte las puntas.
Acorte as pontas.
acójchi as póntas

Afile las puntas.
Afie as pontas.
afíe as póntas

Descubra el labio un poquito.
Descubra um pouco o labio.
descúbra un póuco u lábiu

Quítele un poco de volúmen.
Tire um pouco de volume.
chíre un póucu yi volúme

Solamente arréglelo.
So arrume-o.
so ajúmeo

PARA MUJER

Cabelereiro
cabeleréiru

Déjelo más corto (o largo) de este lado.
Deixe-o mas curto (ou cumprido) deste lado.
déisheu máis cújtu (ou cumprídu) déschi ládu

Necesito arreglarme las uñas.
Preciso me arrumar as unhas.
precízzu me ajumáj as úñas

335

Necesito un peinado para fiesta.
Preciso um penteado para festa.
precízzo un penchiádu pra fésta

No es necesario que me lave el pelo.
Não é preciso lavar o cabelo.
náun é precízzu laváj u cabélu

¿Quiere mostrarme la última moda en peinados?
Mostre-me o último en penteados.
móstreme u úuchimu éiñ penchiádus

Quiero pintarme el pelo. ¿Puede mostrarme algunos colores?
Quero me tinturar o cabelo. Me mostra algumas cores?
quéru me tinturáj u cabélu, me móstra augúmas córes?

Quiero ver otros colores de esmalte.
Quero ver outras cores de esmalte.
quéru vej óutras córes yi esmáuuchi

¿Tiene fotografías donde pueda escoger un estilo?
Tem fotos para escolher uma moda?
téiñ fótus pra escoliéj úma móda?

ALEMÁN
INDICE

PRESENTACIÓN

Este manual se ha diseñado para que le sirva de ayuda durante sus viajes por el mundo germanoparlante. Por ello, además de ofrecerle las frases básicas del idioma, se presenta información esencial a tener en cuenta en Alemania y Austria, especialmente por el viajero latinoamericano. Nuestra preocupación fue la de dotarle con la más actualizada información sobre las presentes condiciones de viaje, algunas de las cuales hemos vivido en carne propia.

¡Mantenga pues a la mano su **Alemán Viajero** y láncese al mundo!

GUÍA DE PRONUNCIACIÓN

En la presente obra se ha empleado un sencillo sistema de transcripción que permite, a quien no conoce el idioma, pronunciarlo de la manera más aproximada posible. Cada palabra o expresión en castellano está seguida por su traducción en alemán y luego por su transcripción fonética. Simplemente lea la transcripción fonética tal como lo haría si fuera una palabra española y podrá hacerse entender con claridad. Hemos supuesto que usted desconoce por completo la fonética alemana. De no ser así, igualmente le puede servir para guiarse en los casos de difícil pronunciación.

Algunos sonidos con los que usted no está familiarizado:

vocales dobles : en alemán ciertas vocales se pronuncian dobles, es decir, semejante al castellano pero dándole el doble de duración al sonido. Para indicar tales casos se ha transcrito la vocal doble: *aa, ee, ii, oo, uu*.

***nn* :** se señala así un caso similar a las vocales, en el cual la *n* se pronuncia con el doble de duración de la vocal.

***œ* :** se pronuncia como una vocal a medio camino entre la *o* y la *e*, similar al mismo caso en francés. Para lograr el sonido, pronuncie una *e* acercando las comisuras de la boca hasta que se asemeje al sonido de la *o*, sin perder el de aquella. Salvo que se indique otra cosa, la palabra se acentúa en esta letra.

sh : es un sonido el doble de largo de la *ch* castellana, pues debe pronunciarse de modo semejante al ruido que se hace para pedir silencio: shhhh!

tz : se pronuncian las dos letras seguidas. La *z* suena igual a la *s*. Aquí hemos preferido utilizar la *z* para indicar que es un sonido bastante marcado.

v : han de distinguirse los sonidos de *v* y *b*, siendo la primera labidental y la segunda bilabial.

CÓMO ENCONTRAR LA FRASE QUE DESEA

Note que las frases se han clasificado por ámbitos de uso, y dentro de cada uno se han ordenado alfabéticamente. Hemos usado la frase más sencilla para cada caso, pero si no encuentra la frase exacta que usted utilizaría, piense en otras posibilidades para decir lo mismo, o eventualmente, en los otros ámbitos a que pueda pertenecer. Tenga presente que son inevitables las divergencias de criterio para clasificar una frase o en el estilo de formular las preguntas.

INFORMACIÓN GENERAL

Recuerde que la actualmente denominada República Federal de Alemania era, hasta 1990, dos países: la República Federal y la República Democrática. En los años siguientes a la unificación, algunas cosas permanecieron diferentes entre las regiones antiguamente democráticas y las federales. No obstante, a partir de 1993 la mayoría de las diferencias se habrán ya obviado.

Los alemanes no han merecido su fama de organizados gratuitamente. Gracias a ello, ofrecen una amplia información turística a vuelta de correo de las siguientes direcciones:

En Alemania:
Beethovenstrasse 69
D-6000 Frankfurt am Main
Alemania.

En México:
Oficina Nacional Alemana de Turismo
c/o Lufthansa German Airlines
Paseo de las Palmas 239
11000 México D.F. Teléf: (0 05 25) 2 02 35 35
México

En España:
Oficina Nacional Alemana de Turismo
San Agustín 2, Plaza de las Cortes.E-28014
Teléf: (91) 4 29 35 51/4 29 58 77.
Madrid España.

Puede intentarlo también en las oficinas de Lufthansa Airlines o en la Embajada Alemana de su país, quienes gustosamente le ayudarán.

Los austriacos lo atenderán encantados en:

En España:
Oficina Nacional Austriaca de Turismo
Plaza de España- Torre de Madrid, Planta 11/8
28008 Madrid España

En Austria:
Departamento Turístico de Viena
Kinderspitalgasse 5, A-1095
Viena

O en las oficinas austriacas consulares y de relaciones comerciales de su país. Indique con claridad las fechas para las que piensa visitar el país y el tipo de información que necesita. Gustosamente le ayudarán.

INGRESO AL PAÍS

Tanto en la R.F.A. como en Austria los ciudadanos latinoamericanos sólo necesitan presentar su pasaporte vigente para recibir la visa de turista, a menos que sean nicaraguenses o dominicanos, en cuyo caso deben solicitarla previamente. Cualquier otro tipo de visa debe pedirse con anticipación. Los ciudadanos de países miembros de la CEE sólo requieren presentar su documento de identidad.

No se requieren vacunas para entrar a Alemania. Existe total libertad para el ingreso y salida de moneda alemana o extranjera sin límites de cantidad.

También hay libertad total en el porte de efectos personales o profesionales que se puedan necesitar durante la estadía. Si usted piensa entrar grandes cantidades de artículos como tabaco, alcohol o perfumes, infórmese detenidamente sobre los eventuales derechos aduaneros que deberá pagar.

TELÉFONOS

En los teléfonos públicos es posible hacer llamadas locales, nacionales e internacionales, utilizando monedas comunes. Toda población es identificada por un prefijo que debe ser marcado al inicio del número local para lograr la comunicación.

HORARIOS DE ATENCIÓN AL PÚBLICO EN ALEMANIA

Puede encontrar pequeñas diferencias entre los estados. Aquí se relaciona lo más generalizado.

Comercio: abre entre las 9:00 a.m. y las 6:30 p.m. En ocasiones los jueves atiende hasta las 8:30 p.m. Cierra domingos y festivos. Sábados de 9:00 a.m. a 2:00 p.m. El primer sábado de mes las tiendas suelen estar abiertas hasta las 4:00 p.m.

Agencias de viajes: lunes a viernes de 9:00 a.m. a 6:00 p.m. Sábados de 9:00 a.m. a 12:00 m. Cerradas dominos y festivos.

Farmacias: atienden en el mismo horario del comercio.

Teatros: las funciones comienzan a las 8:00 p.m. o a las 7:00 p.m. si se trata de una presentación larga. Las funciones duran entre 2 y 2 1/2 horas. Las boletas se pueden comprar en ventanillas especiales, en las del teatro o a través de la conserjería del hotel.

EN AUSTRIA

Los austriacos son bastante homogéneos en sus horarios. Prácticamente todos los establecimientos de atención al público atienden de 8:00 a.m. a 6:00 p.m. Algunos grandes almacenes alargan sus horarios media hora más. Los sábados se atiende de 8:00 a.m. a 12:00 m. Ni en la tarde ni los domingos pretenda encontrar abiertos algo diferente de restaurantes, cafés o tabernas. Las oficinas de correo suelen estar abiertas de lunes a viernes de 8:00 a.m. a 6:00 p.m.

CORTESÍA BÁSICA

Nunca olvide terminar sus peticiones con **Bitte** *(bitte)*, por favor. Use la misma palabra para pedir que lo atiendan.

PALABRAS BÁSICAS

Redewendungen
Redevendunguen

A continuación se relacionan algunos vocablos y oraciones de uso frecuente. Sería conveniente tratar de memorizarlos, pues se complementan en gran medida con otras frases utilizadas en el libro.

DÍAS DE LA SEMANA

Tage der Woche
tague dea voje

lunes
Montag
móntak

martes
Dienstag
dínstak

miércoles
Mittwoch
mítboj

jueves
Donnerstag
dónastak

viernes
Freitag
fráitak

sábado
Samstag
sámstak

domingo
Sonntag
sóntak

MESES DEL AÑO

Monate des Jahres
monate des yares

enero
Januar
yánua

febrero
Februar
fébrua

marzo
März
merz

abril
April
april

mayo
Mai
mai

junio
Juni
yuni

julio
Juli
yuli

agosto
August
august

septiembre
September
septémba

octubre
October
octóba

noviembre
November
novémba

diciembre
Dezember
desémba

ESTACIONES

Jahreszeiten
yiaresaiten

primavera
Frühling
frilink

otoño
Herbst
jerbst

verano
Sommer
soma

invierno
Winter
vínta

345

PARTES DEL DÍA

Tageszeiten
taguesaiten

amanecer
Morgengrauen
morguengrauen

mañana
Morgen
morguen

mediodía
Mittag
mitak

tarde
Nachmittag
najmitak

atardecer
Abend
abent

noche
Nacht
najt

medianoche
Mittnacht
mitnajt

por la mañana
morgens
morguens

por la tarde
mittags
mitajs

hoy
heute
joite

ayer
gestern
guestern

mañana
Morgen
morguen

¿Qué hora es?
Wieviel Uhr ist es?
vifil ua ist es?

Son las ... en punto.
Es ist genau ...uhr.
es ist genau ...ua

... y cuarto.
Es ist viertel nach...
es ist fiatel naj...

... y media.
Es ist dreisig nach...
es ist draisig naj...

... menos cuarto.
Es ist viertel vor...
es ist fiatel foa..

NÚMEROS

Nummern
numan

uno/primero
eins/erster
ains/ersta

dos/segundo
zwei/zweiter
tsvai/tsvaita

tres/tercero
drei/dritter
drai/drita

cuatro/cuarto
vier/vierter
fia/fiata

cinco/quinto
fünf/fünfter
finf/finfta

seis/sexto
sechs/sechster
sex/sexta

siete/séptimo
sieben/siebter
siben/sibta

ocho/octavo
acht/achter
ajt/ajta

nueve/noveno
neun/neunter
noin/nointa

diez/décimo
zehn/zehnter
tsen/tsenta

once
elf
elf

doce
zwölf
tsvelf

trece
dreizehn
draitsen

catorce
vierzehn
fiarsen

quince
fünfzehn
finfzen

dieciséis
sechszehn
sejtsen

diecisiete
siebzehn
sibtsen

dieciocho
achtzehn
ajtsen

diecinueve
neunzehn
nointsen

veinte
zwanzig
tsvansik

veintiuno	**noventa**
einundzwanzig	neunzig
áinuntsvanzig	*nóintsik*
veintidós	**cien**
zweiundzwanzig	hundert
tsbáiuntsvanzig	*júndert*
treinta	**doscientos**
dreißig	zweihundert
draísik	*tsváijundert*
cuarenta	**trescientos**
vierzig	dreihundert
fiársik	*dráijundert*
cincuenta	**mil**
fünfzig	tausend
fínftsig	*táusend*
sesenta	**mil uno**
sechzig	tausend und ein
séjsig	*táusend und ain*
setenta	**dosmil**
siebzig	zweitausend
síbtsik	*tsváitausend*
ochenta	**un millón**
achtzig	eine million
ájtsik	*aine milión*

PRONOMBRES

Pronomen
pronomen

yo/mí	**tu/ti**
ich/mich	du/dich
ij/mij	*du/dij*
usted	**él/él**
sie/sie	er/ihm
si/si	*ea/im*

ella/ella
sie/iha
si/ía

nosotros/nosotras
wir/uns
bia/uns

ustedes (vosotros/vosotras)
ihr/euch
ia/oij

ellos/ellas
sie/sie
si/si

ellas/ellas
sie/sie
si/si

OTRAS PALABRAS

andere wörter
andre verter

esto
dies
dis

Señora
Dame, Frau
dame, frau

eso
das
das

Señorita
Fraülein
froilain

este
dieses
dises

Señores
Herren
jerren

ese
dieser
disa

Doctor
Doctor
dóctoa

esta/esa
diese
dise

y
und
und

estos/esos (as)
diese/das
dise/das

o
oder
óda

Señor
Herr
jerr

sí
ja
ya

no
nein
nain

arriba
oben
oben

por favor
bitte
bite

abajo
unten
unten

gracias
danke
danke

aquí/acá
hier
jia

de nada
nichts zu danken
nijts tsu danken

allí/allá
dort
dort

perdón
entschuldigung
entshúldigung

entrada
Eingang
aingang

auxilio
hilfe
jilfe

salida
Ausgang
ausgang

emergencia
Not
noot

subida
Aufstieg
aúfstig

bien/bueno
gut
gut

bajada
Abstieg
abstig

mal/malo
schlecht
shlejt

cerca
nahr
naa

temprano
früh
fri

lejos
entfernt, weit
entfernt, bait

tarde
spät
spet

prohibido
verboten, Nicht ...
ferboten, nijt ...

permitido
erlaubt
erlaubt

afuera
draußen
drausen

izquierda
links
links

adentro
drinnen
drinen

derecha
rechts
rejts

libre
frei
frai

abierto
offen
offn

ocupado
besetzt
besetst

cerrado
geschlossen
gueshlosen

gratis
gratis
graatis

adelante
vorne
forne

No sé.
Ich weis nicht.
ij vais nijt

atrás
hinten
jinten

No entiendo.
Ich verstehe nicht.
ij fersteje nijt

Yo no entiendo alemán.
Ich verstehe kein Deutsch.
ij festeje kain doitsh

FRASES BÁSICAS

Redewendungen
Redevendunguen

Buenos días.
Guten Morgen.
gúten morguen

Buenas tardes.
Guten Tag.
gúten tag

Buenas noches.
Guten Abend.
gúten ábend

¿Cómo se dice esto en alemán?
Wie heißt das auf Deutsch?
víi jáist das auf dóitsh?

Disculpe.
Entschuldigung.
entshúldigung

¿Dónde está el baño?
Wo ist die Toilette?
vo ist dii tualette?

¿Dónde puedo beber/comer algo?
Wo kann ich etwas trinken essen?
vo kan ij étvas trínken éssen?

Es un placer conocerlo.
Ich freue mich, Sie kennenzulernen.
ij fróie mij sii kennentzulérnen

Escríbalo por favor.
Schreiben Sie mir das bitte auf.
shráiben sii miir das bítte auf

¿Está cerca?
Ist das in der Nähe?
ist das in der néeje?

Estoy perdido.
Ich habe mich verirrt. Ich weiß nicht wo ich bin.
ij jábe mij ver-írrt. ij váis nicht vo ij bin

Gracias.
Dankeschön, Danke.
dánkeshen, dánke

Hable más despacio, por favor.
Sprechen Sie bitte langsamer.
spréjen sii bítte lángsama

Me robaron.
Man hat mich bestohlen.
man jat mij beshtóolen

Necesito que me ayude, por favor.
Ich brauche Ihre Hilfe, bitte.
ij brauje iire jílfe, bitte

Necesito un policía.
Wo finde ich die Polizei.
vo fínde ij dii politzái

Tengo hambre/sed.
Ich habe Hunger/Durst.
ij jáabe júnguer/durst

Tengo sueño.
Ich bin Müde.
ij bin miide

AEROPUERTO

Flughafen
flúgjáafen

INICIO DEL VIAJE

La llegada a los aeropuertos alemanes y austriacos no es problemática. El paso por inmigración y aduanas no suele presentar inconvenientes, claro está, si no hay motivo para que los tenga.

Aeropuertos tan gigantescos como el de Frankfurt, el más grande del mundo, están muy bien señalizados y ofrecen variados servicios al pasajero en tránsito. En cualquier caso no espere encontrar mucha diversión en ningún aeropuerto.

Las aerolíneas alemanas y austriacas son de un cumplimiento famoso; no es necesario reconfirmar sus reservaciones luego de que hayan sido hechas por la agencia de viajes.

Al aeropuerto, por favor.
Zum Flughafen, bitte.
zum flugjáafen, bite

¿A qué hora aterrizamos?
Um wieviel Uhr landen wir?
um víifiil ua lánden vía?

¿A qué hora despegamos?
Um wieviel Uhr starten wir?
um víifiil ua starten vía?

¿A qué horas hay vuelos hacia...?
Zu welchen Zeiten gibt es Flüge nach...?
tzu véljen tzáiten guibt es fligue naj...?

Con este tiquete, ¿puedo cambiar mi reservación libremente?
Kann ich mit diesem Ticket meine Buchungen frei ändern?
kann ij mit díisem tíket máine bújunguen frái éndern?

Confirme mi siguiente vuelo, por favor.
Bestätigen Sie bitte meinen nächsten Flug.
bestétiguen sii bítte máinen néjsten flug

¿Cuál es la forma más barata para volar hacia...?
Wie kann man am billigsten nach... fliegen?
víi kann man am bíligsten naj... flíiguen?

¿Cuántas libras de equipaje puedo llevar?
Wieviel Kilo Gepäck darf ich mitnehmen?
víifil kilo guepék darf ij mítneemen?

¿Cuántas maletas puedo llevar?
Wie viele Koffer kann ich mitnehmen?
víi fiile kófer kann ij mítneemen?

¿Cuántas maletas puedo llevar en la mano?
Wieviel Handgepäckstücke sind erlaubt?
víifil jándguepékstike sind erláubt?

¿Cuánto cuesta en clase turista y cuánto en primera clase?
Wie teuer ist der Flug in der Touristenklasse, und wieviel kostet er in der ersten Klasse?
víi toier ist der flug in der turístenklase, und víifil kóstet er in der ersten klasse?

¿Cuánto cuesta un tiquete a...?
Wie teuer ist ein Ticket nach....?
víi toier ist áin tíket naj...?

¿Cuánto dura el viaje?
Wie lange dauert der Flug?
víi lángue dáuert der flug?

¿Cuánto tiempo de validez tiene este tiquete?
Wie lange ist dieses Ticket gültig?
víi lángue ist diieses tiket giltig?

Déme un asiento adelante, por favor.
Geben Sie mir bitte einen Platz vorne.
guében sii mir bítte áinen platz forne

Déme un asiento atrás, por favor.
Geben Sie mir bitte einen Platz hinten.
guében sii mir bítte áinen platz jínten

Déme un asiento cerca de la puerta, por favor.
Geben Sie mir bitte einen Platz in der Nähe der Tür.
guében sii mir bítte áinen platz in der néeje der túr

Déme un asiento de corredor, por favor.
Geben Sie mir bitte einen Platz am Gang.
guében sii mir bítte áinen platz am gang

Déme un asiento en la sección de fumadores, por favor.
Geben Sie mir bitte einen Raucher-Platz.
guében sii mir bítte áinen ráujer-platz

Déme un asiento en la sección de no fumadores, por favor.
Geben Sie mir bitte einen Nichtraucher-Platz.
guében sii mir bítte áinen nijtráujer-platz

Déme un asiento de ventana, por favor.
Geben Sie mir bitte einen Fensterplatz.
guében sii mir bítte áinen fénster-platz

¿Dónde puedo comprar un tiquete aéreo?
Wo kann ich ein Flugticket kaufen?
vo kann ij ein flúgtiket kaufen?

¿Hacia dónde queda la puerta de embarque?
Wo ist bitte der Ausgang zum Abflug?
vo ist bítte der áusgang tzum ábflug?

Necesito que me ayude. Yo debo viajar en ese vuelo.
Würden Sie mir bitte helfen. Ich muß mit diesem Flug
fliegen.
uúrden sii mir bitte jélfen. ij mus mit diisem flug fliiguen

Por favor, lleve mi equipaje.
Tragen Sie bitte mein Gepäck.
tráguen sii bitte máin guepék

Primera clase.
Erste Klasse.
erste klase

¿Qué aerolíneas viajan a...?
Welche Fluggesellschaften fliegen nach...?
vélje flúggeselshaften flíiguen naj...?

¿Qué condiciones especiales tiene este tiquete?
Welche Sonderbedingungen hat dieses Ticket?
vélje sónderbedíngunguen jat diieses tíket?

¿Qué distancia hay de aquí a...?
Wie weit ist es von hier nach...?
víi váit ist es fon jier naj...?

¿Quiere ponerme en lista de espera por favor?
Setzen Sie mich bitte auf die Warteliste?
sétzen sii mij bítte áuf dii várteliste?

Quiero un tiquete a...
Ich brauche ein Ticket nach...
ij bráuje áin tíket naj...

Quiero un tiquete de ida y vuelta.
Geben Sie mir bitte ein Rückflugticket.
guében sii mir bítte ain rúkflugtíket

Quiero un tiquete sencillo.
ich brauche nur ein hinnfahrts Ticket.
ij bráuje nur áin jínfats tíket

Segunda clase.
Zweite Klasse.
tzwáite klasse

¿Sirven alimentos en ese vuelo?
Gibt es auf diesem Flug etwas zu essen?
guíbt es áuf díisem flug etvas tzu éssen?

Tercera clase.
Dritte Klasse.
drítte klasse

¿Tienen tarifas especiales para niños?
Gibt es Sonderpreise für Kinder?
guibt es sónderpraise fur kínder?

Usted debe tener mi reservación.
Sie müssen meine Reservierung haben.
sii mússen máine Reservíirung jáaben

Busque de nuevo, por favor.
Schauen Sie bitte nochmals nach.
shauen sii bítte nójmals naj

Viajo a... por la aerolínea...
Ich fliege mit...
ij fligue mit...

Yo debo seguir una dieta. ¿Pueden servirme una comida especial?
Ich muß eine Diät einhalten. Können Sie mir Diätkost servieren?
ij mús áine diét áinjalten. kœnnen sii mir diétkost servíiren?

Yo hice las reservaciones con suficiente anticipación.
Ich habe die Reservierungen rechtzeitig vorgenommen.
ij jábe dii reservíirunguen rejtzáitik for-guenómmen

EN EL AVIÓN

Im Flugzeug
Im flúgtzóig

En los vuelos internacionales los consumos son gratuitos; no así en algunos vuelos nacionales. Mejor cerciórese antes de pedir. Si usted desea comer más de lo que le han servido, tal vez encuentre cierta resistencia del auxiliar de vuelo, pues el número de platos extra disponibles suele ser muy pequeño. Por lo tanto, intente insistir y acepte de la mejor forma un posible rechazo o que su solicitud sea puesta a condición. Esto no suele suceder con las bebidas.

Tenga especial cuidado con la cantidad de alcohol que consuma. Por razones que desconocemos, el alcohol hace más rápido efecto dentro de un avión, especialmente en viajes largos. No se imagina lo mal que se sentirá si, por causa del licor, llega a indisponerse en pleno vuelo.

¿Cuánto cuesta un trago (una cerveza)?
Wie teuer ist ein Schnaps (ein Bier)?
víi toier ist áin shnaps (áin bier)?

¿Dónde están los baños?
Wo sind die Toiletten?
vo sind dii tualétten?

¿Dónde puedo guardar mi abrigo (porta abrigo, porta vestido)?
Wo kann ich meinen Mantel (meinen Kleidersack) lassen?
vó kann ij máinen mántel (máinen kláidersák) lássen?

¿En cuánto tiempo servirán la comida?
Wann servieren Sie das Essen?
van serviiren sii das éssen?

¿En dónde queda mi asiento?
Wo ist bitte mein Platz?
vo ist bítte máin platz?

Ese es mi asiento, excúseme.
Das ist mein Platz, entschuldigen sie.
das ist máin platz, entschúldigen sii

¿Me puede prestar un periódico, por favor?
Kann ich bitte eine Zeitung haben?
kan ij bítte áine tzáitung jáben?

¿Me puede prestar una almohada, por favor?
kann ich bitte ein Kissen haben?
kan ij bítte áin kíssen jáben?

¿Me puede prestar una cobija, por favor?
kann ich bitte eine Decke haben?
Kan ij bítte áine déke jáben?

¿Puedo mirar una revista?
kann ich bitte eine Zeitschrift haben?
kan ij bítte áine tzáitshrift jáben?

¿Puedo comer/beber un poco más de esto?
Ich würde hiervon gerne noch ein wenig mehr essen/
trinken?
ij wúrde jíervon guerne noj áin vénig méer éssen/trínken?

¿Quiere cambiar de asiento conmigo?
Wollen Sie Ihren Platz mit mir tauschen?
vólen sii íiren platz mit mir taushen?

Quisiera tomar...
Ich hätte gerne
ij hétte guerne

...un refresco.
  eine Limonade.
  áine limonade

...una cerveza.
  ein Bier.
  áin bía

...café.
  einen Kaffee.
  áinen kaffé

...agua.
  Wasser.
  wássa

...jugo de frutas.
  einen Obstsaft.
  áinen óbstsaft

LLEGADA AL AEROPUERTO

Ankunft am Flughafen
ánkunft am flúgjáfen

Aduana.
Zoll.
zol

Autobuses.
Autobusse.
autobússe

¿Debo abrir todas las maletas?
Muß ich alle Koffer öffnen?
mus ij ále kófer œfnen?

¿Debo declarar los licores y cigarrillos?
Muß ich Alkoholika und Zigaretten verzollen?
mus ij alcojólika und tzigaréten vertzólen?

¿Debo declarar los obsequios?
Muß ich Geschenke verzollen?
mus ij gueshénke vertzólen?

¿Debo pagar impuestos por esto?
Muß ich hierfür Steuer zahlen?
mus ij jierfúr stoier záalen?

¿Dónde puedo encontrar un taxi?
Wo kann ich bitte ein Taxi finden?
vo kann ij bítte áin taxi fínden?

Equipajes.
Gepäck.
guepék

Este es mi equipaje. Son... piezas.
Das ist mein Gepäck. Es sind... Teile.
das ist máin guepék. es sind... táile

Estoy en viaje de negocios de placer.
Ich bin auf einer Geschäftsreise ...(auf einer
Vergnügungsreise).
*ij bin auf áiner geshéftsráise ...ij bin áuf áiner
fergnúgungsráise*

Mi pasaporte por favor.
Mein Reisepaß bitte.
máin ráisepass bítte

Necesito información sobre hoteles.
Ich brauche Hotelinformationen.
ij brauje jotélinformatzióónen

Quiero alquilar un auto.
Ich möchte ein Auto mieten.
ij mœjte áin auto miiten

Vengo como turista.
Ich bin Tourist.
ij bin turíst

Viajamos con pasaporte familiar.
Wir reisen mit einem Familienpaß.
vir ráisen mit áinem famílienpass

Voy a hospedarme en el hotel...
Ich werde im Hotel... bleiben.
ij verde im jotél... blaíben

Vuelo.
Flug.
fluk

EN EL HOTEL

Im Hotel
Im jotél

La amplia variedad de hoteles en estos países va desde el lujoso hasta el hospedaje estudiantil o familiar de ambiente encantador y precios muy inferiores. Existe información precisa y confiable a través de las oficinas de turismo nacional mencionadas en páginas anteriores.

¿Cuál es el precio diario total?
Wie hoch ist der Gesamtpreis pro Tag?
víi joj ist der guesámtpráis pro tag?

¿Cuál es la hora de salida? (hora en que cobran un nuevo día)
Um wieviel Uhr muß ich auschecken?
um víifiil uur mus ij áus-shéken?

¿Cuál es la tarifa?
Welcher ist der Preis?
velsher ist der práis?

¿Hay descuento para estudiantes?
Gibt es einen Studentenrabatt?
guibt es áinen studéntenrabátt?

¿Hay recargos por el uso del teléfono o del televisor?
Ist ein Aufschlag zu zahlen für die Benutzung des
Telefons oder des Fernsehers?
*ist áin áufshlág tzu tzáalen fur dii benútzung des télefons
oder des Férnséers?*

**¿Hay servicio a las habitaciones de comedor/de
lavandería?**
Gibt es einen Room-Service, ein Restaurant einen
Wäschedienst?
guibt es áinen ruum-sérvice, áin restorant áinen véshe-díinst?

¿Incluye alguna comida?
Ist darin eine Mahlzeit eingeschlossen?
ist dárin áine máltzáit áingeshlóssen?

La habitación está muy...
Das Zimmer ist sehr...
das tzimmer ist seer...

...costosa.	**...grande.**
...teuer.	...groß.
...toier	*...groos*
..pequeña.	**...fría.**
...klein.	...kalt.
...kláin	*...kalt*
...caliente.	**...ruidosa.**
...warm.	...laut.
...varm	*...laut*

¿Puedo ver la habitación?
Könnte ich das Zimmer?
kœnte ij das tzimma seen?

Por favor, escriba esa cifra.
Schreiben Sie diese Zahl bitte auf.
shráiben sii díise tzáal bítte áuf

¿Tiene folletos sobre las actividades del hotel?
Haben Sie Prospekte über die Programme dieses Hotels?
jaben sii prospekte áuf úiba dii prográmme diises jotéls?

¿Pueden poner una cama más en la habitación?
Können Sie noch ein Bett in das Zimmer stellen?
kœnnen sii noj áin bett in das tzimmer stélen?

Quiero una habitación con vista a la calle/a la playa/a la piscina/al interior del hotel.
Ich möchte ein Zimmer mit Blick auf die Straße/auf den Strand/auf das Schwimmbad/in den Innenhof.
ij mojte áin tzimmer mit blik áuf dii stráse/áuf den strand/ auf das shvímbad/in den ínnenjoof

Quiero una habitación...
Ich möchte ein Zimmer...
ij mójte áin tzímmer...

...con baño privado.
...mit eigenem Bad.
...mit áiguenem bad

...con cama doble.
...mit Doppelbett.
...mit dóppelbett

...con camas separadas.
...mit getrennten Betten.
...mit guetrénnten bétten

...con desayuno incluido.
...Frühstück eingeschlossen.
...Frústuk áingueshlóssen

...doble.
...ein Doppelzimmer.
...áin dóppelzímmer

...que dé a la calle.
...mit Blick auf die Straße.
...mit blik auf die straase

...que dé al interior.
...nach innen gerichtet.
...naj ínnen guerijtet

...que dé al mar.
...mit Blick aufs Meer.
...mit blik áufs meer

...que dé al patio.
...mit Blick auf den Hof.
...mit blik áuf den jóof

365

...sencilla.
...ein Einzelzimmer.
...áin áintzeltzímmer

Quiero que se desconecten los canales privados de la TV.
Bitte, stellen Sie die privaten Fernschkanäle ab.
Bíte, stélen sii dii privaaten feréekanele ab

¿Tiene folletos sobre las actividades en la ciudad?
Haben Sie Prospekte über die Veranstaltungen in der Stadt?
jáben sii prospékte úber dii feránstaltunguen in der shtat?

¿Tiene televisión y teléfono?
Hat das Zimmer Fernschen und Telefon?
jat das tzimmer férnseen und télefon?

¿Tiene una reservación a nombre de...?
Haben Sie eine Reservierung auf den Namen...?
jáben sii eine reserviirung áuf den namen...?

Una caja de seguridad, por favor.
Bitte ein Safe.
bítte áin séif

TRANSPORTE

Transport
Transpórt

EN LA CIUDAD

In der Standt
in der shtat

En Viena el aeropuerto se comunica con el centro de la ciudad por medio de buses expresos cada 30 minutos entre las 6:00 a.m. y las 7:00 p.m. Autobuses expresos también conectan al aeropuerto con las estaciones de tren, cada 30 minutos en el mismo horario anterior.

Si usted llega a un hotel, seguramente éste tiene su propio microbús en el aeropuerto para el traslado de sus huespedes. Infórmese previamente en la agencia de viajes o en la aerolínea que lo transportó. Los aeropuertos tienen un paradero asignado para estos transportes, donde también puede averiguar al respecto.

Tanto en Austria como en Alemania el sistema de transporte urbano es muy barato y eficiente, por lo que se le debe preferir a los taxis o al automóvil alquilado. En este último caso, verá que es muy difícil encontrar parqueadero disponible. Si insiste, no maneje a más de 50 km/h ni toque la bocina a menos que sea imprescindible. Alemania tiene libertad de velocidad en las autopistas.

El transporte público puede ser utilizado con un sólo tiquete, sin importar los transbordos que necesite, en una sola dirección. En Austria el tiquete se debe sellar en la máquina automática del andén o dentro del tranvía. Existen también tiquetes para 24 horas y para una semana. Estos últimos se validan una sola vez cada 24 horas en la máquina automática del andén o tranvía. Pueden ser utilizados por parejas durante cuatro días, pero deben viajar juntos pues se trata de una tira indivisible. Se consiguen en oficinas de turismo, tiendas de abarrotes y en las oficinas de la empresa transportadora. Por favor, no intente viajar sin tiquete, pues será fácilmente sorprendido y severamente multado.

En Alemania el tiquete es provisto por máquinas disponibles en paraderos y entradas al metro. Oprima el botón equivalente a la tarifa mínima e inserte en monedas la cantidad que indique la máquina. El tiquete saldrá automaticamente.

En ambos países los taxis deben pedirse por teléfono o tomarse en las paradas indicadas. Sólo excepcionalmente usted podrá encontrar un taxi vacío de otra manera. El viaje al aeropuerto tiene un recargo que lo hace costoso.

¿Cuál ruta me sirve para ir a...?
Mit welcher Linie kann ich nach...fahren?
mit véljer línie kan ij naj...fáaren?

¿Cuáles son las tarifas de taxi?
Wie sind die Taxipreise?
víi sind dii táxipraise?

¿Cuánto cuesta el tiquete?
Wie teuer ist die Fahrkarte?
víi toier ist dii fáarkarte?

¿Dónde puedo comprar los tiquetes?
Wo kann ich die Fahrkarten kaufen?
vo kan ij dii fáarkarte kaufen?

¿Dónde puedo conseguir un taxi?
Wo kann ich ein Taxi nehmen?
vo kan ij áin táxi néemen?

¿Dónde queda el paradero más próximo?
Wo ist die nächste Haltestelle?
vo ist dii néjste jáltestele?

¿Dónde queda la estación más próxima?
Wo ist der nächste Bahnhof?
vo ist der néjste Báanjof?

¿Cuál es el horario de esta ruta?
Wie ist der Fahrplan dieser Route?
víi ist der fáarplan díiser rúute?

¿Existen buses del aeropuerto al centro de la ciudad?
Gibt es Busse vom Flughafen zum Stadtzentrum?
guibt es bússe vom flúgjáfen tzum shtát-tzéntrum?

¿Es seguro viajar de noche?
Ist es sicher, nachts zu reisen?
ist es sijer nachts tzu ráisen?

¿Tiene un mapa de rutas?
Haben Sie eine Straßenkarte?
jáben sii áine strássenkarte?

TRANSPORTE INTERURBANO

Europa cuenta con excelente servicios ferroviarios, cómodos y asombrosamente cumplidos. Los tiquetes se pueden comprar con anticipación, aun desde su país de origen.

Es posible hacer reservaciones para primera clase con 24 horas de anticipación y desde cualquier estación. Debido al valor de este servicio, solicítelo solamente cuando viaje en un grupo grande o a una hora muy congestionada, como la mañana o la tarde, o si desea un puesto específico. En otros casos, encontrará asiento con facilidad. Los coches literas son casi tres veces más costosos, además de estrechos. Los vagones restaurante ofrecen un variado menú a un alto precio. Mantenga a mano su tiquete pues el controlador se lo exigirá durante el viaje, posiblemente más de una vez.

¿A qué hora sale el tren/el autobús?
Um wieviel Uhr fährt der Zug (der Bus) ab?
um víviil uur feert der tzug (der bus) ab?

¿Con qué frecuencia salen trenes/autobuses para...?
Wie oft fahren Züge (Busse) nach...?
víi oft fáaren tzúgue (Bússe) naj...

¿Dónde puedo fumar?
Wo kann ich rauchen?
vo kan ij ráujen?

¿En qué estaciones se detendrá ese tren/autobús?
An welchen Bahnhöfen (Haltestellen) hält dieser Zug (Bus)?
an véljen báanjœfen jelt díiser tzug?
an véljen jáltestélen jelt díiser bus?

¿En qué plataforma está el tren para...?
An welchem Gleis steht der Zug nach...?
an véljem gláis steet der tzug naj...?

¿Hay coches litera en ese tren?
Hat dieser Zug Schlafwagen?
jat diiser tzug shláfváguen?

¿Hay un vagón restaurante?
Gibt es einen Speisewagen?
guibt es áinen spáiseváguen?

¿Puede apagar su cigarrillo?
Würden Sie bitte Ihre Zigarette ausmachen?
vúrden sii bítte íire tzigarétte áusmajen?

Quiero un pasaje múltiple por/15/30/45 días.
Ich möchte ein Ticket für fünfzehn, dreissig, fünfundvierzig Tage.
ij mœjte áin tíket fúr fúnftzeen, dráisig, fúnfundfúrtzig tágue

¿Tiene una ruta nocturna?
Gibt es Nachtzüge?
guibt es nájttzúgue?

Un pasaje ida y vuelta a...
Eine Rückfahrkarte nach...
áine rúkfaarkarte naj...

Un pasaje sencillo a...
Ein hinfahrts Ticket nach...
áin jinfarts tíket naj...

HACIENDO AMIGOS

Freundschaft
Fróindshaft

El alemán es persona de pocas palabras y en general toma
una actitud distante hacia los demás, especialmente con el
extranjero aunque hable el idioma. Los austriacos tienden
a ser más amigables, pero no necesariamente cálidos.

¡Hola!, mi nombre es...
Hallo! Ich heiße...
jálo! ij jáise...

Almorcemos juntos.
Essen wir zusammen zu Mittag.
éssen vir tzusámmen tzu míttak

Cenemos juntos.
Essen wir zusammen zu Abend.
éssen vir tzusámmen tzu ábend

Desayunemos juntos.
Frühstücken wir zusammen.
frústuken vir tzusammen

¿En qué trabaja usted?
Was sind Sie von Beruf?
vas sind sii fon berúf?

Es usted soltera(o) o casada(o)?
Sind Sie ledig oder verheiratet?
sind sii lédig oder ferjáiratet?

Lo invito a visitar mi ciudad.
Machen wir einen Stadtbummel.
májen vir áinen shtat-búmmel

¿Le molesta si me siento a su lado?
Darf ich mich neben Sie setzen?
darf ij mij nében sii sátzen?

¿Me acompañaría a tomar algo?
Darf ich Sie zu einem Drink einladen?
darfi ij sii zu áinem drink áinladen?

Me gustaría hacer amigos en esta ciudad.
Ich würde hier gerne Freunde kennenlernen.
ij wúrde jier guerne fróinde kénnenlérnen.

¿Podemos conversar?
Können wir uns unterhalten?
kóennen vir uns unterjálten?

¿Puede darme información?
Können Sie mir Auskunft geben?
kœnnen sii mir áuskunft guében?

¿Quiere acompañarme a visitar la ciudad?
Würden Sie mich zu einem Stadtrundgang begleiten?
vúrden sii mij tzu áinem shtatrúndgang begláiten?

¿Quisiera salir esta noche conmigo?
Gehen wir heute abend zusammen aus?
guéejen vir joite ábend tzusámmen áus?

¿Vive Usted en la ciudad?
Wohnen Sie in der Stadt?
vóonen sii in der shtat?

Yo trabajo como...
Ich arbeite als...
ij árbáite als...

372

DE COMPRAS

Beim Einkaufen
Báim áinkaufen

ALEMANIA

La mayoría de los almacenes abren de 9:00 a.m. a 6:00 p.m. En Berlín la mayor variedad y mejor calidad de ellos se encuentra sobre la concurridísima calle de *Kurfürstendamm* que localmente se llama *Ku'damm*. Un poco más al norte de esta vía, sobre la *Tauentzienstrasse*, encontrará el *Europa-Center y el KaDeWe (Kaufhaus des Westens)*. No espere encontrar precios cómodos, menos ahora que la unificación alemana ha disparado su crecimiento económico. Objetos poco corrientes se pueden encontrar en la que fuera la estación del ferrocarril de *Nollendorf*. Por otra parte, vale la pena comprar antigüedades de los tiempos del Segundo Reich, instrumentos ópticos, variados y muy finos productos alimenticios, además de discos, cuya industria es la segunda del mundo.

AUSTRIA

Sus compras en Austria de 1.000 ó más chelines están exentas del pago del IVA, que puede llegar a ser hasta del 16%. Esta cantidad la recibirá al salir del país. No olvide pedir al establecimiento el formulario de reembolso.

373

Condiciones para recibir el rembolso:

• No ser de nacionalidad austriaca ni residente temporal o permanente en el país.

• Cada factura debe superar los 1.000 chelines, sin importar cuantos artículos comprenda.

• El formulario (U34) deberá ser llenado y estampillado por el mismo comerciante y solamente a nombre del comprador, quien debe tener a mano el artículo a su salida del país.

• El comprador puede recurrir a un agente de exportaciones o transporte para el traslado de artículos, pero no a personas diferentes.

• Al pasar la frontera presente los formularios, las facturas y los artículos. Si lo hace en el avión, haga esto antes de facturar el equipaje.

En los aeropuertos existen facilidades para que le reembolsen el dinero de inmediato. No así en los puestos aduaneros de las fronteras. Para estos casos la oficina de aduanas tomará el formulario y lo enviará al comerciante quien reembolsará directamente al comprador o, a través de la tarjeta de crédito, si éste fue el medio usado para pagar la compra.

Horarios de atención: el comercio está abierto de las 8:00 a.m. a las 6:00 p.m. En estaciones del Oeste y del Sur los locales están abiertos de las 7:00 a.m. a las 11:00 p.m.

¿Qué comprar?: las finas artesanías vienesas se especializan en la porcelana, cerámica artística, muñecas hechas a mano, productos esmaltados, trabajos de hierro forjado y artículos de piel y cuero. Las tiendas de antiguedades, librerías y galerías son también fuente inagotable de bellas y exclusivas compras.

Existe un interesante "mercado de las pulgas" (Viena 6, Naschmarkt), junto a la boca del metro *Kettenbrückengasse*, que funciona los sábados de las 8:00 a.m. a las 6:00 p.m. No funciona en los festivos.

ALMACENES

Geschäfte
Gueshéfte

Quiero comprar...
Ich möchte einkaufen...
ij mœjte ainkaufen...

Quiero ir a un (una)...
Ich möchte zu einem (einer)...gehen.
ij mœjte tzu áinem (áiner)...geejen

...almacén por departamentos.
...Kaufhäuser.
...káufjoiser

...agencia de viajes.
...Reisebüro.
...ráisebiroo

...joyería.
...Juweliergeschäft.
...yuvelíer-gueshéft

...almacén de calzado.
...Schugeschäft.
...shuguesheft

...juguetería.
...Spielwarengeschäft.
...spiilwáren-gueshéft

...anticuario.
...Antiquitäten.
...antikvitéten

...librería.
...Buchhandlung.
...búj-jándlung

...banco.
...Bank.
...bank

...oficina de correos.
...Postamt.
...póst-ámt

...droguería.
...Apotheke(drogerie).
...apotéeke(droguerú)

...óptica.
...Optiker.
...óptika

...floristería.
...Blumengeschäft.
...blúmengeshéft

...peluquería.
...Friseur.
...frisœr

...galería de Arte.
...Kunstgalerie.
...kúnstgalerí

...perfumería.
...Parfümerie.
...pafumerí

...tabaquería.
...Tabakgeschäft.
...tabákgueshéft

...tienda de ropa.
...Kleidergeschäft.
...kláiderguesheft

...vendedor de periódicos.
...Zeitungshändler.
...tzáitungshéndler

...tienda fotográfica.
...Photogeschäft.
...fotogueshéft

ARTÍCULOS DE USO PERSONAL

Artikez für eigen-nutz
atikez fía aiguennutz

Necesito...
Ich brauche...
ij bráuje...

...aspirinas.
...Apsiríin.
...aspirín

...gafas de sol
...eine Sonnenbrille.
...áine sónnenbrile

...crema de afeitar.
...Rasiercreme.
...rasíacreme.

...hilo dental.
...Zahnseide.
...tzaansáide

...crema bronceadora.
...Sonnencreme.
...sónnencreme

...jabón.
...Seife.
...sáife

...champú
...Shampoo.
....shámpuu

...laxante.
...ein Abführmittel.
...áin ábfia-míttel

...crema dental
...Zahncreme.
...tzaancreme

...pañuelos de papel.
...Tempotaschentücher.
...tempotashentújer

...esparadrapo.
...Pflaster.
...pfláster

...repelente de insectos.
...Insektenschutzmittel.
...insékten-shútzmíttel

...toallas higiénicas (íntimas).
...(Damen) binden.
...(damen) bínden

...un cepillo de dientes.
...eine Zahnbürste.
...áine tzaanbúrste

ROPA

Kleidung
Kláidung

¿Cuál es la ropa en promoción?
Welche Kleidungsstücke sind im Ausverkauf?
velje klaidungsstíke sind im áusverkáuf?

¿Cuál es la última moda en esto?
Was ist hier die letzte Mode?
vas ist jier dii létzte móde?

¿Cuáles son los mejores almacenes para comprar ropa?
Welches sind die besten Geschäfte zum Kleiderkaufen?
veljes sind dii bésten geschéfte zum kláiderkáufen?

¿Quiere escribir el nombre y la dirección?
Würden Sie mir bitte den Namen und die Adresse aufschreiben?
vúrden sii mir bítte den námen und die adrésse áufsraiben?

¿Tiene algo más...?
Haben si nicht...?
jáben sii nijt...?

...**abrigado.**
...wärmeres.
...*wérmeres*

...**fresco.**
...leichteres.
...*láijteres*

...**barato.**
...billigeres.
...*bíligueres*

...**grande.**
...größeres.
...*grǽseres*

...**claro.**
...helleres.
...*jéleres*

...**informal.**
...sportlicheres.
...*spórtlijeres*

...**corto.**
...kürzeres.
...*kúrtzeres*

...**largo.**
...längeres.
...*léngueres*

...**elegante.**
...eleganteres.
...*elegánteres*

...**oscuro.**
...dunkleres.
...*dúnkleres*

...**fino.**
...besseres
bésseres

...**pequeño.**
...kleineres.
kláineres

Quisiera ver ropa deportiva para dama/caballero.
Ich würde gerne Sportkleidung für Damen/Herren
sehen.
ich vúrde guerne sportkláidung fur Damen/Jérren séejen

Quisiera ver vestidos de calle para dama/caballero.
Ich würde gerne Damen/Herrenkleidung sehen.
ij vúrde guerne damen/jérrenkláidung séejen

**Quisiera ver vestidos de noche para dama/
caballero.**
Ich würde gerne Abendkleider/Abendanzüge sehen.
ij vúrde guerne ábendkláider/ábend-ánzige séejen

Ropa para caballeros.
Herrenbekleidung.
jérrenbekláidung

Ropa para damas.
Damenbekleidung.
damenbekláidung

¿Tiene promociones de fin de estación?
Haben Sie Sommer/Winterschlußverkaufsartikel?
jáben sii sómmer/vínter-shlús-verkáufsartíkel?

PARA NIÑOS

Für Kinder
fíia kinder

¿Dónde está la ropa para niños?
Wo gibt es Kinderkleidung?
vo guibt es kínderkláidung?

¿Dónde están los artículos para niños?
Wo gibt es Kindersachen?
vo guibt es kíndersájen?

¿Dónde están los juguetes para niños?
Wo gibt es Spielsachen für Kinder?
vo guibt es spúlsajen fíia kínder?

**Necesito ropa (juguetes) para un niño/niña de...
años de edad.**
Ich brauche Kleider (Spielsachen) für ein Kind von...
Jahren.
ij brauje kláider (spúlsajen) fur áin kind fon... yaaren

ZAPATOS

Schuhe
shúe

¿Dónde encuentro los zapatos?
Wo finde ich Schuhe?
vo fínde ij shúe?

Muéstreme otros colores.
Zeigen Sie mir bitte noch andere Farben.
tzáiguen sii mía bítte noj ándere fárben

Permítame ver los modelos de zapato.
Zeigen Sie mir bitte die Schuhmodelle.
tzáiguen sii mía bítte die shúmodéle

Quiero un par de este estilo.
Ich möchte so ein Paar.
ij mœjte so áin paar.

Quiero un par de zapatos...
Ich möchte ein Paar...
ij mœjte áin paar...

...azules.
...blaue Schuhe.
...bláue shúe

...de tacón bajo.
...mit niedrigem Absatz Schuhe.
...mit níidriguem ábsatz shúe

...de atar con cordón.
...Schuhe zum Binden.
...Shúe tzum bínden

...más baratos.
...billigere Schuhe.
...bíliguere shúe

...de tacón alto.
...mit hohem Absatz.
...mit jóem ábsatz.

...muy cómodos.
...sehr bequeme Schuhe.
...seer bekvéme shúe.

...deportivos.
...Sportschuhe.
...Spórtshúe

...para hombre.
...Herrenschuhe.
...jérrenshúe

...marrón.
...braune Schuhe.
...bráune shúe

...para niña.
...Mädchenschuhe.
...médjenshúe

...más finos.
...elegantere Schuhe.
...elegántere shúe

...claros.
...helle Schuhe.
...jéle shúe

...negros.
...schwarze Schuhe.
...shvartze shúe

...de gala.
...Abendschuhe.
...ábendshúe

...para mujer.
...Damenschuhe/frauenschuhe.
...damenshúe/frauenshúe

...para niño.
...Jungenschuhe.
...yúnguenshúe

...sin cordón.
...Schuhe ohneSchnürsenkel.
...shúe oone shnúrsénkel

VESTUARIO MASCULINO
Männerkleidung
mennerkleidung

vestido completo (1)
Anzüge
ánszuge

medias (5)
Socken
sóken

sombrero (9)
Hüte
júte

chaqueta (13)
Jacken
yáken

chaleco (17)
Weste
véste

zapatos (21)
Schuhe
shúue

corbata (2)
Krawatten
kravátten

calzoncillos (6)
Unterhose
únterjose

boina (10)
Mützen
mítzen

cinturón (14)
Gürtel
guírtel

camisa (18)
Hemden
jémden

pisacorbata
Krawattennadeln
kraváttennädeln

pañuelo (3)
Taschentücher
táshentüjer

camisetas interior (7)
Unterhemden
únterjemden

gorra (11)
Kappe/Mütze
kape/mítze

pantaloneta (15)
Badehose
bádejóose

gabardina (19)
Mantel
mántel

saco de lana
Wolljacken
vólyáken

mancuernas (4)
Manschettenknöpfe
manshetten knuepfe

pipa (8)
Pfeifen
pfáifen

camiseta deportiva (12)
Sporthemden
spórtjémden

corbatín (16)
Papierdrache
papiadráje

pantalones (20)
Hose
jóose

tirantes
Hosenträger
jóosentréguer

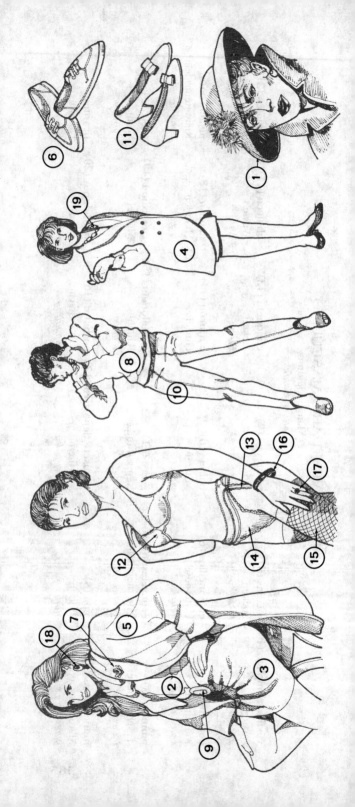

VESTUARIO FEMENINO
Frauenkleidung
frauenkleidung

sombrero (1)
Hüte
jitte

blusa (2)
Bluse
bluuse

falda (3)
Rock
rok

vestido (4)
Kleid
kláid

chaqueta (5)
Jacken
yaken

zapatos bajos (6)
Kleiner Absatz
klainer absatz

prendedor (7)
Brosche
brôshe

saco tejido (8)
Pullover
pulôva

cinturón (9)
Gürtel
guirtel

pantalones (10)
Hosen
jóosen

zapatos (11)
Schuhe
shúe

sostén (12)
B. H.
bee-ja

liguero (13)
Strumpfhalter
strúmpfjálter

pantalón interior (14)
Schlüpfer
shlúpfer

medias veladas (15)
Strumpfhosen
strúmpfjóosen

pulsera (16)
Armband
aamband

anillo (17)
ring
ring

aretes (18)
ohring
ooring

collar (19)
Halskette
jalskete

vestido sastre
Kostüm
kostüm

RESTAURANTES

Restaurants
restorants

FRASES PARA LA MESA

¿Aceptan...
Nehmen Sie... (nombre de su tarjeta) an?
néemen sii...an?

...cheques viajeros?
Nehmen Sie Reiseschecks an?
néemen sii ráisesheks an?

...tarjetas de crédito?
Nehmen Sie Kreditkarten an?
néemen sii kredítkárten an?

Aún no hemos decidido.
Wir haben uns noch nicht entschieden.
vir jáben uns noj nijt entshíiden

¿Cuál es el plato del día?
Was ist das Tagesgericht?
vas ist das tágues-gueríjt?

¿Cuál es el precio del cubierto?
Welcher ist der Cover-Preis?
veljer ist der cóver-Práis?

¿Cuál es la especialidad de la casa?
Was ist die Spezialität des Hauses?
vas ist dii spetzialitét des jáuses?

¿Es picante?
Ist das sehr scharf?
ist das seer scharf?

¿Es muy condimentado?
Ist das sehr gewürzt?
ist das seer gewirzt?

¿Está incluido el servicio?
Ist die Bedienung im Preis eingeschlossen?
ist dii bedíunung im práis áingueshlóssen?

Esto está muy cocido (asado).
Das ist zu stark gekocht (durchgebraten).
das ist tzu stark guekójt (durchgebraten)

Esto está muy poco cocido (asado).
Das ist zu wenig gekocht (durchgebraten).
das ist tzu vénig guekójt (durjguebráten)

Esto no es lo que pedí.
Das habe ich nicht bestellt.
das jábe ij nijt bestélt

Felicite al cheff de mi parte.
Sagen Sie dem Koch, daß ich ihn beglückwünsche.
ságuen sii dem koj, das ij iin beglúkwinshe

Hay un error en la cuenta.
Da ist ein Fehler in der Rechnung.
da ist áin féeler in der rejnung

Indíqueme cuáles son ...
Zeigen Sie mir bitte, wo... stehen
tzáigen sii mir bítte, vo... stéjen

...las sopas.
...die Suppen.
...dii súppen

...las carnes.
...die Fleischgerichte.
...dii fláishguerijte

...las entradas.
...die Vorspeisen.
...dii for-spáisen

...los pescados.
...die Fischgerichte.
...dii fishguerijte

...las aves.
...die Geflügelgerichte.
...dii guefliguel-gueríjte

...los arroces.
...die Reisgerichte.
...dii ráisgeríjte

La carta.
Die Karte bitte.
dii kárte bítte

La cuenta.
Die Rechnung bitte.
dii rejnung bítte

La lista de precios.
Die Karte mit den Preisen bitte.
dii kárte mit den práisen bítte

Lo mismo para mí.
Dasselbe für mich.
dassélbe fúr mij

La carta de vinos.
Die Weinkarte bitte.
dii váinkárte bítte

¿Los precios son iguales en cualquier mesa?
Sind die Preise an allen Tischen gleich?
sind dii práise an álen tíshen gláij?

Permítame estudiar la carta.
Darf ich bitte die Karte anschauen?
darf ij bítte dii kárte ánsháuen?

Queremos una mesa para dos en la sección de (no) fumadores.
Wir möchten einen Tisch auf der (Nicht-) Raucherseite.
vir mœjten áinen tij áuf der (nijt-) ráujersáite.

Quiero algo sencillo.
Ich möchte etwas Einfaches
ij mœjte étvas áinfajes

Quiero cambiar mi pedido.
Ich möchte meine Bestellung ändern.
ij mœjte máine bestélung éndern

Quiero hablar con el administrador.
Ich möchte mit dem Verwalter sprechen.
ij mœjte mit dem ferválter spréjen

Tenemos prisa; por favor, no se demore.
Wir haben es eilig; bitte, bedienen Sie uns schnell.
vir jáben es áilig; bítte, bedíinen sii uns shnél

DESAYUNO

Frühstück
frústúk

Quiero...
Ich möchte...
ij mæjte...

...café en leche.
...Milchkaffee.
...míljkafé

...cereales.
...Corn Flakes.
...córn fléiks

...chocolate.
...Schokolade.
...shokoláde

...huevos en tortilla.
...eine Omelette.
...áine omlét

...huevos tibios blandos/duros.
...weich/hart gekochte Eier.
...vájljart guekojte áier

...huevos fritos blandos.
...weich gebratene Eier.
...váij guebrátene áier

...huevos fritos duros.
...hart gebratene Eier.
...jart guebrátene áie

...con tocineta.
....mit speck.
...mit shpek

...jugo de fruta.
...Obstsaft.
...óbstsaft

...té en leche/con limón.
...Tee in Milch/Tee mit Zitrone.
...te in miljte mit tzitróne

...jugo de naranja.
...Orangensaft.
...orányensáft

...jugo de uva.
...Grapefruitsaft.
...gréipfrujtsaft

...jugo de zanahoria.
...Möhrensaft.
...móerensáft

...mantequilla.
...Butter.
...bútta

...mermelada.
...Marmelade.
...marmeláde

...miel.
...Honig.
...jónig

...pan.
...Brot.
...broot

...tostadas.
...Toastbrot.
...tóstbróot

...tostadas francesas.
...French Toast.
...french tóost

389

ALMUERZO Y CENA

Mittagessen und Abendessen
míttag-éssen und ábend-éssen

Quiero comer...
Ich möchte... essen.
ij mœjte... éssen

...un emparedado de...
...ein Sandwich mit...
...áin sánduich mit...

...arroz blanco.
...Reis.
...ráis

Quiero tomar...
Ich möchte...trinken.
ij mœjte...trínken

...carne.
...Fleisch.
...flaish

...agua mineral.
...Mineralwasser.
...minerálvásser

...ensalada.
...Salat.
...salaat

...agua natural.
...Wasser.
...váser

...papas al vapor.
...Salzkartoffeln.
...sáltz-kartófeln

...agua soda.
...Soda.
...sooda

...papas fritas.
...Pommes frites.
...pómms frít

...jugo de fruta.
...Obstsaft.
...óbstsaft

...pescado.
...Fisch.
...fish

...una cerveza.
...ein Bier.
...áin bía

...pollo.
...Hähnchen.
...jéenshen

...limonada.
...Zitronensaft.
...tzitrónensaft

...Coca Cola (dietética).
...Coca Cola (Diät-Coca Cola).
...coca cola (Diét-Coca cola)

...vino (tinto o blanco) de la casa.
...Wein (Rotwein, Weißwein) vom Haus.
...vain (rótvain, véisváin) fom jáus

PARTES DEL MENÚ O CARTA

Das menu
das menú

Acompañamientos.
Beilagen.
báiláguen

Arroces.
Reisgerichte.
ráisguerijte.

Aves.
Geflügel.
guefliguel.

Bebidas.
Getränke.
guetrénke

Carnes.
Fleischgerichte.
flaishguerijte

Ensaladas.
Salate.
salaate

Entradas.
Vorspeisen.
fór-spáisen

Entremeses.
Zwischengerichte.
tzvíshen-guerijte

Licores.
Alkoholische Getränke.
alkojólishe guetrénke

Pasta.
Nudelgerichte.
núdelguerijte

Pescados.
Fischgerichte.
físhguerijte

Platos fríos.
Kalte Gerichte.
kálte guerijte

Postres.
Nachspeisen.
naj-spáisen

Quesos.
Käse.
kéese

Sopas.
Suppen.
súppen

Tapas o picadas.
Appetithappen.
appetít-jáppen

Vinos.
Weine.
váine

ALIMENTOS BÁSICOS

Albaricoque.
Aprikosen.
aprikóosen

Alverjas.
Erbsen.
érbsen

Bizcochos.
Kuchen.
kújen

Camarones.
Krabben.
krábben

Cangrejo.
Krebs.
kreebs

Carne.
Fleisch.
fláish

Cebolla.
Zwiebel.
zvíibel

Cereza.
Kirsche.
kírshe

Champiñones.
Champignons.
shámpiñons

Chorizo.
spanische Wurst.
spánishe vurst

Chuleta.
Kotelett.
kótlet.

Coliflor.
Blumenkohl.
blúmenkool

Conejo.
Hase.
jáase

Cordero.
Lamm.
lamm

Dátiles.
Datteln.
dáteln

Durazno.
Pfirsich.
pfírsish

Espárragos.
Spargel.
spárguel

Espinacas.
Spinat.
spinát

Frambuesa.
Himbeere.
hímbeere

Fresa.
Erdbeere.
érdbeere

Frutas.
Obst.
obst

Garbanzos.
Kichererbsen.
kíjer-érbsen

Helado.
Eis.
ais

Hielo.
Eis.
ais

Hígado.
Leber.
léber

Huevos.
Eier.
áier

Jamón.
Schinken.
shínken

Langostinos.
Garnelen.
garnélen

Leche.
Milch.
milj

Lechuga.
Kopfsalat.
kópf-salát

Lentejas.
Linsen.
línsen

Lima.
Limette.
limétte

Limón.
Zitrone.
tzitróne

Maíz.
Mais.
máis

Manzana.
Apfel.
ápfel

Mejillones.
Muscheln.
múshel

Mostaza.
Senf.
senf

Naranja.
Orange.
oranye

Nueces.
Nüsse.
nisse

Olivas.
Oliven.
olífen

Ostras.
Austern.
áustern

Papas.
Kartoffeln.
kaatóffeln

Pera.
Birne.
bírne

Perdiz.
Rebhuhn.
rébjuun

Perejil.
Petersilie.
petersílie

Pescado.
Fisch.
fish

Pimienta.
Pfeffer.
pféffer

Sopa.
Suppe.
súppe

Piña.
Ananas.
ánanas

Tocino.
Speck.
spek

Pollo.
Hähnchen.
jéenshen

Trucha.
Forelle.
foréle

Postre.
Nachtisch.
náj-tish

Uvas.
Trauben.
tráuben

Queso.
Käse.
kéese

Uva.
Grapefruit.
gréipfrut

Salmón.
Lachs.
lajs

Uvas pasas.
Rosinen.
rosínen

Salsa.
Sauce.
soocé

Venado.
Reh.
rée

Sandía.
Wassermelone.
vásermelóne

Verduras.
Gemüse.
guemise

Sardina.
Sardine.
sardíne

Zanahorias.
Möhren.
mœren

FORMAS DE PREPARACIÓN

ahumado.
geräuchert.
geróijert

a la parrilla.
auf Holzkohle gegrillt.
áuf jóltzkoole gegrílt

a la menta.
mit Pfefferminze.
mit pféffermintze

a la pimienta.
Pfeffer.
Pféffer

a la plancha.
gegrillt.
gegrílt

a la vinagreta.
mit Vinaigrette.
mit vinaigrétte

al ajillo.
mit Knoblauchsoße.
mit knóbláujsóose.

al estilo de la casa.
nach Art des Hauses
nach art des jáuses

al gratín (o gratinadas).
überbacken.
iberbáken

al horno.
aus dem Ofen.
aus dem ofen

al natural.
natur.
natúur

al vino.
mit Wein zubereitet.
mit váin tzúberáitet

apanado.
paniert.
paníert

cocinado.
gekocht.
gekojt

con queso.
mit käse.
mit kéese

en aceite.
in öl.
in œl

en finas hierbas.
mit feinen Kräutern.
mit fáinen kroítern

en mantequilla.
in butter.
in bútter

en salsa bechamel.
in bechamelsauce.
in beshamélsóoce

en salsa de manzana.
in Apfelsauce.
in ápfelsóoce

en salsa de naranja.
in Orangensauce.
in orányensóoce

en salsa picante.
in pikanter Sauce.
in pikánter sóoce

frito.
gebraten, fritiert.
gebráten, fritíirt

en tomates.
in Tomaten.
in tomáten

tortilla.
Omelette.
omlét

poco hecho
noch blutend
noj blutend

muy hecho
gut durchgebraten
gut durjguebraten

término medio
medium
mídium

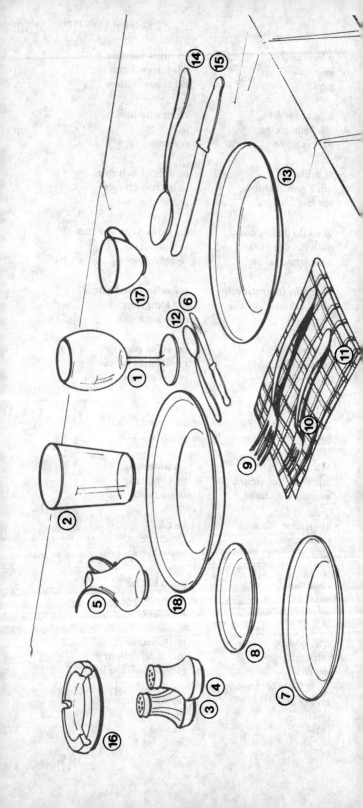

ELEMENTOS DE LA MESA

Tischbsteck
tishbestek

copa (1)
Glas
glaas

vinagre (5)
Essig
éssig

tenedor (9)
Gabel
gábel

plato grande (13)
großer Teller (Eßteller)
grosa téla (ésstéler)

taza/pocillo (17)
Tasse
táse

vaso (2)
Glas
glaas

cuchillo de mantequilla (6)
Buttermesser
butamesa

tenedor de postre (10)
Dessert gabel
deser gabel

cuchara (14)
Löffel
lœf'

plato hondo (18)
Suppenteller
suppentéla

sal (3)
Salz
saltz

plato mediano (7)
mittlerer Teller (Kuchenteller)
míttlerer téla (kújentéler)

servilleta (11)
Serviette
serviétte

cuchillo (15)
Messer
mesa

pimienta (4)
Pfeffer
pféffa

plato pequeño (8)
kleiner Teller (Untertasse)
kláiner téla (úntertáse)

cucharita (12)
Kafelœfl
kafelœfl

cenicero (16)
Aschenbecher
ashenbeja

CENTROS NOCTURNOS

Nachtlokale
Najtlokále

ALEMANIA

Berlín es al tiempo una de las ciudades de mayor desarrollo cultural en Europa y de las más frívolas y entretenidas del mundo germanoparlante. Por ello ofrece una enorme variedad de diversiones. Para los más exquisitos, la ciudad brinda variadas posibilidades en música clásica, de las que abunda la información.

Es necesario hacer reservaciones, dada la inmensa demanda de estos eventos.

Para el jazz y el rock, además de las grandes salas, también se puede acudir a pequeños bares musicales *(Musikkneipen)* y cafés.

Aunque no se conozca el idioma, vale la pena intentar ir al teatro, del cual la ciudad tiene una enorme tradición. En algunas de las representaciones predomina más un espectacular montaje y el movimiento de actores, que el diálogo.

AUSTRIA

En Viena puede encontrar toda la música clásica que sea capaz de escuchar, y pagar. Ópera, conciertos, recitales, presentaciones en trajes de época, bellísimos escenarios, excelentes intérpretes y acústicas, y la mayor variedad. Los precios de las entradas son diversos, y para algunas presentaciones es imposible conseguir entradas sin reserva.

Las tabernas son también una opción interesante. Las hay por decenas en toda la ciudad, pues el vienés es amigo de recorrer varias en una misma noche. En ellas puede beber una inmensa variedad de cervezas y degustar diversos platillos, es especial una interesante variedad de panes en tajadas untados de variadas posibilidades.

El cafe vienés no es menos famoso. Allí podrá pasar horas tomando un café o una cerveza acompañados de algún bizcocho, leyendo los periódicos del lugar o sus propios materiales. Posiblemente alguien quiera o deba compartir la mesa con usted, ofreciéndole así una linda oportunidad de hacer amigos. Cierran temprano en la noche.

¿A qué hora comienza el espectáculo?
Um wieviel Uhr beginnt die Show?
um vífíel uur begínnt die shau?

¿A qué hora se inicia la función?
Um wieviel Uhr beginnt die Vorführung?
um vífíel uur begínnt die forfiirung?

¿Aceptan tarjetas de crédito/cheques viajeros?
Nehmen Sie Kreditkarten/Reisechecks an?
néemen sii kredítkárten/ráiseshécks an?

¿Cuál es el coctel especialidad de la casa?
Welcher Cocktail ist die Spezialität des Hauses?
véljer cocktail ist die spetzialitét des jáuses?

¿Cuánto dura el espectáculo?
Wie lange dauert die Show?
víi lángue dauert dii shau?

¿Cuánto pueden costar las bebidas?
Wie ist die Preislage der Getränke?
víi ist dii práislaguee der guetrénke?

¿Existe un consumo mínimo/un cover?
Gibt es einen Mindestkonsum, oder Cover-Gebühren?
guibt es áinen míndestkonsúm, oder cover-guebieren?

¿Hay que consumir bebidas o alimentos en ese espectáculo?
Muß bei dieser Vorführung etwas getrunken oder gegessen werden?
mus bái díiser vor-fúurung étvas guetrúnken oder gueguéssen vérden?

Necesito información sobre los espectáculos nocturnos de la ciudad.
Ich hätte gerne Auskunft über die Abendveranstaltungen in dieser Stadt.
ij jétte guérne áuskunft úber dii ábendveranstáltunguen in díiser shtat

¿Qué diferencia de precios hay entre la barra y las mesas?
Welche Preisunterschiede gibt es zwischen der Theke und den Tischen?
vélje práis-untershíide guibt es tzvíshen der téeke und den tíshen?

¿Qué precio tiene cada entrada?
Wie teuer ist jede Eintrittskarte?
víi toier ist yede áintritskárte?

¿Qué precio tienen las diferentes localidades?
Wie teuer sind die verschiedenen Plätze?
víi toier sind dii fershíidenen plétze?

Queremos una mesa cerca de la pista de baile.
Wir möchten einen Tisch in der Nähe der Tanzfläche.
vir mœjten áinen tisch in der néeje der tántzfleje.

Queremos una mesa cerca del escenario.
Wir möchten einen Tisch in der Nähe der Vorführung.
vir mœjten áinen tij in der néeje der for-fíirung

Quiero algo ligero para beber.
Ich möchte etwas Leichtes zum Trinken.
ij mæjte étvas láijtes tzum trínken

¿Tiene asientos para esta noche/para mañana?
Gibt es noch Plätze für heute abend/für morgen?
guibt es noj plétze fíia joite ábend/fíia mórguen?

¿Tiene una carta de licores?
Haben Sie eine Getränkekarte?
jäben sii äine guetrénkekárte?

Ubíquenos en un lugar íntimo.
Geben Sie uns bitte einen abgeschirmten Platz.
guében sii uns bítte áinen ab-gueshírmten platz

VISITANDO LA CIUDAD

Stadtbesichtigung
statbesijtigunk

Será indispensable el uso de un mapa para el mejor aprovechamiento de sus caminatas por la ciudad. La distribución de calles en Europa es bastante caprichosa. Suelen serpentear unas entre otras y cambian de nombre casi en cada esquina, de manera que confunden con facilidad al turista no guiado.

Viena es una de las ciudades más visitadas del mundo, por lo que es muy fácil encontrar visitas guiadas en español, si es su deseo. Acuda a la recepción del hotel o a la oficina de turismo de la ciudad, mencionada al principio, donde además hallará infinidad de información útil a su estadía y en el idioma que lo desee.

¿A qué hora regresaremos al hotel?
Um wieviel Uhr kommen wir ins Hotel zurück?
um víífiil uur kómmen vir ins jotél tzurik?

¿A qué hora sale el tour?
Um wieviel Uhr beginnt die Rundfahrt?
um víífiil uur beguínt dii rúndfaart?

¿Cuál es el precio de este tour?
Wie teuer ist diese Rundfahrt?
vii toier ist diise rúndfaart?

¿Cuánto dura este tour?
Wie lange dauert diese Rundfahrt?
víi lángue dauert díise rúndfaart?

¿Hay visitas guiadas en español?
Gibt es Führungen in Spanischer?
giibt es fáurunguen in spanish?

¿Incluye el valor de las entradas?
Ist der Preis für die Eintrittskarten darin
eingeschlossen?
ist der práis fúr dii áintrittskárten darín áingueshlossen?

¿Puede hacerme una reservación para ese tour?
Können Sie mich bitte für diese Fahrt vormerken?
kœnen sii mij bítte fúr diise faart vor-mérken?

¿Qué otros toures me puede ofrecer?
Welche Fahrten können Sie mir noch anbieten?
welje fáarten kœnnen sii mir noj an-bíiten?

Quiero hacer una visita guiada por la ciudad.
Ich möchte eine Stadtführung machen.
ij mœjte áine shtat-fúurung májen

¿Tiene folletos de información turística?
Haben Sie Fremdenverkehrsprospekte?
jáben sii frémden-verkéersprospékte?

MUSEOS

Museen

muséen

En varios museos del mundo para el paso de una galería a otra se requiere mostrar el tiquete de entrada o un botón de identificación, que también sirve para regresar si ha debido salir por algún motivo. Trate de no perderlo, pues su posibilidad de reponerlo o de poder entrar sin él dependerán de la variable voluntad de un portero.

¿Algún día es gratis la entrada?
Ist der Eintritt an einem bestimmten Wochentag frei?
ist der áintritt an áinem bestímmten vójentag frái?

¿Cuál es el horario de atención?
Wie sind die öffnungszeiten?
vií sind die œffnungstzáiten?

¿Dónde están los servicios sanitarios?
Wo sind die Toiletten?
vo sind dii toilétten?

En qué dirección debo caminar para llegar aquí? (señalando el mapa).
In welche Richtung muß ich gehen, um dahin zu kommen?
in vélje ríjtung mus ij guejen, um dajín tzu kómmen?

¿Existe una biblioteca en el museo?
Hat das Museum eine Bibliothek?
jat das muséum áine biblioték?

¿Existen cafeterías o restaurantes en el museo?
Gibt es in dem Museum ein Imbißlokal oder ein
Restaurant?
guibt es in dem muséum áin ímbislokál óder áin restorán?

¿Hay visitas guiadas en español?
Gibt es Führungen in spanischer Sprache?
guibt es fúurunguen in spánisher spráje?

¿Hay visitas guiadas por casete?
Gibt es Führungen mit Kassetten?
guibt es fiirunguen mit kassétten?

¿Hay una tienda de recuerdos en el museo?
Gibt es in dem Museum ein Andenkengeschäft?
guibt es in dem muséum áin andénken-guschéft?

¿Hay tarifas reducidas para estudiantes?
Guibt es ermässgte Preise für studenten?
Guibt es erméssigte práise fúr studénten?

He perdido mi tiquete de entrada. ¿Puedo pasar sin él?
Ich habe meine Eintrittskarte verloren. Kann ich so
durchgehen?
ij jábe máine áintrittskárte ferlóren. kann ij so durjguéejen?

¿La entrada tiene el mismo precio todos los días?
Kostet der Eintritt an allen Tagen gleich?
kostet der áintritt an álen táguen gláij?

No encuentro esta obra. ¿Puede indicarme dónde está?
Ich kann dieses Stück nicht finden. Können Sie mir
sagen, wo es ist?
ij kann díises stúck nijt fínden. kœnnen sii mir ságuen, vo es ist?

¿Pueden prestarme una silla de ruedas?
Können Sie mir einen Rollstuhl leien?
kœnnen sii mir áinen rolstúul laien?

¿Puedo salir del museo y regresar hoy mismo con el mismo tiquete?
Kann ich das Museum verlassen und noch heute mit derselben Eintrittskarte wiederkommen?
kann ij das muséum ferlássen und noj jóite mit dersélben áintritts-kárte víiderkómmen?

¿Se pueden hacer filmaciones?
Darf man hier filmen?
darf man jíer fílmen?

¿Se pueden tomar fotografías?
Darf man hier fotografieren?
darf man jíer fotografíiren?

¿Tiene libros explicativos en español?
Haben Sie Bücher über das Museum auf Spanisch?
jáben sii bújer úer das muséum auf spánish?

¿Tiene un mapa del museo?
Gibt es eine Karte des Museums?
guibt es áine kárte des muséums?

EL BANCO

Die Bank
Dii bank

UNIDAD MONETARIA

En Alemania circula el marco alemán, dividido en 100 pfénigs. Hay monedas de 1, 2, 5, 10 y 50 pfénnigs; y billetes de 1, 2, 5, 10, 20, 50, 100, 200, 500 y 1.000 marcos alemanes No espere encontrar el signo $, sino DM precediendo la cifra. Así cien marcos son representados DM100.

En Austria circula el Chelin (Shelling), con las mismas presentaciones del marco. Se le simboliza ÖS.

ATENCIÓN AL PÚBLICO

Los alemanes abren de lunes a viernes de 8:30 a.m. a 1:00 p.m. y de 2:30 p.m. a 4:00 p.m. Cierran sábados y domingos.

Oficinas de cambio de moneda: en los aeropuertos y puestos fronterizos de 6:00 a.m. a 10:00 p.m. También a la llegada de los trenes internacionales en las estaciones fronterizas.

En Austria los bancos y cajas de ahorro atienden de lunes a viernes desde las 8:00 a.m. hasta las 3:00 p.m.; los jueves hasta las 5:30 p.m.

Muchas agencias de viaje cambian dinero de lunes a sábado. En Viena funcionan oficinas de cambio en las estaciones Oeste, Sur y Centro, desde las 7:00 a.m. hasta las 7:00 ó 10:00 p.m., en el City Air Terminal de 8:00 a 12:30 m. y de 2:00 a 6:00 p.m. y en el aeropuerto de 6:30 a.m. a 11:00 p.m.

Los cheques de viajero y las tarjetas de crédito internacional son de común aceptación. Cada día, además, son más frecuentes los cajeros automáticos en los que cualquiera puede cambiar las principales monedas extranjeras por dinero local. Úselos con confianza, siguiendo muy bien las instrucciones.

¿Hay comisión por cambiar dinero extranjero (cheques viajeros)?
Verlangen Sie für den Wechsel von Devisen (Reiseschecks) irgendeine Provision?
ferlánguen sii fúr den véjsel fon devísen (Ráiseseks) irguendáine provisión?

¿Cuál es la tasa de cambio?
Wie ist der Wechselkurs?
víi ist der vekselkurs?

¿Cuál es el horario bancario?
Welche sind die Geschäftszeiten der Bank?
velje sind dii gueshéftstzáiten der bank?

¿Dónde está el banco más cercano?
Wo ist die nächste Bank?
vo ist dii néjste bank?

Escríbame esa cifra, por favor.
Schreiben Sie bitte diese Zahl.
shráiben sii bítte diise Zahl

¿Hasta qué valor puede darme adelantos en efectivo?
Bis zu welcher Grenze können Sie Barauszahlungen machen?
bis tzu véljer grenze kœnnen sii bar-áuszáalunguen majen?

¿Hasta qué valor puedo cambiar cheques viajeros?
Bis welcher Grenze kann ich Reiseschecks
eintauschen?
bis véljer grenze kann ij ráisesheks áintáushen?

**Necesito un adelanto en efectivo sobre mi tarjeta
de crédito.**
Ich brauche eine Barauszahlung auf meine Kreditkarte.
ij brauje áine bar-áuszáalung áuf máine kredítkarte

Necesito un recibo.
Ich brauche eine Quittung.
ij brauje áine quíttung

¿Puede cambiarme estos dólares por marcos?
Können Sie mir diese Dollars gegen D-mark
eintauschen?
kœnnen sii mir diise dollars guéguen de-marc áintáushen?

¿Puede darme sencillo?
Können Sie mir Kleingeld geben?
kœnnen si mir kláingueld guében?

Quiero cambiar cheques viajeros.
Ich möchte Reiseschecks eintauschen.
ij mœjte ráisesheks áintáushen

¿Tiene servicio de cajero automático?
Haben Sie einen Geldautomaten?
jaben si áinen guéld-automáten?

MEDICINAS Y ENFERMEDADES

Medikamente und Krankheiten
medikaménte und krankháiten

Alemanes y austriacos le prestarán excelentes servicios de urgencias sin costo alguno, pero en alemán. Serán ciudadosos y responsables con usted, pero difícilmente amables, según su normal talante.

La adquisición de drogas de cualquier tipo sólo es posible en las farmacias y bajo prescripción médica.

Necesito un médico.
Ich brauche einen Arzt.
ij brauje áinen arzt

Necesito una droguería.
Ich brauche eine Apotheke.
ij brauje áine apotéeke

Necesito una medicina para...
Ich brauche eine Medizin...
Ich brauje áine meditzín...

...calmar la tos.
...gegen den Husten.
...guéguen den jústen

...desinfectar una cortada.
...zum Desinfizieren einer Wunde.
...tzum desinfitzíiren áiner vúnde

...detener la diarrea.
...gegen Durchfall.
...guéguen dúrjfal

...el dolor de cabeza.
...gegen Kopfweh.
...guéguen kópfvee

...el dolor de estómago.
...gegen Leibschmerzen.
...guéguen láibshmértzen

...el dolor de garganta.
...gegen Halsweh.
...guéguen jálsvee

...el dolor de huesos.
...gegen Gliederschmerzen.
...guéguen glíidershmértzen

...el dolor de muela.
...gegen Zahnweh.
...guéguen záanvee

...el dolor de oído.
...gegen Ohrenweh.
...guéguen óorenvee

...el dolor muscular.
...gegen Muskelschmerzen.
...guéguen múskelshmertzen

...el escalofrío.
...gegen Schüttelfrost.
...guéguen shittelfrost

...el guayabo.
...gegen Kater.
...guéguen káater

...el insomnio.
...gegen Schlaflosigkeit.
...guéguen shlaflósigkáit

...el mareo.
...gegen übelkeit.
...guéguen úbelkait

...el vómito.
...gegen Brechreiz.
...guéguen brejráiz

...la congestión nasal.
...gegen Schnupfen.
...guéguen shnúpfen

...la deshidratación infantil.
...gegen Flüssigkeitsverlust eines Kleinkindes.
...guéguen flússigkáitsverlúst áines kláinkindes

...la fiebre.
...gegen Fieber.
...guéguen fííber

...las quemaduras de la piel.
...zum Behandeln einer Hautverbrennung.
...tzum bejándeln áiner jáutverbrénnung

DIRECCIONES Y ORIENTACIONES EN CALLES Y LUGARES

Será una real tortura el que usted trate de obtener información de un transeúnte poco amable que sólo habla alemán. Recurra siempre a su mapa, y en caso de necesidad ineludible, trate que el transeúnte le indique en el mapa el lugar donde está.

¿Olvidó su mapa y no tiene remota idea de dónde se encuentra? Ahora sí que tiene un problema.

¿Puede indicarme en este mapa dónde estoy?
Könnten sie mir zeigen wo ichbin?
koenten sii mia zaigen vo ijbin?

¿Puede indicarme en este mapa donde queda...?
Können sie mir auf der karte zeigen wo... liegt?
kocnen sii mia auf déa kaate zeigen vo... ligt?

Creo que estoy perdido. ¿En qué dirección debo tomar para llegar a... (hotel u otro punto que desee)?
Ich glaube, ich habe mich verirrt. In welche Richtung muß ich gehen, um zum...zu kommen?
ij gláube, ij jábe mij fer-írrt. In vélje rjútung mus ij guéjen, um tzum...tzu kómmen?

¿Es esta la dirección correcta para ir hacia...?
Ist das die richtige Richtung, um zum...zu kommen?
ist das dii ríjtiguee ríjtung, um tzum...tzu kómmen?

¿Qué dirección tomo para llegar a...?
Wie muß ich gehen, um zum...zu kommen?
víi mus ij guéjen, um tzum...tzu kómmen?

PELUQUERÍA

Frisierladen
frisialaden

PARA HOMBRE

Herren
jérren

¿Cuánto cuesta arreglar la barba?
Wie teuer ist das Bartschneiden?
víi toía ist das bártshnáiden?

¿Cuánto cuesta un corte de cabello?
Wie teuer ist ein haarschnitt?
víi toía ist áin jáarshnitt?

Deseo que me arregle la barba.
Bitte, bringen Sie meinen Bart in Ordnung.
bítte, brínguen sii máinen baat in órdnung

Necesito un corte de cabello.
Ich brauche einen Haarschnitt.
ij bráuje áinen jáarshnitt.

¿Puede hacerme el manicure?
Können Sie mir die Maniküre machen?
kœnnen si mir đi manikúre májen?

Corte poco a los lados.
Schneiden Sie wenig an den Seiten.
shnáiden si vénig an den sáiten.

Corte bastante a los lados.
Schneiden Sie viel an den Seiten.
shnáiden si viil an den sáiten

Corte un poco más a los lados.
Schneiden Sie an den Seiten noch ein bißchen mehr.
shnáiden si an den sáiten noj áin bissjen meer

Corte poco atrás.
Schneiden sie hinten wenig.
shnáiden si jínten wénig

Corte bastante atrás.
Schneiden Sie hinten viel.
shnáiden si jínten fiil

Corte un poco más atrás.
Schneiden Sie hinten noch ein bißchen mehr.
shnáiden si jínten noj ain bissjen meer

Corte poco arriba.
Schneiden Sie oben wenig.
shnáiden si óben vénig

Corte bastante arriba.
Schneiden Sie oben viel.
shnáiden si óben fiil

Corte un poco más arriba.
Schneiden Sie oben noch ein bißchen mehr.
shnáiden si óben noj áin bishen méa

Déjeme destapadas las orejas.
Lassen Sie mir die Ohren frei.
lássen si mir đi óoren frái

Las patillas largas.
Lange Koteletten.
lángue kótlétten

Las patillas cortas.
Kurze Koteletten.
kúrtze kótlétten

Acorte las puntas del bigote.
Dem Schnurrbart Schneiden Sie die Spitzen ein wenig.
dem shnúrrbart shnáiden si di spítzen áin vénig

Afile las puntas.
Dünnen Sie die Spitzen aus.
dúnnen si di spítzen áus

Descubra el labio un poquito.
Machen Sie die Lippe ein wenig frei.
májen si di líppe áin vénig frái

Quítele un poco de volumen.
Machen Sie ihn ein wenig lichter.
májen si iin áin vénig líjter

Apenas arréglelo.
Bringen Sie ihn nur wieder in Form.
brínguen si iin nur víider in form

PARA MUJER

Damen
dámen

Déjelo más corto/largo de este lado.
Das Haar soll auf dieser Seite kürzer/länger sein.
das jáar soll áuf diiser sáite kirzer/lénguer sáin

Necesito arreglarme la uñas.
Machen Sie mir bitte Maniküre.
májen si mir bítte manikire

Necesito un peinado para fiesta de gala.
Ich brauche eine Frisur für eine große Feierlichkeit.
ij bráuje áine frisúr fúr áine grósse fáierlijkáit

No es necesario que me lave el pelo.
Sie brauchen mir die Haare nicht zu waschen.
si bráujen mir di jáare nijt tzu váshen

¿Puedo ver los peinados de moda?
Kann ich die Modefrisuren sehen?
kan ij di modefrisuren sejen?

Quiero pintarme el pelo ¿Puede mostrarme algunos colores?
Ich will meine Haare färben. Zeigen sie mir bitte einige Farben?
ij vil maine jare ferben. Zaigen si mía bitte aínige faaben?

Quiero ver esmaltes de otros colores.
Ich würde gerne Fingernadez-farben sehen.
Ij viide gerne Finganadez-farben sejen.

JAPONES
INDICE

PRESENTACIÓN

El Japón adquiere día a día una mayor importancia como socio comercial e industrial de los países latinoamericanos, especialmente para los que pertenecen a la cuenca del Pacífico. Por eso es muy útil contar con una guía de viaje que le permita sacar el mayor provecho posible de sus visitas a ese interesante país o de sus contactos con viajeros japoneses, a quienes puede halagar e impresionar positivamente con algunos conocimientos del idioma y la cultura nipona.

No se aleje de su **Japonés Viajero** y láncese a conquistar nuevos socios y mercados.

GUÍA DE PRONUNCIACIÓN

Como es bien sabido, el japonés no se escribe en letras sino en ideogramas. Para posibilitar su lectura se ha transcrito cada frase a caracteres latinos según la forma como se pronuncie. Afortunadamente, la pronunciación del japonés es muy similar a la del castellano.

Así pues, para pronunciar cada frase en japonés simplemente lea su transcripción fonética como lo haría en castellano. Tenga en cuenta:

oo : vocales dobles se pronuncian igual en castellano pero dándole el doble de duración.

w : suena igual a la u en castelano.

(´) : los acentos en japonés tienen un uso especial. Muchas palabras no se acentúan en ninguna sílaba por lo que debe pronunciárseles "planas". Aquellas que aparezcan con tilde (´) se acentúan en la sílaba donde éste aparezca.

INFORMACIÓN GENERAL

INGRESO AL PAÍS

Están exentos de visa los naturales de varios países hispanoamericanos, por estadías de duración limitada y cuyo propósito de viaje no sea una actividad remunerada: México, hasta 6 meses; Argentina, Chile, Colombia, Costa Rica, República Dominicana, Guatemala, Honduras, Perú, Portugal, El Salvador y Uruguay, hasta 3 meses.

Tipos de visa: *turista* para estadías hasta de 45 días; *de paso*, hasta 15 días, y *comercial* para casos específicos, con duración asignada por la embajada del país de origen, según su necesidad. En las oficinas de inmigración se puede solicitar prolongación para su visa, por lo menos diez días antes de su expiración.

No se requiere de ningún tipo de vacuna para entrar al país.

ADUANA

Si trae equipaje por separado, debe declararlo por escrito para no pagar derechos de aduana. Solicite los formularios correspondientes en los consulados, aerolíneas y oficinas de viaje. Para entrar al país se le solicitará llenar dos formularios que le entregarán a bordo del avión o del barco en el que viaje. Por supuesto, es indispensable presentar el pasaporte.

Los efectos personales están exentos de derechos aduaneros. Esto incluye cámaras, equipos de sonido portátiles y demás elementos que los empleados de la aduana puedan aceptar como de uso personal.

Existen limitaciones para el ingreso de cigarrillos (400 unidades), cigarros (100 unidades), tabaco (500 gramos), bebidas alcohólicas (3 botellas de 760 cc cada una) y perfumes (2 onzas). Artículos cuyo valor total pueda superar los ¥200.000 pueden estar gravados por derechos aduaneros.

CLIMA Y VESTIMENTA

El país está ubicado en la zona templada del hemisferio norte, por lo que posee estaciones, con verano a mitad del año y fuertes diferencias de temperatura entre cada temporada. El frío aumenta hacia las regiones del norte. El verano es cálido y húmedo, especialmente al sur, y viene precedido por una estación de lluvias. El invierno, relativamente suave, es soleado en la costa pacífica y brumoso hacia el mar del Japón. Primavera y otoño son las mejores estaciones, con días soleados y temperaturas moderadas. Hacia septiembre pueden presentarse aguaceros torrenciales y fuertes vientos (*taifú*).

La variada topografía del país produce, además de un hermoso paisaje, ligeras modificaciones en estas características climáticas: intensifica el frío a medida que se asciende altitudinalmente, y la humedad en la base de las montañas.

VARIOS

Dinero: la unidad monetaria japonesa es el *yen* (¥), presentado en monedas de ¥1, ¥5, ¥10, ¥50, ¥100 y ¥500, y billetes de ¥500, ¥1.000 ¥5.000 y ¥10.000.

Agua: es de excelente calidad, abundante y corriente en casi todas partes.

Corriente eléctrica: 100 voltios y 50-60 Hz, con enchufes tipo americano.

Emergencias: para llamar a la policía marque el 110. Para la ambulancia, 119.

HORARIOS

	Días laborables	Sábados	Domingos
Bancos	9:00 a.m. a 3:00 p.m.	Cerrados	Cerrados
Oficinas de correo	9:00 a.m. a 5:00 p.m.	Cerradas	Cerrados
Almacenes	10:00 a.m. a 6 ó 7:00 p.m. (Cierran un día a la semana)	10:00 a.m. a 6 ó 7:00 p.m.	10:00 a.m. a 6 ó 7:00 p.m.
Tiendas	10:00 a.m. a 8:00 p.m.	10:00 a.m. a 12:00 m.	10:00 a.m. a 8:00 p.m.
Compañías privadas	9:00 a.m. a 5:00 p.m.	9:00 a.m. a 12:00 m. (Algunas cierran los sábados)	Cerradas
Oficinas del gobierno	9:00 a.m. a 5:00 p.m.	9:00 a.m. a 12:00 m. (Cierran 2° y 4° sábado del mes)	Cerradas

PALABRAS Y FRASES BÁSICAS

En el presente capítulo se relacionan algunos vocablos y oraciones de uso muy frecuente. Podría resultar conveniente tratar de memorizarlos, pues se complementan en gran medida con muchas de las frases utilizadas a lo largo del libro.

DÍAS DE LA SEMANA

yoobi

lunes
getsyoobi

martes
kayoobi

miércoles
suiyoobi

jueves
mokyoobi

viernes
kinyoobi

sábado
doyoobi

domingo
nichiyoobi

MESES DEL AÑO

nen no gatsu

enero
ichigatsu

julio
shichigatsu

febrero
nigatsu

agosto
jachigatsu

marzo
sangatsu

septiembre
kúgatsu

abril
shigatsu

octubre
yúgatsu

mayo
gógatsu

noviembre
yuichigatsu

junio
rokugatsu

diciembre
yunigatsu

ESTACIONES

shiki

primavera
jaru

otoño
aki

verano
natsu

invierno
juiu

PARTES DEL DÍA

amanecer
jinode

mediodía
jirú

mañana
asa

tarde
gogo

atardecer *yoru*	**por la tarde** *gogo ni*
noche *ban*	**ayer** *kinoo*
medianoche *mayónaka*	**hoy** *kyoo*
por la mañana *asa ni*	**mañana** *ashita*

¿Qué hora es?
Ima nanyi deska?

Son las... en punto. *... yi des*	**... y cuarto.** *... yúgojun*
... y media. *... yi jan*	**... y cuarenta y cinco.** *... yonyugojun*

NÚMEROS

uno *ichi*	**ocho** *jachí*
dos *ni*	**nueve** *kyu*
tres *san*	**diez** *yu*
cuatro *shi (yon)*	**once** *yu ichi*
cinco *go*	**doce** *yu ni*
seis *rokú*	**veinte** *ni yu*
siete *nana (sichí)*	**ventiuno** *ni yu ichi*

treinta *san yu*	**cien** *jyaku*
trenta y uno *san yu ichi*	**mil** *sen*
cuarenta *yonyu*	**diezmil** *man*
cuarenta y uno *yonyu ichi*	**un millón** *hyaku-man*

PRONOMBRES

yo *watashi*	**nosotros** *watashitachi*
tú *anata*	**ustedes** *anatagata*
el *kare*	**ellas** *kanoyotachi*
ella *kanoyo*	**ellos** *karetachi*

OTRAS PALABRAS

eso/esos
aré/arera

esto/estos
koré/korera

Señor/Señora/Señorita (antes de nombre propio en español)
-san (después del nombre)

Caballero
Otoko

Señora
juyín

Doctor
-sensei (después del nombre)

sí
jai/ee

no
ieé

por favor
onegaishimass/kudasai/doozo

gracias
domo arigato/domo arigato gosaimásu

de nada
do itashi mashi te

perdón
sumimasén (para llamar la atención o pedir permiso)
gomen nasai (cuando se ha cometido algún error)

auxilio
tasukete kudasai

bien/bueno
ii dess/yoi

mal/malo
warui

temprano
jayai

tarde
osoi

arriba
ue

abajo
shita

aquí
kokó

allá
asoko

cerrado
símete

entrada
iriguchi

adelante
mae ni

salida
déguchi

atrás
ushiro ni

cerca
chikai

afuera
sotogawa/soto ni

lejos
tooi

adentro
uchigawa/no naka ni

prohibido
kínyiru

libre
yiyuu na

permitido
yurusu

ocupado
ippai/jusagatte

izquierda
jidari

emergencia
jiyooyi

derecha
migui

gratis
muryo

abierto
aite iru

FRASES BÁSICAS

kiso-kaiwa

Buenos días/Buenas tardes.
ojaioo gozaimas (Hasta las 11:00 a.m.)
kónnichiwa (Desde las 11:00 hasta las 4:00 o 5:00 p.m.)

Buenas noches.
konbanwa (Para saludar)
oyasumi nasai (Para despedir)

430

Cómo se llama esto en japonés?
Kore wa nijon-go dewá nanto iimas ka

Disculpe.
sumimasén

¿Dónde está el baño?
toile (otearai) wa dókodeshoo ka

¿Dónde hay una cafetería?
kissáten wa dókodes ka

¿Dónde hay un restaurante?
restoran wa dókodeshoo ka

Es un placer conocerlo.
jayíme mashite/dozo yoroshiku

Escríbalo por favor.
sumimásen, káite-kudasai

¿Está cerca?
chikái deshoóka/chikáku déska

Estoy perdido.
michini mayoi mashita

Gracias.
arígatoo (gozaimas)

Hable más despacio.
motto iukkuri hanáshite kudasai

Necesito que me ayude.
tatsukete kudasai

Necesito un policía.
omáwarisan (keikan) o ionde kudasai

No sé.
wakaranai.

Tengo hambre.
onaka ga sukimashta

JAPONÉS VIAJERO

Tengo sed.
nodo ga kawaite imas

Tengo sueño.
nemui des

No entiendo.
wakarimasén.

Yo no entiendo japonés.
watashiwa nijongo o wakarimasén

Yo no hablo inglés.
(eego) wa hanasemasen

Yo no hablo japonés.
nihongo-wo hanashimasen

Yo vengo de....
watashi wa (país) *kara kimáshita*

AEROPUERTO

kuuko

Las congestiones son la nota predominante en el Japón, aunque complementadas por la alta eficiencia. Seguramente no tendrá problemas para orientarse en los principales aeropuertos. Por el hecho de usar el aeropuerto, deberá pagar ¥2.000 en la casilla de la aerolínea cuando registre el equipaje.

SALIDA DEL AEROPUERTO

Desde los aeropuertos de Tokio y Yokohama encontrará diversas posibilidades de transporte. El taxi, con un costo aproximado de ¥20.000, y el autobús, que puede valer de ¥2.500 a ¥3.100 según su destino final. El viaje puede tomar de una a una hora y media. El tren lo llevará en 80 minutos por algo más de ¥1.000.

¡A qué hora aterrizamos?
hakuriku wa nanyi deshooka

¡A qué hora despegamos?
iriku wa nanyi deshooka

A qué horas tiene vuelos hacia...?
(destino) *...yukino bin wa nányini demaska*

Confirme mi siguiente vuelo, por favor.
watashino tsúgino bin no kakunin o shitekudasai

¿Cuál es la forma más barata para volar hacia...?
(destino) *...e ikunoni ichiban yasui binwa nandeska*

¿Cuántas libras de equipaje puedo llevar?
mochikomi - nimotsuwa nankilo made deska

¿Cuántas maletas puedo llevar en la mano?
tenimotsuwa nanko made deska

¿Cuánto cuesta en clase turista?
ekonomi kuras wa ikuradeska

¿Cuánto cuesta en primera clase?
faasto kuras wa ikuradeska

Cuánto cuesta un tiquete a...?
(destino) *...ikino kippuwa ikuradeska*

¿Cuánto dura el viaje?
jikooyikan wa donokurai deska

¿Cuánto tiempo de validez tiene este tiquete?
kono kippuwa itsumade yukoodeska

Déme un asiento adelante, por favor.
maeno joono sekio kudasai

Déme un asiento atrás, por favor.
ushirono joono sekio kudasai

Déme un asiento cerca de la puerta, por favor.
toguchino chikákuno sékini shitekudasai

Déme un asiento de corredor, por favor.
tsuurogawano sekini shitekudasai

Déme un asiento de fumadores, por favor.
kitsuenseki nishitekudasai

Déme un asiento de no fumadores, por favor.
kin-ensekini shitekudasai

Déme un asiento de ventana, por favor.
madogawano seki o onegaishimás

¿Dónde puedo comprar un tiquete aéreo?
kuukookenwa dókode kaemaska

¿Hacia dónde queda la puerta de embarque?
nyuukooguchiwa dochira deshooka

Necesito que me ayude. Yo debo tomar ese vuelo.
(sumimasén), watashiwa konobin ni noranakereba
narimasen, tetsudatte kudasai

Por favor, lleve mi equipaje.
sumimasen, watashino nimotsuo jakondekudasai

Primera clase.
faasto kuras

¿Puedo cambiar mi reservación libremente con
este tiquete?
kono kippude ioiaku o yiiuuni kaerareru deshooka

¿Qué aerolíneas viajan a...?
(destino) ...e ikuniwa dokono kookuugaisha ga arimaska

¿Qué condiciones especiales tiene este tiquete?
kono kíppuniwa donna yokenga arimaska

¿Qué distancia hay de aquí a...?
kokokara (destino) ...madeno kyóriwa donokurai deska

¿Quiere ponerme en lista de espera por favor?
yoyaku-listo-ni nosete itadakemaska

Quiero un tiquete a...
(destino) ...iukino kippu o kudasai

Quiero un tiquete de ida y vuelta, por favor.
oofuku kippu o kudasai

Quiero un tiquete sencillo, por favor.
katamichi no kippu o kudasai

Segunda clase.
nitoo/ekonii kuras

¿Sirven alimentos en ese vuelo?
kono binwa shokuyi-tsuki deska

Tercera clase.
san too

¿Tienen tarifas especiales para niños?
kodomo iono tokutetsu-ryokinga arimaska

Usted debe tener mi reservación. Busque de nuevo, por favor.
watashino ioiakuwa arujazudes, móoichido sagashite kudasai

Viajo a... por la aerolínea...
watashiwa (destino) *-e* (compañía aérea) *kookuude ikimas*

Yo debo seguir una dieta. ¿Pueden servirme una comida especial?
watashiwa saishok o shimás, tokubetsu-shoku o onegaishimás

Yo hice las reservaciones con suficiente anticipación.
zuibun maekara ioiaku shite arimas

EN EL AVIÓN

jikooki nonaka de

En los vuelos internacionales los consumos son gratuitos; no así en algunos vuelos nacionales. Mejor cerciórese antes de pedir. Si usted desea comer más de lo que le han servido, tal vez encuentre cierta resistencia del auxiliar de vuelo, pues el número de platos extra disponibles suele ser muy pequeño. Por lo tanto, intente insistir y acepte de la mejor forma un posible rechazo o que su solicitud sea puesta a condición. Esto no suele suceder con las bebidas.

Tenga especial cuidado con la cantidad de alcohol que consuma. Por razones que desconocemos, el alcohol hace más rápido efecto dentro de un avión, especialmente en viajes largos. No se imagina lo mal que se sentirá si, por causa del licor, llega a indisponerse en pleno vuelo.

¿Cuánto cuesta un trago/una cerveza?
osake wa ikuradeska/biiru wa ikuradeska

Desearía comer más...
shokuyino okawari ga dekimaska

Desearía beber más...
nomimono no okawari ga dekimaska

¿Dónde están los baños?
otearaiwa dokodeska

¿Dónde puedo guardar mi abrigo/porta abrigo/ porta vestido?
óobaao shimaitai nodesga/sebiro-kees/shimaitai nodesga

¿En cuánto tiempo servirán la comida?
shokuyi wa itsu demaska

¿En dónde queda mi asiento?
watashino sékiwa dókodeska

Ese es mi asiento, perdone.
sumimasenga sokowa watashino sékides

Présteme un periódico.
shinbun o yomitaino desga

Présteme una almohada.
makura o kashite kudasai

Présteme una cobija.
moofu o kashte kudasai

Présteme una revista.
zasshi wa arimaska

Quisiera comer (beber) más de esto.
korega mótto joshiinodesga

¿Quisiera cambiar de asiento conmigo?
watashito sékio kaete itadake maska

Quisiera tomar...

...un refresco.
seiryooinryoosui o nomitai no desgá

...café.
koojii o nomitai no desgá

...jugo de frutas.
yuus o nomitai no desgá

...una cerveza.
biiru o nomitai no desgá

...agua.
mizu o nomitai no desgá

LLEGADA AL AEROPUERTO

kuukooni tsuku

Aduana.
zéikan

Autobuses.
bas

¿Debo abrir todas las maletas?
nímotsuwa zenbu akerunodeska

¿Debo declarar los licores y cigarrillos?
osake to tabako wa shinkoku surunodeshoka

¿Debo declarar los obsequios?
zootoojin wa shinkoku surunodeska

¿Debo pagar impuestos por esto?
koreni zeikin o jaraunodeská

¿Dónde puedo encontrar un taxi?
táksiiwa dókode jiroemaska

Equipaje.
nimotsu

Este es mi equipaje. Son... piezas.
korega watgashino nimotsu des (número) *...arimas*

una/dos/tres
ikko/niko/sanko

Estoy en viaje de negocios.
shoioo no tabi des

Estoy en viaje de placer.
kankoo-ryokoo o shiteimas

Mi pasaporte, por favor.
watashino ryoken o kudasai

Necesito información sobre hoteles.
joteruno yoojooga joshiinodesga

Quiero rentar un vehículo.
renta-kaa ga jitsuioo nanodesga

Viajamos con pasaporte familiar.
watashitachi wa kazoku-ryoken de ryokoo shiteimas

Voy a hospedarme en el hotel...
...joteruni tomarimas

Vuelo.
tobimas (verbo)
bin (sustantivo)

EN EL HOTEL

joteru de

Todas las ciudades importantes cuentan con excelentes servicios hoteleros, donde la más esmerada atención a cada huesped es la principal preocupación y orgullo. Los precios por habitación van desde los ¥10.000 a ¥20.000 para cama sencilla, y de ¥15.000 a ¥30.000 por cama doble o dos camas; todas las opciones con baño privado.

Las posadas (*ryokan*): son una interesante alternativa. Con precios de ¥10.000 a ¥60.000 por persona, más 3-6% de impuesto y 15% de servicio, ofrecen un ambiente semi familiar auténticamente japonés, que por lo general incluyen desayuno y cena generosos. Las habitaciones son espaciosas y por lo general dan sobre una terraza contigua. Carecen de camas pero están provistas de gruesos y mullidos colchones llamados *futones*, que se colocan sobre el mullido piso de paja, *tatami*, y se recogen cada mañana.

Los hoteles de viajeros: diseñados para hombres de negocios, ofrecen las mejores tarifas -¥7.000 aproximadamente- y están desprovistos de todo lo que no sea indispensable. Se encuentran en los lugares céntricos, cerca de las estaciones del metro o ferrocarril.

Albergues juveniles: los hay públicos y privados. No tiene límite de edad, pero se requiere ser miembro de la *International Youth Hostel Federation*. El precio máximo por una noche, más cena y desayuno, es de ¥ 3.500.

Impuestos y recargos: cuando la cuenta es igual o inferior a ¥10.000, el impuesto es del 3%. Por encima de esta cantidad, del 6%. En hoteles de lujo el recargo asciende hasta el 10%, en reemplazo de las propinas. Los *ryokan*, caracterizados por su excelente servicio, recargan un 15%. No hay recargo alguno en los albergues juveniles ni en los hoteles de negocios. Recuerde que en el Japón dar propina es casi ofensivo.

¿Cuál es el precio diario total?
ichinichino kíngakuwa íkura deska

¿Cuál es la hora de salida? (hora en que cobran un nuevo día)
chekkuauto wa nanyi deska

¿Cuál es la tarifa?
ryokinwa ikura deska

¿Cuánto tiempo toma?
donogurai kakarimaska

Escriba esa cifra, por favor.
sonokingaku o kaitekudasai, sumimasen

¿Hay descuento para estudiantes?
gakusei-waribiki wa arimaska

¿Hay recargos por el uso del teléfono/televisor?
denwa/terebi no siyoryowa betsbarai deska

¿Hay servicio a las habitaciones/de comedor/de lavandería?
ruumu/shokudoo/landolii/saabis wa arimaska

¿Incluye alguna comida?
shokuzi-tsuki deska

La habitación está muy...

...costosa.
sono jeiawa takasugimas

...grande.
sono jeiawa ookisugimas

...pequeña.
sono jeiawa chiisasugimas

...fría.
sono jeiawa samúides

...caliente.
sono jeiawa atsúiedes

...ruidosa.
sono jeiawa urusáides

Muéstreme primero la habitación, por favor.
sakini jeiao misetekudasai

¿Puede darme folletos en inglés sobre las
actividades del hotel?
joteru-no saabisni kansuru eigono setsumeisho o kudasai

¿Pueden poner una cama más en la habitación?
jeiani betto o moojitotsu irete kudasai

Quiero que se desconecten los canales privados de
la TV.
terebino shiioo-channel o kítte itadakemaska

Quiero una habitación...

...con vista a la calle.
toorini ménshita jeianishite kudasai

...a la playa.
kaiganni menshita jeianishite kudasai

...a la piscina.
puul-ni menshita jeianishite kudasai

...al interior del hotel.
joteruno uchigawano jeianishite kudasai

...con baño privado.
shawaaruum tsukino jeianishite kudasai

...con cama doble.
daburu-beddo noaru jeianishite kudasai

...con camas separadas.
tsuin-beddonoaru jeianishite kudasai

...con desayuno incluido.
chooshoku-tsukino jeianishite kudasai

...doble.
futariioono jeianishite kudasai

...que dé a la calle.
omoteni menshita jeianishite kudasai

...que dé al interior.
nakani menshita jeianishite kudasai

...que dé al mar.
umini menshita jeianishite kudasai

...que dé al patio.
nakaniwani menshita jeianishite kudasai

...sencilla.
...jitoriioono jeianishite kudasai

¿Tiene folletos en inglés sobre las actividades en la ciudad?
konomachini kansuru eigono panfurreto wa arimaska

¿Tiene televisión y teléfono?
terebi to denwa wa arimaska?

¿Tiene una reservación a nombre de...?
(nombre)... no namaede ioiakuga arimaska

Una caja de seguridad, por favor.
kinko o onegaishimás

TRANSPORTE

shinai-kootsuu

Las principales ciudades japonesas cuentan con excelentes servicios de metro y de trenes, muy eficientes, limpios y cómodos, con tarifas que dependen de los trayectos a recorrer. En cada estación se indica, en japonés y en alfabeto latino, el nombre de la estación, el de la anterior y el de la siguiente.

Los billetes se venden en máquinas automáticas a la entrada de los andenes. Se revisan a la entrada y se entregan a la salida. El precio depende de la distancia del recorrido: el valor mínimo es de ¥140 (¥160 en Kioto). Si no está seguro de la cantidad que le corresponde pagar, compre un tiquete de valor mínimo y a la salida el empleado le indicará el excedente que debe cancelar si su viaje excede el límite de tal pasaje.

Hay una amplia red de autobuses urbanos, pero en las grandes ciudades puede resultar confusa su utilización. Evítelos, a menos de que vaya con instrucciones muy claras sobre las rutas y paraderos correspondientes. Kioto sólo posee una línea de metro, por lo tanto, el taxi o el autobús (¥180 para cualquier recorrido dentro de las ciudad) son las mejores alternativas.

Los taxis son abundantes y prestan un excelente servicio. Cuando están libres lo indican con una lucecita roja en la ventana izquierda. El precio mínimo es de ¥540 por los primeros 2 km de recorrido, y ¥80 por cada 370 m adicionales. Entre las 11:00 p.m. y las 5:00 de la madrugada tienen un recargo de 20%; no se debe dar propinas. La puerta del pasajero se cierra y se abre automáticamente; por eso, no se pare demasiado cerca del automóvil cuando vaya a tomar el taxi.

FERROCARRIL

Es tal vez el mejor medio de transporte, entre los mejores del mundo por comodidad, frecuencias y cumplimiento. Además de los Ferrocarriles del Japón (*JR*) existe un número considerable de líneas privadas. Varias son cubiertas por trenes superrápidos, tecnología en la que el país es líder mundial. El precio del billete depende de la distancia a cubrir y de los suplementos solicitados: asientos reservados, coche cama, etc. Estos recargos se pagan en la taquilla al momento de adquirir o presentar el tiquete ordinario.

Pase ferroviario: el turista extranjero lo puede adquirir antes de entrar al país en su agencia de viajes o en las oficinas de la Japanese Airlines, y así obtendrá un considerable descuento. No se puede comprar dentro del Japón.

¿Cuál es la ruta que me sirve para ir a...?
(destino) ...*ikiwa nanban (dono ruuto) deska*

¿Cuáles son las tarifas de taxi?
táksiino kijon-ryókin wa íkuradeshooka

¿Dónde compro los tiquetes?
kippu uribawa dokodeska

¿Dónde puedo conseguir un taxi?
táksiinoriba wa dokodeska

¿Dónde queda el paradero más próximo?
ichiban chikai eki wa dokodeshooka

¿En qué horario funciona esta ruta?
kono ruutono yikanjyo-o oshietekudasai

¿Existen buses del aeropuerto al centro de la ciudad?
kuukoo kara shinaino chuushinchi made basga arimaska

¿Hay seguridad al viajar de noche?
ióru dekaketara abunaku arimasenka

¿Tiene un mapa de rutas?
kono rúutono chízuwa arimaska

COMPRANDO TIQUETES DE TREN O AUTOBÚS

densha ka bas no kippuo kau

¿A qué hora parte el tren/autobús?
densha/bas wa nanyini demaska

¿Con qué frecuencia salen trenes/autobuses para...?
(destino)... ikino densha/bas wa nanpun gotoni demaska

¿Dónde puedo fumar?
kitsuenyo wa dokodeska

¿En qué estaciones se detendrá ese tren/autobús?
sono densha/bas no tomaru ekiwa dokodeshooka

¿En qué plataforma está el tren para...?
(destino) ...ikino denshawa nanbansen deska

¿Hay coches litera en ese tren?
sono resshániwa shindáishaga arimaska

¿Hay un vagón restaurante?
shokudoo-shawa arimaska

¿Puede apagar su cigarrillo?
tabako o keshite itadakemaska

Quiero un pasaje múltiple por ...15 ...30 ...45 días.
ionyuugo-nichikan (45) yugonichikan (15), sanyunichikan (30) no pas ga joshiinodesga

¿Tiene una ruta nocturna?
iakoorésshawa arimaska

Un pasaje doble a...
(destino) ...*madeno oofuku kippu*

Un pasaje sencillo a...
(destino) ...*madeno katamichi kippu*

HACIENDO AMIGOS

Tomodatchi ni naru

El japonés es muy reservado y de modales pulidos moda-les. Cumplen sus formalismos con celo excepcional, y no hacerlo puede recibirse como un acto altamente grosero. Las grandes congestiones de peatones y la altísima densi-dad demográfica ha hecho del japonés una persona muy cuidadosa de estos aspectos, como medida fundamental para posibilitar la convivencia y el funcionamiento social.

No es muy acosejable, ni indispensable, que intente imitar la característica venia nipona, a menos que respon-da a un japonés que se incline ante usted. Para ellos es tan importante este gesto de cortesía que los almacenes y negocios de atención al público emplean varias horas en entrenar al respecto a sus empleados. Si en cualquier caso se decide a hacerlo, recuerde que la espalda y el cuello deben mantenerse rígidos, mientras se dobla ligeramente sólo la cintura y se mantiene la mirada baja y las manos suavemente apoyadas a los costados o unidas sobre el bajo vientre. No trate de parecer demasiado ceremonial, ya que el gesto mismo, por su uso tan extendido, es realizado por los mismos japoneses con la naturalidad propia de lo que se hace a diario.

¡Hola!, mi nombre es...
hayimémashte, watashino namae wa (nombre) *des*

Almorcemos juntos.
chuushoku o issihoni shimasenka

Comamos juntos.
isshoni shokuyi o shimashooka

Desayunemos juntos.
chooshoku o isshoni tabemashoo

¿En qué trabaja usted?
anatano oshigoto wa nandeska

¿Es usted soltera(o) o casada(o)?
anatawa dokshin deska

Lo invito a visitar mi ciudad.
watashino machi ni shootai shimás

¿Le molesta si me siento a su lado?
ioko ni swattara gomeiwak deshooka

¿Me acompañaría a tomar algo?
nanika isshoni nomimashooka

Me gustaría hacer amigos en esta ciudad.
konomachi de tomodachi ga joshiinodesga

¿Podemos conversar?
chotto janashio shitainodesga ikagadeska

¿Puede darme información?
yoojoo o kudasaimaska

¿Quiere acompañarme a visitar la ciudad?
machino kengaku ni isshoni irasshaimasenka

¿Quisiera salir esta noche conmigo?
konia isshoni dekakemasenka

¿Tiene algún tipo de compromiso con alguien?
darekato nanika iakusokuga arimaska

Vamos a bailar.
odorimashoo

Vamos a caminar.
sanpo shimashoo

Vayamos juntos al hotel.
isshoni joteru-e ikimashoo

¿Vive usted en la ciudad?
konomachi ni osumai deska

Yo trabajo como...
watashino shigotowa... des

DE COMPRAS

kaimono

Pocos lugares en el mundo resultan tan atractivos para las compras como el Japón, en parte porque para los mismos japoneses comprar es una actividad recreativa. En consecuencia, los grandes almacenes disponen de todo tipo de facilidades: guarderías infantiles, muestras gratis de comida en los restaurantes y exhibiciones de arte y artesanía nacional y extranjera. Recibirá la mejor atención del mundo, con toda seguridad. En japonés se designa con una misma palabra al huésped y al cliente, así que los vendedores lo tratarán como buenos anfitriones.

Los mejores centros comerciales de Tokio son *Ginza*, *Shinjuku*, *Shibuya* y, por sobre todos, la zona *Akihabara*, mundialmente famosa por la cantidad y variedad de tiendas especializadas en artículo electrónicos.

Kioto es ideal para las compras de finas artesanías y delicados objetos tradicionales. Se recomienda la laca, los brocados de seda, las telas teñidas a mano, las cerámicas, los grabados de madera, los muñecos y los abanicos, entre otras posibilidades. Los sitios preferibles para deambular, antojarse y comprar encantadoras preciosidades son la calle *Shijo* entre le santuario *Yasaka* y el almacén *Daimaru*; el paseo *Shinkyoguko* y la cercana calle Teramachi, la calle *Higashioji* hacia el templo *Kiyomizu* es especial para cerámica y curiosidades.

Prefiera hacer sus compras en tiendas identificadas con el letrero *Tax Free*, que no cobran al viajero el impuesto al valor agregado (IVA). Éste, sin embargo, es muy bajo, por lo que puede resultar preferible hacer sus compras en las tiendas de descuento de *Shinjuku* y *Akihabara* (Tokio); algunas son también *Tax Free* lo que las hace inmejorables. Este beneficio es exclusivo a los no residentes, por compras superiores a los ¥10.000 y excluye ciertos productos.

ALMACENES

mise

Quiero comprar...
...o kaitainodes

Quiero ir a un (una)...
...e ikitainodes

Agencia de viajes.
riokoosha ni ikitainodesga

Almacén de calzado.
kutsuia ni ikitainodesga

Almacén por departamentos.
depaato ni ikitainodesga

Antigüedades.
kottóojinten ni ikitainodesga

Banco.
guinkoo ni ikitainodesga

Droguería.
kusuri-ia ni ikitainodesga

Floristería.
janaia ni ikitainodesga

Galería de Arte.
garoo ni ikitainodesga

Joyería.
jooseki-ia ni ikitainodesga

Juguetería.
omocha-ia ni ikitainodesga

Librería.
jon-ia ni ikitainodesga

Oficina de correos.
iuubinkyoku ni ikitainodesga

Optica.
megane-ten ni ikitainodesga

Peluquería
biiooin/rijatsuten ni ikitainodesga

Perfumería.
koosui-ten ni ikitainodesga

Tabaquería.
tabako-ia ni ikitainodesga

Tienda de ropa.
ioofuku-ia ni ikitainodesga

Tienda fotográfica.
shashin-ten ni ikitainodesga

Venta de periódicos.
shinbun uriba ni ikitainodesga

ARTÍCULOS DE USO PERSONAL

minomawarijin

Necesito...

...aspirinas.
aspirin ga joshiinodesga

...Champú.
shapuu ga joshiinodesga

...crema bronceadora.
jiiake-ioo no kriimu ga joshiinodesga

...crema de afeitar.
jiguesori-ioo no kriimu ga joshiinodesga

...crema dental.
neri jamigaki ga joshiinodesga

...esparadrapo.
bansookoo ga joshiinodesga

...gafas de sol.
sangrasu ga joshiinodesga

...hilo dental.
jasuki-ito ga joshiinodesga

...jabón.
sekken ga joshiinodesga

...laxante.
guezai ga joshiinodesga

...pañuelos de papel.
kami napukin ga joshiinodesga

...repelente de insectos.
mushiioke-kriimu ga joshiinodesga

...toallas higiénicas (íntimas).
seeri-ioo napkin ga joshiinodesga

...un cepillo de dientes.
jaburashi ga joshiinodesga

ROPA

fku

TALLAS Y MEDIDAS

Para saber su número o talla, use estas tablas:

Camisas para hombre

Japón	S	M	L	XL
EE.UU.	14 1/2-15	15 1/2-16	16 1/2	17
G.B.	14 1/2-15	15 1/2-16	16 1/2	17
Francia	37-38	39-40	41-42	43

Sacos (de tejido) para hombre

Japón	S	M	L	XL
EE.UU.	S	M	L	XL
G.B.	S	M	L	XL
Francia	Homme=2	Demi Pat.=3	Patron=4	Grand=5

Vestidos para hombre

Japón	S	M	L	X
EE.UU.	32	34	36	38
G.B.	32	34	36	38
Francia	42	44	46	48

Zapatos para hombre

Japón	25	25 $^{1/2}$	26	26 $^{1/2}$	27	28
EE.UU.	6 $^{1/2}$	7	7 $^{1/2}$	8	9	10
G.B.	6	7	7$^{1/2}$	8	9	10
Francia	39	40	41	42	43	44

Batas, sastres, abrigos y suéteres para dama

Japón	9	9	11	13	15	-
EE.UU.	10	12	14	16	18	20
G.B.	10	12	14	16	18	20
Francia	38	40	42	44	46	48

Zapatos para dama

Japón	22	23	24	25	25 $^{1/2}$	26
EE.UU.	5	6	7	8	9	10
G.B.	3	4	5	6	7	8
Francia	36	37	38	39	40	41

¿Cuál es la ropa que está en promoción?
báaguenno fkuwa doredeska

¿Cuál es la última moda en esto?
ima ryukooshite irunowa doredeska

¿Cuáles son los mejores almacenes para comprar ropa?
fukuo kaunoni ichiban ii misewa dokodeshooka

¿Quiere escribir el nombre y la dirección?
yuusho-o kaite itadakemaska

Quisiera ver ropa deportiva para dama/caballero.
fuyin/dansei ioono spootsugui o kaitainodesga

Quisiera ver vestidos de calle para ...dama, ...caballero.
fuyin/dansei ioono gaishutsugui o mitainodesga

Quisiera ver vestidos de noche para dama/caballero.
fuyin/dansei ioono iakaigui o mitainodesga

Ropa para caballeros
danseiioono fku

Ropa para damas
fuyinfku

Ropa para niños
kodomo-fku

¿Tiene algo más...

...elegante?
motto éregantona nowa arimasenka

...informal?
motto infoomar nowa arimasenka

...barato?
motto iasui nowa arimasenka

...fino?
motto yootoo nowa arimasenka

...grande?
motto ookii nowa arimasenka

...pequeño?
motto chiisai nowa arimasenka

...largo?
motto nagai nowa arimasenka

...corto?
motto miyikai nowa arimasenka

...oscuro?
motto kóiiro nowa arimasenka

...claro?
motto akarui-iro nowa arimasenka

...fresco?
motto fresshu nowa arimasenka

...abrigado?
motto atatakai nowa arimasenka

¿Tiene promociones de fin de estación?
kimatsu-baagen wa arimaska

PARA NIÑOS

kodomo-ioo

¿Dónde está la ropa para niños?
kodomo-fku wa dókoni arimaska

¿Dónde están los artículos para niños?
kodomo-ioogu wa dókoni arudeshooka

¿Dónde están los juguetes para niños?
omocha-uriba wa dokodeska

**Necesito ropa/juguetes para un niño (niña) de...
años de edad.**
(edad) ...sai no kodomono fku (omocha) ga kaitainodesga.

ZAPATOS

kutsu

¿Dónde encuentro los zapatos?
kutsu-uribawa dokodeska

Muéstreme otros colores.
jokano irono o misetekudasai

Permítame ver los modelos de zapato.
iroirona shuruino kutsu o misetekudasai

Quiero un par de este estilo.
kono moderu no o kudasai

Quiero un par de zapatos...

...azules.
aoi kutsuga joshiinodesga

...claros.
usui-irno kutsuga joshiinodesga

...de atar con cordón.
jimode shbaru kutsuga joshiinodesga

...de gala.
paatii-ioono kutsuga joshiinodesga

...de tacón alto.
takai jíiruno kutsuga joshiinodesga

...de tacón bajo.
jikui jíiruno kutsuga joshiinodesga

...deportivos.
spootsu-ioono kutsuga joshiinodesga

...marrón.
chairono kutsuga joshiinodesga

...más baratos.
motto iasui kutsuga joshiinodesga

...más finos.
moosukoshi yootoona kutsuga joshiinodesga

VESTUARIO MASCULINO

otoko no fukusou

vestido completo (1)
zioogue-zoroi no ioofku

corbata (2)
nektai

pañuelo (3)
jankachi

mancuernas (4)
kafus-botan

medias (5)
kutsushita

calzoncillo (6)
shitagui, pantsu

camiseta (7)
andaashatsu

pipa (8)
paipu

sombrero (9)
booshi

boina (10)
beree

gorra (11)
boosi

camisa deportiva (12)
shatsu

chaquetas (13)
sebiro

cinturón (14)
beruto

pantaloneta (15)
jan-zubon

corbatín (16)
cho - nektai

chaleco (17)
chokki

camisa (18)
waishatsu

gabardina (19)
reinkooto

pantalón (20)
zubon

zapatos (21)
kutsu

pisacorbatas
nekutai-pin

sacos de lana
wuuru no sebiro

tirantes
zubon-tsuri

461

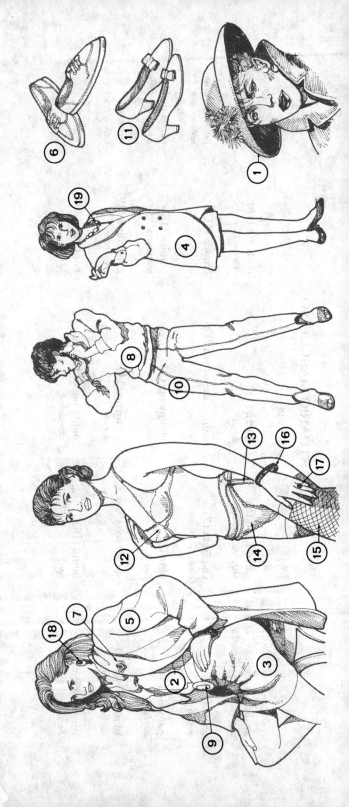

VESTUARIO FEMENINO
yosei-fukú

sombrero (1)
booshi

blusa (2)
skaato,

falda (3)
braus yosei-ioo

vestido completo (4)
sioogue-zoroino fku yosei-ioo

chaqueta (5)
sebino

prendedor (7)
broochi yosei-ioo

saco de lana (8)
wuuro no sebino

cinturón (9)
beruto

pantalones (10)
zubon, pantalon yosei-ioo

zapatos (11)
Kutsu

sostén (12)
brayaa

liguero (13)
karui, usui yosei-ioo

calzones interiores (14)
pantii yosei-ioo

Medias veladas pantalón y tobilleras (15)
pantii-stokking, shooto-stokking (kutsushita) yosei-ioo

pulsera (16)
bresretto yosei-ioo

anillo (17)
iubiwá

aretes (18)
iiaringu

collar (19)
karaa

camisillas interiores
shumiiz yosei-ioo

463

RESTAURANTES

restorán

Su posición actual como centro tecnológico, industrial y financiero ha hecho del Japón un país rico en restaurantes extraordinarios, especializados en comida de cualquier parte del mundo. Los japoneses se complacen en recibir a los mejores cheffs del planeta, que vienen dispuestos a satisfacer las exigencias de una sociedad que tiene en el comer uno de sus placeres más refinados y apreciados. La culinaria nacional se enorgullece de su delicadeza, sofisticación y espíritu estético en la presentación y servicio.

Al pasear por los alrededores de alguna estación de tren o metro, encontrará innumerables establecimientos que ofrecen toda la variedad de la comida japonesa a precios módicos. Para quienes no hablan japonés, exhiben réplicas en cera de los platos de la carta, para que simplemente se señale el que desee. Los grandes almacenes ubican en el subsuelo variados restaurantes de precios cómodos al estilo de los autoservicios. Los grandes restaurantes ofrecen exquisitas comidas y un servicio inmejorable. Los precios, en cambio, son exorbitantes.

Recuerde que en Japón no se dan propinas.

¿Aceptan...(su tarjeta de crédito)?
(tarjeta de crédito) *ga tsukaemaska*

¿Aceptan cheques viajeros?
toraveraas chekkuwa tsukaemaska

¿Aceptan tarjetas de crédito?
kurezitto kaado wa tsukaemaska

Aún no hemos decidido.
mada kimeteimasen

¿Cuál es el plato del día?
kyoono meñuuwa nandeska

¿Cuál es el precio del cubierto?
kono ryoorino nedanwa íkuradeska

¿Cuál es la especialidad de la casa?
kono miseno tokubetsu-ryoori wa nándeska

¿Es picante?
karai deska

¿Es muy condimentado?
kooshinryoo ga takusan jaitte imaska

¿Está incluido el servicio?
saabis ryó komideska

Esto está muy cocido.
korewa niesuguides

Esto está muy poco cocido.
sukoshi namadesne

Esto no fue lo que pedí.
watashino tanóndanoto chigaimas

Felicite al cheff de mi parte.
kokku-choo ni ryooriga subarasikatta to tsutaete kudasai

Hay un error en la cuenta.
kanyooga machgatte imas

Indíqueme cuáles son...

...las sopas.
dorega suupu-ka shimeshite kudasai

...las entradas.
dorega antre-ka shimeshite kudasai

465

...las carnes.
dorega niku-ka shimeshite kudasai

...los pescados.
dorega sakana ka shimeshite kudasai

...las aves.
dorega tori ka shimeshite kudasai

...los arroces.
dorega gojanrui ka shimeshite kudasai

La carta.
meñuu

La lista de precios.
nedan-jioo

La carta de vinos.
wainno listo

La cuenta.
okanzyoo (seisan)

Lo mismo para mí.
watashi nimo onegaishimás

¿Los precios son los mismos en cualquier mesa?
¿dono teeburumo onayi nedandeska

Permítame estudiar la carta.
meñuu o misete kudasai

Queremos una mesa para dos en (no) fumadores.
kitsuensha futariyoo no sekio onegaishimás

Quiero algo sencillo.
nanika kantan na monoga josshiinodesga

Quiero cambiar mi pedido.
oodaa o kaetainodesga

Quiero hablar con el administrador.
shijáinin to janashio shitainodesga

Tenemos prisa; no se demore, por favor.
isoideimas; okurenai ioo onegai shimás

DESAYUNO

chooshoku

Quiero...

...café en leche.
miruk-koojii o onegai shimás

...cereales.
ootomiru o onegai shimás

...chocolate.
chokoreeto/kokoa o onegai shimás

...con tocineta.
beekontsuki o onegai shimás

...huevos en tortilla.
omuretsu o onegai shimás

...huevos fritos blandos.
medamaiakino iawarakaino o onegai shimás

...huevos fritos duros.
iokuiaita medamaiaki o onegai shimás

...huevos tibios blandos (duros).
iudetamago, iawarakaku (kataku) o onegai shimás

...jugo de fruta.
kudamono yuusu o onegai shimás

...jugo de naranja.
orenyi-yuusu o onegai shimás

...jugo de toronja.
gureipufuruutsu-yuusu o onegai shimás

...jugo de zanahoria.
ninyin-yuusu o onegai shimás

...mantequilla.
bataa o onegai shimás

...mermelada.
maamareedo, yamu o onegai shimás

...miel.
jachimitsu o onegai shimás

...pan.
pan o onegai shimás

...te en leche/con limón.
miruku koocha/lemon-tii o onegai shimás

...tostadas.
toosto o onegai shimás

...tostadas francesas.
frenchi-toosto o onegai shimás

ALMUERZO Y CENA

chuushoku to iuushoku

Quiero comer...

...arroz blanco.
gojan ga tabetai des

...carne.
niku ga tabetai des

...ensalada.
salada ga tabetai des

...papas al vapor.
ziagaimono mushini ga tabetai des

...papas fritas.
poteto-frai ga tabetai des

...pescado.
sakana ga tabetai des

...pollo.
tori ga tabetai des

...un emparedado.
katsu ga tabetai des

Quiero tomar...

...agua mineral.
mineraru wootaa-ga joshiinodesga

...agua natural.
mizu-ga joshiinodesga

...agua soda.
soodaasui gajoshiinodesga

...CocaCola (dietética).
(daietto) cokacola-ga joshiinodesga

...jugo de fruta.
furuutsu-yuusu-ga joshiinodesga

...limonada.
lemoneedo-ga joshiinodesga

...una cerveza.
biiru-ga joshiinodesga

...vino (tinto o blanco) de la casa.
konó misenó aka (shiro) wain-ga joshiinodesga

PARTES DEL MENÚ O CARTA

meñu

Acompañamientos. *tsukeawase/soemono*	**Carnes.** *niku*
Arroces. *gojan*	**Ensaladas.** *salada*
Aves. *tori*	**Entradas.** *oodoobur (antre)*
Bebidas. *nomimono*	**Entremeses.** *tsumamimono*

Licores.
saké

Quesos.
chiiz

Pasta.
menrui

Sopas.
suup

Platos fríos.
reisei rioori

Tapas o picadas.
otsumami

Postres.
dezaato

Vinos.
wain

NOMBRES DE LOS ALIMENTOS BÁSICOS

Albaricoque.
anzu

Chorizo.
choozume

Alverjas.
endoomame

Chuleta.
katsuretsu

Anguila.
unagui

Coliflor.
kalifulor

Biscochos.
keeki

Conejo.
usaguiniku

Camarones.
koebi

Cordero.
koiagui

Cangrejo.
kani

Dátiles.
natsumeiashi

Carne.
niku

Durazno.
momo

Cebolla.
negui

Esparragos.
asparagas

Cereza.
sakuranbo

Espinacas.
joorensoo.

Champiñones.
shampinion, mashruum

Filete.
jire

470

Frambuesa.
kiichigo

Fresa.
ichigo

Frutas.
kudamono

Garbanzos.
eziputomame

Helado.
aiskuriim

Hielo.
koori

Hígado.
kanzoo, kimo

Huevos.
tamago

Jamón.
jamu

Langostinos.
ebí

Leche.
guiuñu, miluku

Lechuga.
letas

Lentejas.
lenzmame

Lima.
amakuennomi (laim)

Limón.
lemon

Maíz.
toomorokoshi

Manzana.
ringo

Mejillones.
igai

Mostaza.
karashi, mastaado

Nueces.
kurumi

Olivas.
oliibu

Ostras.
kaki

Papas.
ziagaimo

Pera.
nashi

Perdiz.
shako

Perejil.
paseri

Pescado.
sakana

Pimienta.
koshoo

Piña.
painnapplu

Pollo.
tori

Postre.	**Toronja.**
dezaato	*greipufuruutsu*
Pulpo.	**Torta.**
taco	*keeki*
Queso.	**Tortilla.**
chiiz	*omuretsu*
Salmón.	**Trucha.**
sáke	*masú*
Salsa.	**Uvas.**
soosu	*budoo*
Sandía.	**Uvas pasas.**
suika	*joshibudoo*
Sardina.	**Venado.**
iwashi	*shikaniku*
Sopa.	**Verduras.**
suup	*iasai*
Tocino.	**Zanahorias.**
butano aburami	*ninyin*

FORMAS DE PREPARACIÓN

rioori no shikata

...a la menta.	**...a la vinagreta.**
...minto (jákka iri)	*...binegretto soos (suayi)*
...a la parrilla.	**...ahumado.**
...amiiaki, yikabi-iaki	*...kunsei*
...a la pimienta.	**...al ajillo.**
...koshooayi	*...ninniku ayi*
...a la plancha.	**...al estilo de la casa.**
...teppaniaki	*...tooten-fuu*

...al gratín.
...gratan

...al horno.
...oobuniaki

...al natural.
...namano

...al vino.
...wain-ni

...apanado.
...karaague, katsu

...cocinado.
...nikomi

...con queso.
...chiiz-ayi

...en aceite.
...abura-ae

...en finas hierbas.
...iasoono miyinguiri

...en mantequilla.
...bataa-ae

...en salsa de manzana.
...ringo-soosu

...en salsa bechamel.
...beshameru soosu.

...en salsa de naranja.
...orenyi no soosu

...en salsa picante.
...karai (toogarasino) soosu

...en tomates.
...tomato soosu

...frito.
...ague

...término medio (poco, muy hecho).
...chuugurai (sukoshi, ioku-iaku)

...sofrito.
...itame

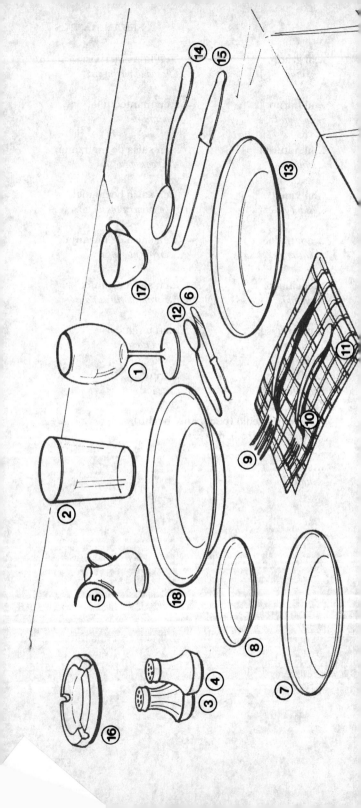

ELEMENTOS DE LA MESA

copa (1)
sakazuki

vaso (2)
gurasu

sal (3)
shio

pimienta (4)
'oshoo

vinagre (5)
su

plato mediano (7)
chuuzara

plato pequeño (8)
kozara

tenedor (9)
fooku

servilleta (11)
napukin

cucharita (12)
kosayi

servilleta (13)
napukin

cuchara (14)
spuun, sayi

cuchillo (15)
naifu, joochoo

cenicero (16)
jaizara

taza (17)
kappu, chawan

plato grande (18)
oózara

vinagreta
frenchi doresshing

CENTROS NOCTURNOS

ioruno machi

En todas las ciudades existen establecimientos donde se
sirve cerveza a presión (de sifón) y gran cantidad de bares.
Los japoneses prefieren pasar buena parte de su tiempo
libre en los bares con sus amigos antes que regresar
temprano a casa. Por eso se encuentran las calles atestadas
de bares. Prefiera aquellos que exhiben los precios en la
entrada.

¿A qué hora empieza el espectáculo?
shoowa itsu jazimarimaska

¿A qué hora se inicia el espectáculo?
shoowa nanjini jazimarimaska

¿Aceptan tarjetas de crédito/cheques viajeros?
*kureyitto kaado-wa tsukaemaska/toraveraa chekku-wa
tsukaemaska*

¿Cuál es el coctel especialidad de la casa?
b̶   ̶o tokubetsuno kakteruwa nandeska

**   ra el espectáculo?**
*   rai tsuzukimaska*

¿Cuánto pueden costar las bebidas?
nomimonowa donokuraino nedandeska

¿Existe un consumo mínimo/un cover?
kijon-ryookin wa arimaska/kabaa chaayi wa arimaska

¿Hay que consumir bebidas o alimentos en ese espectáculo?
shoono aida nomuka taberuka shinakereba narimasenka

Necesito información sobre los espectáculos nocturnos de la ciudad.
kono machino ioruno mimonono/shoono kotoga siritainodesga

Puede reservarme dos asientos para platea/balcón.
ikkaino seki/barukonni o futatsu ioiakudekimaska

¿Qué diferencias de precios hay entre la barra y las mesas?
baa to teeburuno nedanno chigaiwa donokurai deska

¿Qué precio tiene cada entrada?
niuuyooryoo wa ikuradeska

¿Qué precio tienen las diferentes localidades?
kaku-bashono nedanwa doo chigaunodeska

Queremos una mesa cerca de la pista de baile.
fuloaa no chikakuno sekio onegaishimás

Queremos una mesa cerca del espectáculo.
shoono butaini chikaiseki o onegaishimás

Quiero algo suave de beber.
nanika karui-nomimonoga joshiinodesga

¿Tiene asientos para esta noche/para mañana?
kon-ia no ioiakusekiwa arimaska/ashitano ioiakusekiwa arimaska

¿Tiene una carta de licores?
nomimono no meñuuwa arimaska

Ubíquenos en un lugar íntimo.
ochitsuita bashoni annaishite kudasai

VISITANDO LA CIUDAD

shinai kankoo

Existen excelentes servicios turísticos, muy recomendables si dispone de poco tiempo para conocer el lugar. Especialmente en Tokio, la ciudad más grande del mundo y muy densamente poblada, moverse sin un guía puede ser difícil y demorado, aunque resultaría, sin duda, una aventura excepcional.

Los lugares de interés son innumerables. En guías más especializadas o folletos informativos provistos por hoteles y embajadas, infórmese y planee sus visitas. Ciudades como Kioto, de gran tradición histórica y religiosa, pueden ser recorridas durante toda una vida sin agotarse. Así pues, es indispensable ser selectivo.

¿A qué hora regresaremos al hotel?
joteru niwa nanyini tsukimaska

¿A qué hora sale el tour?
tsuaa wa nanyino shuppatsudeska

¿Cuál es el precio de este tour?
tsuaa wa ikura deska

¿Cuánto tiempo toma este tour?
sono tsuaa wa nanyikan kakarimaska

¿Hay visitas guiadas en español?
supeingo no gaidotsuki tsuaawa arudeshooka

¿Incluye el valor de las entradas?
niuuyookendai-komi deska

¿Puede hacerme una reservación para ese tour?
kono tsuaa, ioiaku dekimaska

¿Qué otros toures me puede ofrecer?
jokani donna tsuaaga arimaska

Quiero hacer una visita guiada por la ciudad.
gaido tsuki de shinai-kankoo o shitainodesga

¿Tiene folletos de información turística?
kankoo-gaidono panfuretto wa arimaska

MUSEOS

jakubutsukan, biziutsukan

Tokio ofrece una inmensa variedad de museos y galerías, con riquísimas colecciones de arte nacional, artesanal, occidental y tecnológico. Cierran los lunes y el día siguiente a las fiestas nacionales. Allí podrá encontrar exquisitas piezas de arte maravillosamente montadas y conservadas gracias a la boyante economía del país. Kioto no es menos rica, y sí más tradicional en sus ofertas. A menos que cuente con inmensas cantidades de tiempo, hay que ser selectivo, previa consulta a guías especializadas.

¿Algún día es gratis la entrada?
ñuuyoo-murioo no jiwa arimaka

¿Cuál es el horario de atención?
nanyikara nanyimade aiteimaska

¿Dónde están los servicios sanitarios?
senmenyio wa dokodeska

¿En qué dirección debo caminar para llegar aquí? (señalando el mapa).
koko e tsukuniwa donomichio ittara ioinodeshooka

¿Existe una biblioteca en el museo?
kánnaini toshokanwa arimaska

¿Existen cafeterías o restaurantes dentro del museo?
kánnaini kissashitsu ka restoran wa arimaska

¿Existen visitas guiadas en español?
speingo no gaidotsukino annaiwa arudeshooka

¿Existen visitas guiadas por caset?
kassetto teepu-no ánnai-sistemu wa arudeshooka

¿Hay en el museo una tienda de recuerdos?
kannainiwa janbaiten wa arimaska

¿Hay tarifas reducidas para estudiantes?
gakusei waribiki-wa arimaska

He perdido mi tiquete de entrada. ¿Puedo pasar sin él?
ñuuyooken o nakushitanodesga, konomama jairenaideshooka

¿La entrada tiene el mismo precio todos los días?
ñiuuyooken wa itsumo onayi nedandeska

No encuentro esta obra. ¿Puede indicarme dónde está?
kono sakujinno bashoga wakarimasen. oshiete kudasai

¿Pueden prestarme una silla de ruedas para el anciano?
roozin ioono kurumaisu o kashitekudasai

¿Puedo salir del museo y regresar hoy mismo con el mismo tiquete?
kono chiketo de kyoono uchini ichidodete mata jairemaska

¿Se pueden hacer filmaciones?
satsuei wa dekimaska

¿Se pueden tomar fotografías?
shashin o tottemo iideska

¿Tiene libros explicativos en español?
supeingo no gaido-bukku wa arimaska

¿Tiene un mapa del museo?
kánnaino ánnaizu wa arimaska

EL BANCO

guinkoo

¿Cobran comisión por cambiar dinero extranjero/
cheques viajeros)?
*gaikoku kajei/toraveraaz-chekku/o kaeruto tesooryo-o
toraremaska*

¿Cuál es el cambio?
kanzanritsuwa ikuradeska

¿Cuál es el horario bancario?
guinkoo no saabis yikanwa nanyikara nanyimade deska

¿Dónde está el banco más cercano?
ichiban chikai guinkoo wa dokodeska

Escriba esa cifra, por favor.
sono gaku o kaitekudasai

¿Hasta qué valor puede darme adelantos en
efectivo?
maekin de ikuramade jaratte moraemaska

¿Hasta qué valor puedo cambiar cheques
viajeros?
toraverraz chekku wa ikuramade kaeraremaska

Necesito un adelanto en efectivo sobre mi tarjeta
de crédito.
kureyitto kaado kara genkinde joshiinodesga

Necesito un recibo.
uketori o kudasai

¿Puede cambiarme estos dólares por moneda
nacional?
kono doru o nijonno okaneni kaetainodesga

¿Puede darme sencillo?
komakai node kuremaska

Quiero cambiar cheques viajeros.
toraveraaz chekku o kaetainodesga

¿Tiene servicio de cajero automático?
guenkin-jikidashi-ki wa arimaska

MEDICINAS Y ENFERMEDADES

kusri to byoki

El país cuenta con excelentes servicios médicos, que esperamos no tenga que conocer. En Tokio puede asistir a hospitales donde le atiendan en inglés, como el Hospital San Lucas (tel. 03-541 5151) y el Hospital Internacional Católico (tel. 03-951 1111).

Necesito un médico.
oishasán o sagashite kudasai

Necesito una droguería.
kusuriia o sagashite irunodesga

Necesito una medicina para...

...calmar la tos.
sekidome no kusuriga jitsuioodes

...desinfectar una cortada.
kizuguchi o shoodokusuru kusuriga jitsuioodes

...detener la diarrea.
gueridome no kusuriga jitsuioodes

...el dolor de cabeza.
zutsuu no kusuriga jitsuioodes

484

...el dolor de estómago.
i-tsuu no kusuriga jitsuioodes

...el dolor de garganta.
nodono itami no kusuriga jitsuioodes

...el dolor de huesos.
joneno itamidome no kusuriga jitsuioodes

...el dolor de muela.
jano itami no kusuriga jitsuioodes

...el dolor de oído.
mimi no itami no kusuriga jitsuioodes

...el dolor muscular.
kinnikutsuu no kusuriga jitsuioodes

...el escalofrío.
samuke no kusuriga jitsuioodes

...el guayabo.
futsukaioi no kusuriga jitsuioodes

...el insomnio.
fumin no kusuriga jitsuioodes

...el mareo.
ioidome no kusuriga jitsuioodes

...el vómito.
jakike no kusuriga jitsuioodes

...la congestión nasal.
janamizu no kusuriga jitsuioodes

...la deshidratación infantil.
kodomo no dassui no kusuriga jitsuioodes

...la fiebre.
netsu no kusuriga jitsuioodes

...las quemaduras de la piel.
jifu no iakedo no kusuriga jitsuioodes

DIRECCIONES Y ORIENTACIONES EN CALLES Y LUGARES

yuusho, toori, basho o sagasu

Creo que estoy perdido. ¿En qué dirección debo tomar para llegar a... ?
michiga wakaranainodesga, ...ni ikuniwa dono michio ittara iinodeshooka

¿Es esta la dirección correcta para ir hacia...?
(destino)... *ni ikuniwa kono jookoode iideshooka*

¿Qué dirección tomo para llegar a...?
(destino)... *wa dochirano jookoo deshooka*

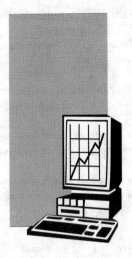

SITUACIONES DE NEGOCIOS

shoodan

¿Con cuánto cerraríamos el negocio?
saishuu no nedanwa ikurani kettei shimashooka

¿Cuánto produce por hora/por día?
ichizikan no/ichinichi no sesanryoo wa donogurai deska

Debo estudiar muy cuidadosamente las
circunstancias financieras de su propuesta antes de
tomar una decisión.
*kétteisuru maeni, omooshideno kénno kinyu yookyoo o
kenkyuu shitaito omoimas*

Déme una cita con el señor...
(persona)... san tono apointo o toritainodesga

Deseo hablar con el señor...
(persona)... san to hanashi o shitainodesga

El precio es muy elevado.
sono kakakuwa jiyooni takaidesne

¿En cuánto tiempo estaría listo para ser enviado?
okuru iooiga dekirumade donokuraino yikanga irimaska

Garantíceme compras durante cinco años y le garantizo esa calidad y precio.
gonen-kan no kaitsuke-joshoo o kudasareba kono kakaku to jin-shitsu o joshooshimáshoo

Le garantizamos la calidad de nuestro producto.
wagashano shinamono no jinshitsu o joshooshimás

Le presento a mi colega, el señor/la señora...
shigoto-nakamano (nombre)... *san o shookai shimás*

Le presento a mi socio, el señor/la señora...
kyoodoo-keieisha no (persona)... *san o shookai shimás*

Mucho gusto en conocerlo.
jayimemashite

Necesitamos una póliza de cumplimiento.
keiyaku-shoosho ga jitsuioo nanodesga

Necesitaríamos un período de gracia ante de empezar a pagar.
shijarai o jazimerumaeno iuuio-kikanga joshiinodesga

Necesito algo de mejor (de inferior) calidad.
mooskoshi jinjitsuo iokushite joshiinodesga

No podemos ofrecer todo eso por ahora.
genzainotokoro zenbu o sashiage raremasén

No podemos pagar tanto. Necesitamos un (fuerte) descuento.
sonnaniwa jaraemasen. (yuubunna) waribiki o shite itadakitai nodesga

No puedo tomar esa decisión sin consultarlo antes.
korewa soodan shitekara denaito kettei dekimasen.

Podemos producir para usted hasta # unidades por mes.
otakuioo toshite, ikkaguetsuni # -ko seisan dekimás

¿Podría darnos una demostración?
misete itadakemaska

¿Puede enviarme toda la información necesaria a mi oficina?
jitsuioona yoojoo no subete o watashino yimusho ni okutte kudasaimaska

Puede solicitar referencias mía a...
watashi no mimoto-joshoowa (persona)... *kara moratte kudasai*

¿Qué alternativas de pago puede ofrecernos?
jokano sijarai jojowa arimaska

¿Qué garantías tiene la máquina?
kono kikaino gyarantii (joshoo) wa doonatte imaska

Queremos estudiar otras ofertas antes de tomar una decisión.
jokano mooshide-o mitekara ketteishimás

Quisiera hacer ese negocio con usted, pero sus condiciones no me lo permiten.
anata to keiiaku shitainodesga, omooshideno yookendewa dekimasen

Quisiera referencias comerciales suyas.
anatano shoogyooyoono shokai ga joshinodesga

Quisiera ser atendido por el señor...
(persona)... *santo janashitai nodesga*

Tenemos una oferta mejor. ¿Puede mejorar la suya?
motto ii yooken o dasemasuga, sochirano yookenmo iokushite itadakemasenka

Tengo excelentes referencias comerciales en mi país.
jongoku dewa iuuryokuna shokaiga arimas

Tengo una cita con el señor...
(persona) *santo iakusoku shiteirunodesga*

¿Tiene algunos catálogos explicativos?
nanika setsumeisho wa arimaska

Usted estaría comprando algo de excelente calidad a muy bajo precio.
anatawa totemo ii shinamono o jiziooni iasuku kawareru kotoninaru deshoo

Yo soy... y vengo de la empresa...
watashiwa... (nombre) *des* (nombre de empresa) *sha kara kimashita*

PELUQUERÍA

riiooshitsu, rijatsutem, biioo-in (-shitsu)

PARA HOMBRE

danseiioo

¿Cuánto cuesta arreglar la barba?
jigueno teire (katto) wa ikuradeska

¿Cuánto cuesta un corte de cabello?
kaminokatto wa ikuradeska

Deseo que me arregle la barba.
jigueno katto (teire) o shitainodesga

Necesito un corte de cabello.
kami o katto shitainodesga

¿Puede hacerme el manicure?
manikyua wa dekimaska

Corte poco…a los lados.
ryoogawa o sukoshidake kitte kudasai

Corte bastante ... a los lados.
ryoogawa o takusan kitte kudasai

Corte un poco más ... a los lados.
ryoogawa o moosukoshi kitte

Corte poco ... atrás.
ushiro o sukoshi kitte kudasai

Corte bastante ... atrás.
ushiro o takusan kitte kudasai

Corte un poco más ... atrás.
ushirogawa o moosukoshi kitte kudasai

Corte poco ... arriba.
ue o sukoshi kitte kudasai

Corte bastante ... arriba.
ue o takusan kitte kudasai

Corte un poco más ... arriba.
ue o moosukoshi kitte kudasai

Déjeme destapadas ... las orejas.
mimio kakusanaide kusadsai

Las patillas ... largas.
momiague wa nagaku

Las patillas ... cortas.
momiague wa mizikaku

El bigote.
kuchijigue

Acorte las puntas.
sakidake kitte kudasai

Afile las puntas.
saki o josoku shite kudasai

Descubra el labio un poquito.
kuchibiru ga sukoshi deruiooni shitekudasai

Quítele un poco de volumen.
moosukoshi usku shitekudasai

Apenas arréglelo.
chottodake soroete kudasai

PARA MUJER

yosei ioo

Déjelo más corto (o largo) de este lado.
kochiragawa o motto miyikaku (nagaku) onegai shimás

Necesito arreglarme la uñas.
tsume o onegaishimás

Necesito un peinado para fiesta de gala.
seesoo ni atta kami ni shitainodesga

¿Quiere mostrarme la última moda en peinados?
ima ryuukooshiteiru kami no modelu o misetekudasai

Quiero pintarme el pelo. ¿Puede mostrarme algunos colores?
kami o sometainodesga, donna iroga arimaska

Quiero ver otros colores de esmalte.
enamelu no jokano iro o misetekudasai

¿Tiene fotografías donde pueda yo escojer un estilo?
stailu o erabitai node, shashin o misete kudasai

"EL EURO"

(Moneda única Europea)

El Euro, es el nombre que se ha dado a la futura moneda única de los países participantes en la Unión Económica y Monetaria Europea. El 1 de julio del año 2002 reemplazará totalmente a las monedas nacionales. La totalidad de la economía estará denominada en Euros.

Desde el 1 de enero de 1999 el euro existirá para todas las operaciones que no impliquen el intercambio físico de billetes o monedas. Por ejemplo, se podrá tener una cuenta corriente en euros; se podrá hacer un pago internacional en euros, se podrán adquirir acciones u obligaciones en euros, etc.

Durante el período transitorio (Desde el 1 de enero de 1999 hasta no más tarde del 1 de enero del 2002, el euro no existirá en forma de billetes y monedas, pero sí lo hará como una moneda "virtual" para cualquier transacción financiera.

Los billetes y monedas en euros circularán simultáneamente con los billetes y monedas nacionales hasta no más tarde del 1 de julio del año 2002.

Desde el 1 de julio del año 2002 las monedas y billetes nacionales perderán la consideración de moneda de curso legal.

Sin embargo, los billetes y monedas nacionales podrán ser cambiados gratuitamente en las ventanillas de los bancos centrales nacionales durante un cierto período posterior.

Así mismo, fijarán el día para la introducción de los billetes y monedas en euros (como muy tarde, a principios del 2002).

El sistema Europeo de Bancos Centrales comenzará la fabricación de billetes en euros de 5; 10; 20; 50; 100; 200; y 500 euros.

El consejo Europeo y los Estados participantes comenzarán la fabricación de monedas en Euros de 0,01; 0,02; 0,05; 1 y 2 euros.

El 1 de enero del 2002, los billetes y monedas en euros comenzarán a circular.

TABLA DE CONVERSIÓN DE MEDIDAS

PULGADAS-CENTÍMETROS

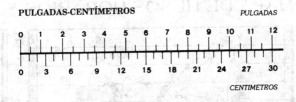

PIES- METROS

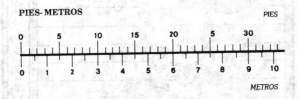

MILLAS-KILÓMETROS

FAHRENHEIT- CENTÍGRADOS

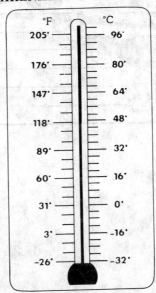

MAPA DE HUSOS HORARIOS

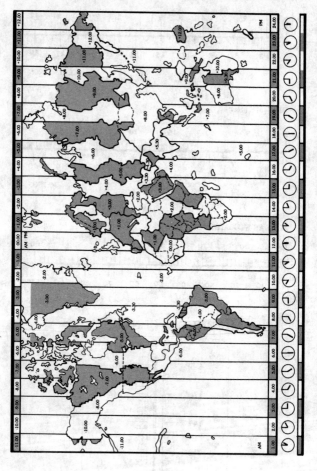